河北师范大学学术著作出版基金资助

电视广告叙事与批评

中国传媒大学

孙 会 著

中国传媒大学出版社

目　录

前　言 /1

第一章　电视广告叙事解读 /1
第一节　叙事及电视广告叙事概述 /1
第二节　电视广告叙事文本研究的框架 /6
第三节　电视广告叙事的结构类型 /12
第四节　电视广告叙事的构成要素 /19
第五节　电视广告叙事中的交流机制 /21
第六节　聚焦叙述及电视广告聚焦 /26
第七节　电视广告叙事中的时间 /33
第八节　电视广告叙事中的互文性策略 /36
第九节　电视广告的叙事学批评 /42

第二章　电视广告叙事中的意识形态批评 /51
第一节　意识形态批评与电视广告叙事概述 /51
第二节　电视广告叙事中意识形态表现特色 /58
第三节　电视广告叙事深层结构中的意识形态图景 /62
第四节　电视广告叙事中意识形态的时代背景 /72
第五节　电视广告叙事中的意识形态批评 /75

第三章　电视广告叙事中的符号学批评 /84
第一节　电视广告叙事中的符号学概述 /84
第二节　电视广告叙事中符号意义的建构 /92
第三节　电视广告叙事中品牌符号的建构与传播 /101
第四节　电视广告叙事中的符号学批评 /114

第四章　电视广告叙事中的审美批评　/124
　　第一节　审美及电视广告叙事审美概述　/124
　　第二节　电视广告叙事中的审美　/130
　　第三节　电视广告叙事中创意美的类别　/141
　　第四节　电视广告叙事中的表现审美(1)　/145
　　第五节　电视广告叙事中的表现审美(2)　/155
　　第六节　电视广告叙事中的受众审美心理分析　/159
　　第七节　电视广告叙事中的审美批评　/162

第五章　电视广告叙事中的社会文化批评　/167
　　第一节　电视广告叙事中文化批评概述　/167
　　第二节　电视广告叙事中对传统文化的批评　/172
　　第三节　电视广告叙事中对西方文化的批评　/188
　　第四节　时尚文化的审美　/190

参考文献　/195

后记　/198

前　言

批评，本意是一种分析性的见解，臧否功过，评论得失，既挑刺，又栽花。批评的重点在于客观地评价，不能简单地等同于批判。它本身对电视广告事业的发展意义重大，正如学者张微概括的：广告批评作为一种广告信息反馈机制，与普通消费者的反应有着质的差别，它具有"校正—指导"功能、"激励—攀升"功能、"控制—法制"功能、"超越—启示"功能。即没有批评，电视广告的成长和成熟是不能完成的。在电视广告批评分析的方法问题上，可借用尼古拉斯·阿伯克龙在《电视与社会》一书中的论点，他指出全面分析电视社会作用必须注意三个相关方面：第一，必须研究电视节目或者电视文本的形式和内容；第二，由于文本不能自动生成，因而有必要通过观察整个电视业和电视节目制作机构来研究制片人和电视的制作手段；第三，由于电视节目说到底是为观众制作的，因而其效果如何关键要看观众的解释和反应。以上这些论点对电视广告批评同样适用：第一，要以电视广告案例文本为依据进行实证性分析。另外，还要注重研究电视广告文本产生的背景和文化语境；第二，要研究电视广告制作的手段，如蒙太奇技巧的使用，声音、颜色、模特等元素的运用手法；第三，要研究电视广告受众的心理反应，这主要通过心理学分析的方法或借助调查问卷的方式来完成。通过这三种方法进行综合分析，会使电视广告批评建立在一个全面、系统和实践的基础上，使其批评的意义和价值对电视广告事业本身更有实际作用。

一、国内电视广告批评存在的问题

随着中国广告事业的迅猛发展，广告批评虽已经开始十余年了，但存在着许多亟待解决的问题。

1. 专业的、学术性的批评肤浅、滞后

与广告事业的蓬勃发展相比，广告批评明显落后。一方面，就专业广告人

员而言，由于时间、学理功底、实践经验等方面的限制，他们对广告的批评不但很少能形成有学术价值的成果，而且常会流于自身的经验和感想，就事论事，没有对实战的案例进行学理性分析和提炼，从而无法使这种批评形成深度和影响力。

另一方面，在广告批评上明显滞后，也反映出学术性研究成果的稀缺。目前，学术性期刊上能以"批评"为主题统计上来的文章量不多，从中国传媒大学丁俊杰教授在《现代广告通论》中发出"广告批评研究"的呼声至今，据统计，"有名有实"的广告批评研究成果不过几十篇，这在汗牛充栋的广告业学术成果中可谓凤毛麟角。

2. 忽视广告本身的特性，批评泛化、想象化，实践性指导价值小

与专业性批评量少、肤浅且滞后相比，学术性广告批评的缺陷在于忽视广告本身的特性，缺乏突出广告特色、实践意义强的批评理论和方法，想当然地搬用套取文学性一般批评的成果多一些。这些研究者多是人文学科背景的学者，大多会借鉴影视批评一些现成的说法和模式直接用于对广告的批评，一方面由于远离广告营销的实战一线，缺少对广告营销和市场全面系统的认识和理解，只能就广告现象和作品本身进行主观性分析；另一方面，学术研究者或普通的百姓也很难获取一则广告的实际经济效益资料，而广告与营销的实际效益往往不是直接对应关系，广告只是营销中的一环，所以不能苛求批评者有充分的广告市场收益的数据。

另外，许多学者多从国外引入一些理论和方法，具有中国特色的专业化、本土化的批评还没有成形，即"当代中国大陆广告批评是对在当代中国经济改革与发展的过程中内地传播的广告的批评，它涉及广告、广告批评及其所处的特定社会经济文化环境，是在特定的社会环境中产生的广告批评。"国内的广告批评明显有一些偏向，过度热衷于将广告视为一个整体的文化现象进行文化批判。"广告批评群体弃广告的经济营销功能不顾，不约而同地关注于广告的社会文化影响。据统计，约80%以上的广告批评关注广告对社会文化的影响。"这种文化批判取向一方面能够对广告发展进行宏观的把握，提升批评性审视的高度；另一方面极容易陷入脱离文本、主观随意的危险；同时还有一种批评是只针对广告本身审美价值的形式主义。张殿元说："一段时间以来，广告视觉文化批判仍在沿用美学和文学评论的方法，只注重对单一文本的艺术特征和审美价值的批判，而忽视了批判的形式过程和运作方式以及对社会文本的关注。"要克服这些缺陷，就必须探索出一条新的批评之路。

3. 广告批评中缺少整体性、系统化的方法

广告批评一直是广告学界和业界关注的话题，以电视广告批评为研究的切入点，探索叙事分析视域下的电视广告文本解读方法，是一种积极的探索和尝试，利用一定量的电视广告案例资料，从文本背景、内容、形式、功能及受众心理效应等多方面入手，运用统计学、心理学、经济学、社会学、叙事学、文化学等理论和方法来剖析电视广告叙事的特点、存在的问题及对策，以求用这种实证性的研究来推进电视广告实践的发展，找寻一条

有中国特色的广告批评之路。

由于广告创意思路广、表现形式多、包含内容杂,人们在进行广告批评时往往只是从片面、零散的元素入手,无法全面、系统地进行分析,如谈到广告中的女权问题,只能从广告的画面、语言、人物等方面论述,而忽视了广告的整体性。如果以大量广告案例为研究资料,这种凌乱、无序、随意的方法明显无法支撑。

4. 忽视实际操作中的案例方法研究和历史资料分析,批评空洞无力

很多批评者不能运用案例资料分析,既不跟踪收集现时的电视广告资料,又不愿去研究广告史上的资料,不能把电视广告放在一个社会环境中,作为市场营销的一个环节和企业发展过程去理解,不能进行历史性的案例探讨,结论只能是想象的、主观的、片面的和虚空的。这样的批评根本就缺少文本的支持,是一种想象式、随意式的,常常是求"一吐为快",其结果往往体现为一种"谩骂",缺乏对于"广告"专业的、基本的尊重,或仅仅成为文化学者研究"先入为主"的例证或附庸,偏离了广告的本体和广告批评的社会意义。这种"为批评而批评"很容易,但无实际意义。同时,来自于其他学科的学者从人文等外围角度的"批评",也容易对公众造成误导。

二、国外研究现状

西方的广告批评实践非常丰富,角度多样,并形成体系,概括地说主要有以下几个学派:

1. 法兰克福学派文化工业理论

主张以全体论的观点来检视现代社会的物质文化,从"生产→行销→广告→消费"的连锁关系来探讨广告文化。

2. 文化研究学派

20世纪60年代兴起的英国文化研究学派以积极的文化研究为方向,瞩目的焦点在于符号化的过程,强调连接微观的符号意义建构与宏观的社会权力运作。

3. 结构主义符号学

20世纪50年代后期,罗兰·巴特、艾柯、费斯克和哈特利等人将符号学作为传媒文本批评的主要方法,对广告等传媒文本进行结构主义透析。

4. 拉尼奥:法国的广告社会学

20世纪90年代,热拉尔·拉尼奥的《广告社会学》以法国广告为主要背景,总结分析了广告在经济和文化两方面对社会造成的影响。他认为,在大众文化中,广告机制使消费与生产越来越对立。广告因此完成了经济大众化和平凡商品神圣化的功能。

5. 女性主义广告批评

20世纪60年代末女性主义批评理论从西方意识形态批评中分化出来。它关注的是广告中的性别形象偏差,并透明化此偏差的性别建构过程。

概括地说,20世纪前期的广告批评,大多对广告持赞扬、肯定的态度。20世纪后期的广告批评,则大多对广告持否定态度。

三、叙事分析可以作为电视广告批评的一种视域

叙事是一种表达方式和修辞手法,它可以泛指传达一切信息的一定模式,人们也正是通过不同的叙事模式来理解所要传达的信息内容。罗兰·巴特曾说:"叙事遍布于神话、传说、寓言、民间故事、小说、史诗、历史、悲剧、正剧、喜剧、哑剧、绘画……彩绘玻璃窗、电影、连环画、社会杂闻、会话中。而且,以这些几乎无穷无尽的形式出现的叙事,存在于一切时代,一切地方,一切社会。有了人类历史本身,就有了叙事。""广告叙事就是利用媒体技术和文学叙事的技能技巧,通过叙事形态,把商品的使用价值和消费社会中的人的多样心理和情感需求连接起来,并把超出商品使用价值以外的东西附着在商品上,以达到引起人们关注、思考,并自觉自愿去进行消费的目的。广告叙事的产生,根源于消费社会,消费形成了人对生存意义的思考,这样商品便成了叙事中的道具进入叙事形态。叙事分析是话语分析理论中的一个极具特色的重要分支,它作为广告批评的一种方法,是指运用叙事学理论和方法对广告文本的叙事形式、结构和内容等各叙事要素之间的关系进行阐释,并结合社会文化语境和读者的接受过程,对广告文本中的意识形态信息、文化意义和市场效应进行解读和评判。"作为广告批评的一种路径和视域,叙事分析是以20世纪90年代兴起的后经典的发展和超越为背景的。后经典理论的研究视野已经"延伸至文化意义上的叙事作品上,无论这种叙事作品是以什么样的媒介形式出现的。这就意味着,众多具有叙述性的文化产品均可进入研究的视野之内。"学者罗纲、刘象愚主编的《文化研究读本》中选编的"传媒研究"一节,就涉及了广告这种形式的叙事特点。可见,叙事分析成为广告批评的一种方法是合乎叙事学发展趋势的。在运用后经典叙事学对叙事文本展开批评时,可从电视广告文本入手,沿用经典叙事学以叙事的概念和模式为技术支撑,对文本的叙事背景、结构、内容、方法、功能等进行分析,与美学、社会学、心理学、符号学、意识形态理论等学术论述相结合,在注重广告本身作为经济营销手段意义的前提下,挖掘广告的社会文化价值和市场营销价值,以求推进电视广告事业的发展,促使其生发对社会文化事业的发展和市场经济的繁荣都有积极作用的"双赢"效应。

鉴于目前广告批评中存在的问题,探索一条更可行、更有实践意义和实际操作功效的电视广告批评之路。

1. 在叙事分析下的电视广告批评

要系统、全面地解读一定量的广告案例文本,必须有一个理论方法来支撑。后经典叙事学为广告批评提供了方法论上的途径:从与受众直接接触的广告文本入手,以经典叙事学的理论模式和概念为基础,对文本背景、形式、内容、技巧、功能及受众心理效应等多方面展开细致的分解和剖析,结合符号学、意识形态理论、美学、文化学、社会学等诸多方法,提示隐藏于文本形式之内的营销信息和文化信息,达到批评促发展的目的。

建立一条在叙事分析视域下的广告批评路径,尝试建构广告专业理论、批评学理论、心理学、社会学、文化学等理论互动分析的批评模式,通过对电视广告作品的案例分析,从其自身的文本叙事背景、方法、内容、特点、结构等方面入手,解读电视广告叙事的特色、存在的问题及发展的方向,寻求全方位、系统化审视和批评电视广告的效应。

2. 注重电视广告批评中的受众心理分析

目前学术界所做的批评还存在着忽视广告营销本性和本体意识,只评判其社会文化的影响意义,忘记了广告本身的功利性和促销目的,把对广告的批评等同于一般的艺术作品而不是尊重其本身的客观属性,否定它的经济和市场效应等缺陷。因此,可采用分析广告文本对受众消费心理的刺激效应来弥补这一缺憾,即通过从叙事方式、构件、主题等方面解读它对受众心理的影响来探寻它的促销效应,以搭建一个认识广告与市场关系的桥梁,更真实地评价电视广告的实际意义和影响力。

3. 强调和突出案例研究的模式

理论、批评和历史是研究艺术问题的三个密切相关的内容,而运用广告学及相关理论对其历史发展中的问题进行批评,是将这三个方面形成一种互动关系模式,并以此建构电视广告批评的理论形态和历史叙述,从而扩大了电视广告批评的话语空间和实践意义。由于广告本身的特殊性,案例分析是很重要的。同时鉴于电视广告时效性很强、发展很快的特点,选取一定量的电视广告案例为文本,能使研究更具可操作性和实际意义。

四、对电视广告批评做有益的探讨

通过对大量的案例材料进行分析和解读,借用叙事学、传播学、心理学、影视批评学等多个理论,从多个角度进行电视广告批评,是一次积极而有益的尝试性探讨。

1. 探索叙事分析下的电视广告批评之路

叙事分析视域下的广告批评不仅是一种新的探讨方法和模式,而且以当今具体的电视广告案例为研究文本进行叙事解读,是为克服和弥补目前广告批评的不足所做的尝试性努力。同时,在叙事分析视域下的广告批评路径,尝试建构广告专业理论、批评学理论、心理学、社会学、历史学等理论综合分析的批评模式,即将电视广告批评置于叙事视域下，通过对电视广告作品的案例分析，从其自身的文本叙事背景、方法、内容、特点、主题等方面入手，解读电视广告叙事的特色、存在的问题及发展的方向。

2. 注重电视广告批评中的受众心理分析

电视广告批评中不能没有关于受众批评和市场效应回馈的内容，因此采用分析广告文本对受众消费心理刺激效应的方法，搭建一个认识广告与市场关系的桥梁，更真实地评价电视广告的实际意义和影响力。

3. 建立实时的案例研究模式

由于广告本身的特殊性，案例分析是很重要的。鉴于电视广告时效性很强的特点，选取一定量的电视广告案例资料为文本，使研究更具可操作性和实际意义。对案例材料进行一定原则下的选用，使课题研究有更全面的支撑，以此来建构电视广告批评的方法和视角，探索有中国特色和实践意义的批评之路。

综上所述，通过借鉴叙事学分析模式，加之以一定量的电视广告案例为研究资料，运用多学科理论和方法，克服以往缺乏历史感、社会文化意识视角和专业理论特色的笼统分析；克服缺乏实证案例支撑，仅是以结论来选择案例、不切实际的模糊分析；克服单一化、简单化、层面化的粗放分析等，以求探索一种更有实践意义和社会价值的批评模式，为推进中国特色的电视广告批评及实践做出努力。

孙会

2015年5月

第一章 电视广告叙事解读

电视广告作为一种叙事存在,有其自身的叙事结构、方法和特色,因此,从后经典叙事学的理论出发,考察电视广告这一特殊的叙事现象,对广告创意、表现和效果进行系统的分析和研究,可为广告实践与创新提供新的视角。

第一节 叙事及电视广告叙事概述

如果将电视广告作为叙事对象进行研究,首先遇到的一个问题是电视广告的叙事性问题,即首先要认定电视广告是一个叙事的文本,才能进行系统的叙事分析。

一、电视广告叙事的界定

依据叙事学研究者大卫·波德威尔等的说法:"叙事(narrative)……是一连串发生在某段时间、某个(些)地点、具有因果关系的事件。通常,一个叙事均由一个状况开始,然后根据因果关系的模式引起一系列的变化;最后,产生一个新的状况,给该叙事一个结局。而我们涉入故事之中的程度,则取决于我们是否了解其中的变化和稳定、因果关系,以及时间和空间的模式。"[①]这里,波德威尔对"叙事"的发生与功能作了界定。另一位权威学者罗兰·巴特的论述则更为宽泛,他认为叙事不但指虚构作品,还包括历史、社会杂闻等。他在论文《叙事作品结构分析导论》中写道:"世界上叙事作品之多,不计其数;各类浩繁,题材各异。对人类来说,似乎任何材料都适宜于叙事:叙事承载物可以是口头或书面的语言、是固定的或活动的画面、是手势,以及所有这些材料的有机混合;叙事遍布于神话、传说、民间故事、小说、史诗、历史、悲剧、正剧、喜剧、哑剧、绘画、彩绘玻璃窗、电影、连环画、社会杂闻、会话。而且,以这些几乎无限的形式出现的叙事遍布于一切时代、一切地方、一切社会。叙事是与人类历史本身共同产生的……"[②]在《什么是电影叙事学》

---

① 〔美〕大卫·波德威尔、克里斯汀·汤普森:《电影艺术:形式与风格》,曾伟祯译,世界图书出版公司2008年版,第90页。
② 张寅德编选:《叙述学研究》,中国社会科学出版社1989年版,第2页。

一书中,克里斯蒂安·麦茨(Christian Matz)提出了识别叙事的五条标准:(1)一个叙事有一个开头和一个结尾;(2)叙事是一个双重的时间段落;(3)任何叙述都是一种话语;(4)叙事的感知使被讲述的事件"非现实化";(5)一个叙事是一系列事件的整体。根据这五条标准,麦茨对叙事作出了定义:叙事是"一个完成的话语,来自于将一个时间性事件段落非现实化"①。

　　根据对上述学术论述的理解和分析,可以认定在巴特的"大叙事"定义中,电视广告无疑属于这个范畴。同时,依据克里斯蒂安·麦茨的五条标准来分析,电视广告符合这些标准:第一,"有一个开头和结尾,"是一个完整的体系结构;第二,它是自己特色的话语方式;第三,电视广告文本是通过"虚拟现实"来传播信息的,所以它的感知会使被讲述的事件表现出"非现实性";第四,如果将电视广告作为一个特殊的叙事整体,每一个电视广告文本都是这种叙事形式的具体表现,即它总是系列事件整体中的一部分;第五,电视广告是不是一个双重的时间段落呢? 即"任何叙事都调动两个时间性,一方面是被讲述事件的时间性,另一方面是叙述行为本身的时间性。"电视本身是一种时间性的媒体,电视广告文本是在时间之维上存在的。在表现类型上,电视广告可以分为两大类,一类是情节叙事(故事叙事、事件叙事)的文本,即以故事、事件的情节为主要的叙事内容,在这个故事、事件的情节叙述中传递广告信息;另一部分则是主题画面叙事(即表现叙事)的文本,即用镜头表现主题思想、展示形象和阐述理念的叙述方式,这种叙事同样也是占用时间来表达叙事主题的,它同样在一定时间内完成一个时间性的叙事,只是时间关系没有故事情节叙事那么明显和密切。如伊利的一则广告中,为传达生态牧场是牛奶高品质的保证这一信息(即叙事主题),就选择了将一系列生态牧场的画面组合到一起,用镜头在一定的时间内展示出来的方式,这是一个时间性的表达。同时,这个广告向受众表明企业(此时)正在这样的生态牧场中生产高品质的优质产品,这是另一个时间性的表达。

案例分析1—1

五粮液电视广告·续写传奇篇

　　叙事主题:传承历史的经典,不断开创新产品,续写传奇的未来
　　主要叙事内容:
　　1.动画特写一颗大麦穗、高粱、玉米等,解说:"经典一脉,续写传奇"。
　　2.一股酒液飞舞的动画情景。解说:"五粮液低度新品。"
　　3.品牌标识及产品,解说:"与进取不凡者共享潮流。"
　　这则广告的叙事运用了虚拟的动画形式表现:第一,它是一个完整的作品,有头有尾;第二,它用了自己的话语方式——动画表现及画外解说来完成叙事内容的传达;第三,它运用了虚拟现实的手法表现产品的信息;第四,它只是叙述了企业及产品的部分信

---

① 〔加〕安德烈·戈德罗、弗朗索瓦·若斯特:《什么是电影叙事学》,刘云丹译,商务印书馆2007年版,第17~22页。

息,如果将企业和产品看成是一个整体,这个叙事只是其中的一个部分;第五,它占用了一定的时间来完成叙事,同时,它也反映出企业正在生产产品的"现在时"的时间过程,两个时间过程都是存在的。

可见,作为以营销为目的的电视广告,其"本质上传达的乃是人与物的关系,是一种在消费者心中形成默契的自然而然的消费体验。所以,电视广告本身就是一种叙事性的存在,一种在达成自然化默契基础下的人和物之间通过消费而实现满足的神话般叙事。"[①]因此,电视广告具有叙事性特征,是一种叙事方式,只是这种方式有其自身的特点,区别于其他叙事而已。

二、电视广告叙事的特点

电视广告通过特定的叙事模式传达特定的信息以达到特定的目的,这使它区别于一般电视叙事,并表现出自身的特点。

1. 电视广告是功利性叙事

功利性即指电视广告叙事有明显的功利目的,特别是商业广告,要求它在叙事方式、内容、时间、技巧等方面都要为此目的服务。不能像一般的电视叙事栏目,可以在相对宽松的时间内完成塑造典型的人物形象、描述丰富的生活百态、表达复杂的心理活动等叙事命题,这些栏目本身的开放性、公益性和大众性特点明显,不涉及直接促销的功利目的。

2. 电视广告是虚拟性叙事

虚拟现实是电视广告传播信息的主要方式。在叙事学的视域下,可以理解为广告叙事是在特定的社会文化语境中,以赢利为最终目的,使用各种符号和媒介表述一件或一系列真实或虚构事件,以传递产品、服务、品牌或企业信息的行为过程或/及其符号成品。[②] 美国著名广告学者威廉·阿伦斯认为:"在广告活动中,信源、讯息以及受者均具有多个层面,有些层面存在于现实当中,而另一些则存在于现实的另一个不同层面当中——存在于广告讯息自身文本建构的虚拟世界中。"[③]广告的讯息表现形式也具有多个层面,广告是对现实生活的艺术模仿,即广告在受众和消费现实中插入了虚拟环境,并通过它与受众沟通,求得认同。但人们往往意识不到这些,天真地把经过选择加工的虚拟环境当作客观环境本身来看待,并在现实中完成消费行为。可见,相对于现场直播、纪录片、新闻栏目等电视叙事方式,电视广告表现出更具虚拟性的特色。

---

① 李志强:《电视广告叙事研究》,载《当代电视》2011 年第 10 期。
② 张山竞:《广告叙事概念辨析》,《广告大观(理论版)》2009 年第 1 期。
③ 〔美〕威廉·阿伦斯:《当代广告学》(第七版),丁俊杰等译,华夏出版社 2000 年版,第 8~9 页。

3. 电视广告是超简短性叙事

超简短性是指电视广告的时长一般在 30 秒左右,即它必须在极短的时间内通过信息的传达来完成对受众的刺激,以达到促销的目的。因此,相对于其他的电视节目,这一特色非常明显,即电视广告叙事的元素——画面、声音、人物、色彩等,都必须有极强的冲击力和震撼力,以求在极短的时间里实现广告的目的。

4. 电视广告是创意性叙事

创意是电视广告存在的生命力,没有创意的广告是苍白的。而一般的电视节目就不会对创意有太明显的要求。当然,任何电视栏目都需要不断创新以保持生命力和吸引力,如电视节目《非诚勿扰》《快乐大本营》《职来职往》等,它们本身的新颖、风趣、轻松、互动等创意特色就是最大的亮点,但有一点不同于电视广告,那就是它不需要每次节目都有新的创意。而每个电视广告必须有不同于其他广告的创新之处,如它要通过叙事文本的新奇、叙事方式的创新和叙事风格的突破等体现出这一重要的叙事特色。

5. 电视广告是综合性叙事

不同于其他的叙事结构,电视广告的叙事结构呈现出非线性的、无序的、综合性的特点。广告文本通常在 30 秒的叙述中,以片段的情节、间断的动作,"一系列分离的画面","一个不连贯的故事","一组无关系的镜头"编制而成。从形式上看,广告叙事由图像重复、字条滚动交替进行,利用倒叙、插叙的叙事结构打乱了自然时序规律,即它在有限的时间内通过文字、语言、图像和音响交替发生、互为补充形成,或以理性的广告说辞和感性的图像交替出现,或以广告形象情感诉求与产品形象罗列展示为互补,或以记号性的品牌标识与情节化的广告形象组合,挣脱有限时空的形式最终完成其叙事命题。简言之,充分发挥电视视听综合的特性,努力挖掘画面、声音、蒙太奇等视听综合叙事的冲击力,是电视广告叙事最显著的风格特点。

6. 电视广告是日常生活叙事

不同于宏大叙事,电视广告要达到的目的是推销日常生活用品,因此,它总是要以日常生活叙事的方式来传递商业信息。学者衣俊卿认为:"日常生活是指以个人的家庭、天然共同体等直接环境为基本寓所,旨在维持个体生存和再生产的日常消费活动、日常交往活动和日常观念活动的总称,它是一个以重复性思维和重复性实践为基本存在方式,凭借传统、习惯、经验以及血缘和天然情感等文化因素而加以维系的自在的类本质对象化领域。"[①]国内外学者在对消费社会和消费文化日常生活的研究中,强调后工业社会的日常生活是奇观化、符号化和审美化的日常生活,这给我们提供了日常生活新的存在形态及对其具体特征的剖析,为我们认识中国大众文化的叙事符号及其意义提供了新的思

---

① 衣俊卿:《现代化与日常生活批判》,人民出版社 2005 年版,第 31 页。

路与线索。电视广告作为大众文化中的一个代表,它自身的本质特点和目的要求使其创意理念和表现方式多为对日常生活的展示和对日常生活梦想的描述,明显区别于精英文化和宏大叙事的特色。

7. 电视广告是人与物的关系叙事

与其他叙事总是展示人与人的关系不同,电视广告叙事最终要展示的是人与物的关系。苏特·杰哈利(Sut Jhally)在《广告符码》一书中,开篇讨论了广告中人与物的关系:"(广告)这种语法涉及一种看来普遍,但实质上却很特殊的关系,即人与物(客体)的关系。"[①]即使是有故事情节的广告,最终目的还是要展示产品(物)的功效,这是由电视广告叙事本身的目的性特色决定的。

明确电视广告叙事的这些特点的意义很重要,因为在分析叙事文本的创意、内容、语法结构等问题时,都必须始终以这些特点为前提,否则就不是电视广告叙事的分析。

案例分析1—2

太太乐蔬之鲜电视广告

叙事主题:健康味精就是太太乐蔬之鲜

主要叙事内容:

1. 凤凰卫视主播沈星拿着产品在厨房中,画外旁白:"现在我们有了健康的味精。太太乐蔬之鲜。"

2. 在阳光明媚的绿色田园背景下,产品和新鲜的蔬菜、阳光在一起。画外旁白:"以新鲜的蔬菜提取,加一点阳光。"

3. 沈星拿着产品,画外旁白:"加一点天然,再加一点健康。"字幕:"八种蔬菜、健康纯素、鲜美秘籍。"

4. 用产品做饭的情景。画外旁白:"和味精的用法一样,味道更鲜美,也更健康了。"

5. 小女孩在吃饭。

6. 产品及品牌标识。画外旁白:"健康味精就是太太乐蔬之鲜。"

这则电视广告是一则典型的商业性、功利性、促销性很强的广告。广告中用动画特技效果建构了虚拟的展示产品材料和用途的场景,展现出产品的特性,在极短的时间内,叙述清楚产品与人的关系,也综合了名人代言、动画分解产品品质与现实生活情景等画面,针对受众的需求点,很有创意地表达了叙事的主题,完成了一个电视广告叙事的过程,给人以深刻印象。

当然,在一些公益广告或一些产品广告中也有出现宏大叙事的情况,如以爱国为主

---

① 〔美〕苏特·杰哈利:《广告符码:消费社会中的政治经济学和拜物现象》,马姗姗译,中国人民大学出版社2004年版,第2页。

题的叙事,有时也会展示人与人、人与社会的关系,这多是公益广告的叙事特点,而不会影响商业广告的共性。

总之,电视广告是一种独特的叙事,只有充分理解了这些叙事特色,才能更全面地认识其叙事方法与功效,并提高鉴赏和评析它的能力。

第二节 电视广告叙事文本研究的框架

无论是情节叙事还是表现叙事,都可借鉴叙事学研究的框架从两个方面加以分析:情节叙事的两个层面是故事和话语,表现叙事的两个层面是画面和声音。

一、情节叙事文本的两个层次:故事与话语

叙事即对事件的叙述,"叙"是说,讲述,陈述;"事"是实际存在的或虚构的事件。"我们可以简单地说,叙事学是研究'叙'和'事'以及它们之间关系的学说。"这就涉及叙事文本的两个基本层次:故事和话语。"故事"与"话语"是由法国结构主义叙事学家托多洛夫提出的一对概念,用来区分叙事作品的素材和表达形式。故事是按时间先后顺序和因果关系串联起来的事件,是被叙述的材料("说什么")。话语是采用各种叙述技巧对故事进行加工和变形,是对故事的叙述("怎么说")。在叙事文本中,故事和话语是相互依存的。话语若不叙述故事,就不是叙事的话语;故事若不被话语所叙述,就无法成为叙事文本而被读者所接触和阅读。"故事"与"话语"相对来说又是独立的,否则我们便无法将其区分开来。

美国叙事学家查特曼1978年出版的一本书,书名就称《故事与话语》(Story and Discourse)。在书中,他借用丹麦语言学家叶耳姆斯列夫(Louis Hjelmslev)提出的形式对实质、表达(能指)对内容(所指)的四层次图表,区分了叙事文本的四个层次:表达的实质、表达的形式、内容的实质、内容的形式,见表1—1。

表1—1 查特曼的叙事四分图表

	表达	内容
实质	用于交流的各种媒介(如文字、声音、画面)	再现在作品里的(现实或想象世界中的)客体与行动
形式	构成叙述话语的各种叙述方式	故事组成要素(情节、人物、环境及其结构)

(资料来源:转引自胡亚敏,《叙事学》,华中师范大学出版社2004年版。)

其中,叙事表达的形式和内容的形式就是叙事学的研究对象。表达的形式,相当于"话语",内容的形式,相当于"故事"。这种二分法类似于语言符号学中"所指"和"能指"

的二元对立,有助于我们清晰地分析和认识叙事文本。①

(一)故事层次研究

故事是按时间先后顺序和因果逻辑关系串联起来的事件。从某种意义上说,故事是创作者与阅读者共同"创造"的。读者无法直接读到、看到故事,读者只能接触到文本。故事是在文本阅读过程中,按照时间的自然先后顺序和事物的现实逻辑重新构造的抽象物。

故事是由事件组成的,事件是一种状态到另一种状态的转变。在这一转变过程中,涉及以下因素:

环境:故事发生的时空综合体。事件的发生,无论大小,都必然要在某一个时间点进行,并且要经历一段时间。事件的发生也总要在某个地方,可以是实际存在的地方,也可以是虚构的地方。时间不止具有自然意义,通常也具有社会意义。事件发生在唐朝和发生在2046年,发生在宫殿和发生在卧室、厨房,会有不同的意义。

行为者:故事中所涉及的参与者。

叙事语法:行为者在一定的时空中引起或经历一种状态的转变,构成了事件。但故事不是行为者、时间、空间这些因素的无机堆砌,也很少是单一的事件。它通常是一系列的简单事件在先后顺序的时间轴上以合乎逻辑的方式结构而成的。故事结构规则的作用类似于语法规则在语言中的作用,因而将其称为"叙事语法"。故事结构包括表层结构和深层结构。普罗普的神话"功能"研究和布雷蒙的叙事"序列"研究涉及故事的表层结构,而列维·斯特劳斯对神话的研究和格雷马斯的"语义方阵"则涉及深层结构。②

(二)话语层次研究

故事必须经过话语叙述才能被阅读者接受。先故事后话语,只是我们为了更好地说明文本的两个层次的技术性需要。实际上,阅读不会按这个顺序进行。阅读者只能阅读由话语构成的叙事文本,并在阅读过程中建构起故事。话语不必按故事中事件发生的时间先后顺序和自然逻辑来"原原本本"地叙述,叙述话语涉及以下因素:

叙述者:故事要被叙述,就要求有叙述者。叙述者是叙事文本中的一种语言功能,这种功能不一定是由具体可见的个人来承担。叙述者可以是故事中的人物,也可以不是。叙述者不同于真实作者,也不同于"隐含作者"。叙述者存在于叙事文本的话语之中,而真实作者生活在现实世界中。隐含作者不存在于话语之中,它是读者在文本的阅读和理解过程中建构的"作者的第二自我"。隐含作者存在于任何文本,而不只是叙事文本。

受述者:与叙述者相对应的是受述者。叙述是一种交流过程,受述者是叙述的接受者。"每一叙述文本中,至少有一个(或多或少公开地表现出来的)受述者,处于叙述者向

---

①② 张山竞:《故事与话语:广告文本的叙事学分析》,暨南大学2010年硕士学位论文,中国知网。

他或她讲述的同一个叙述层次上。"与叙述者相对应,受述者可以是故事中的人物,也可以不是。

叙述层次:叙述者在叙述故事的过程中,如果故事中的人物又在讲述另一个故事,那么这个人物就成为了第二个故事的叙述者。同样的情况仍有可能发生在第二个故事中,于是就形成了不同的叙述层次。理论上,叙述层次的数目是无穷的。

聚焦:在叙事中,"不言自明的是,事件无论何时被描述,总是要从一定的'视觉范围'内描述出来。要挑选一个观察点,即看事物的一定方式、一定的角度"。叙述者是关于"谁说"的问题,而聚焦是聚焦者(看者)与被聚焦(被看)的事物之间的关系,是关于"谁看"的问题。

叙述时间:叙事文本具有双重时间的属性。故事时间(被叙述时间)是按其发生、发展、变化的先后顺序排列的,而故事在被话语叙述时,叙述时间却不必按原来的故事时间来叙述,这反映了创作者的叙述技巧。

如图 1—1 所示:

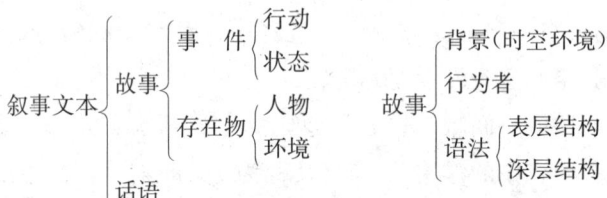

图 1—1　叙事文本和故事

综上所述,叙事是按一定的语法结构对其叙事内容进行表达的过程,其中所包含的叙事元素都会对叙事的效果产生不同的影响,因此,在研究叙事文本时,只有通过对叙事语法结构、叙事内容、叙事元素等各方面进行全面分析,才能掌握它的特点。[①]

二、电视广告中的叙事语法结构

叙事语法的研究主要受到现代语言学的启发。著名学者索绪尔(Ferdinand de Saussure)提出了"语言"和"言语"的区别,"共时性研究"和"历时性研究"的区别。他明确提出,现代语言学研究的对象是语言,而不是言语,要建立以研究语言状态为主的共时语言学,区别于以研究语言演化为主的历时语言学。如同语言学要从纷繁复杂的言语现象中找出共有的语法规则一样,叙事语法也正试图进行纷繁复杂的叙事时间和历史的共时性存在的研究。乔姆斯基(Avram Noam Chomsky)创立的转换生成语法,试图以有限的核心短句结构通过转换规则生成无限句子,叙事语法也具有类似的思维方式,试图在有限的故

---

① 张山竞:《故事与话语:广告文本的叙事学分析》,暨南大学 2010 年硕士学位论文,中国知网。

事基本结构的基础上,通过某些规则生产出无限的叙事作品。深层结构和表层结构的概念即是借鉴于转换生成语法。①

格雷马斯将叙事语法划分为两个部分:基础语法和表层语法。他将列维·斯特劳斯神话结构分析结果中的矛盾项称为"式",把"式"之间的关系类比于语法称为"关联关系"。"式"和"关联关系"类似于语法中的词法和句法。词法具有分类性质,其中包含各项限定;句法则是一整套的组合规则和操作词法各项方法。具有分类性质的各项"式"在具有关联关系的结构中的运转(格雷马斯称为"运算"),所依据的就是基础语法。式项分类的基本词法和其进行运算的基本句法组成了叙事语法中的基本语法。在基础语法和形象的叙事作品之间,还存在着"表层语法"这一中间层次。基础语法是"逻辑的",表层语法是"人形的",叙事作品才是"形象的"。② 表层语法和基础语法所对应的就是故事的深层结构和表层结构。故事的深层结构是以各项成分之间静态的逻辑关系为基础的,是对叙事作品的非时间性理解,本身是不具叙述性的。故事的表层结构是由时序原则和因果原则所支配的。

(一)电视广告叙事表层结构分析

叙事语法的研究是要从维系复杂的叙事作品中寻找出它们的共同结构和普遍规则,这是一种将众多叙事文本视为超越时间和历史的共时性存在的研究。乔姆斯基创立的转换生成语法试图以有限的核心短句结构通过转换规则生成无限的句子,叙事语法也具有类似的思维方式,试图在有限的故事基本结构的基础上,通过某些规则生产出无限的叙事作品。深层结构和表层结构的概念即是借鉴于转换生成语法。普罗普对 20 世纪 20 年代之前的故事研究按"类似"(人物类别)或"情节"对故事进行分类的研究方法表示强烈质疑,认为这样的分类方法带来的是一片混乱。他致力于对故事中的稳定因素进行研究。普罗普列举了几个故事作为例子:

1. 沙皇赠给好汉一只鹰。鹰将好汉送到了另一个王国。
2. 老人赠给苏钦科一匹马。马将苏钦科驮到了另一个王国。
3. 巫师赠给伊万一艘小船。小船将伊万载到另一个王国。
4. 公主赠给伊万一个指环。从指环中出来的好汉们将伊万送到了另一个王国。

普罗普指出了其中不变的因素和可变的因素:变换的是角色的名称(以及他们的物品),不变的是他们的功能——从其对于行为过程意义角度定义的角色行为。功能本身是不变的因素,它在不同故事中的重复性是十分惊人的,而执行行动的人物、功能实现的方法是可变的。③

依据普罗普的"功能"不变之说,就电视广告叙事而言,文本中人物的功能就是表现

---

① 张山竞:《故事与话语:广告文本的叙事学分析》,暨南大学 2010 年硕士学位论文,中国知网。
② 〔法〕格雷马斯:《叙述语法的组成部分》,张寅德:《叙述学研究》,中国社会科学出版社 1989 年版,第 99~103 页。
③ 〔俄〕普罗普:《故事形态学》,贾放译,中华书局 2006 年版,第 16~17 页。

产品的功效,而无论是什么样的人物出现都不会从根本上影响这一功能的发挥,即表现产品功效的功能。这一点也是符合电视广告叙事的特点即展示人与物的关系,使之又区别于一般的叙事文本。可以说不管是有故事的情节表现,还是只有主题的展示,也不论是否有人物出现,广告叙事文本都必须有表现产品功效的功能。因此,不能完全依据人们对一般叙事研究的结论来分析电视广告叙事,更不能将电视广告叙事仅局限于情节叙事,而要从表现产品"功能"这一不变的叙事目的出发来进行案例解读,从中找出规律。①

案例分析1-3:

2013年12月17日晚央视《新闻联播》后电视广告部分案例

广告产品	主要叙事情节	表层结构分析	叙事主题与行为关系
1.波司登羽绒服	1.三位美女穿着深蓝色羽绒服走过画面。字幕:①拍。 2.一位男士拿着一件红色羽绒服,穿蓝色羽绒服的美女拍拍它。 3.白色背景下,一位穿浅蓝色羽绒服的女士舒展地伸开双臂。字幕:②闻。 4.一群穿着不同颜色羽绒服的年轻人在抖动手中的各色羽绒服。字幕:③抖。 5.穿着不同色彩羽绒服的模特。字幕:重新定义①②③高标准。 6.画外解说并字幕:新定义高标准,世界名牌波司登羽绒服。	行为:人物展示产品的特色,以显示其品质。	行为直接表现叙事主题——新定义高标准,世界名牌(产品品质特色)。
2.中国工商银行	1.轻快的背景音乐声中,一只手中出现中国工商银行品牌标识及电子版界面,另一只手在划动屏幕,电子背景不断变化:雪山脚下、飞驰的动车和车站、城市里、家中等,最后划出品牌标识。电子屏幕上也变幻出不同画面,左边字幕:"账户管理、转账汇款、工行理财、缴费站、中国工商银行。" 2.画外解说并字幕:享受E时代金融生活,一切自由我掌握,就在工银移动银行。	行为:用手轻松划动,屏幕不断变化,形象地表明产品服务特色:提供不同的服务,无论在何地都能时刻享受工银的金融服务。	行为直接展示叙事主题——工银移动银行:自由我掌握(产品服务特色)。
3.创维电视	1.众多摄影师拿着各种拍摄设备在拍电视屏幕上的模特。 2.一位男士吹了一个口哨,摄影师们都拿着摄影机转过身来看。这时,电视中的模特本人就站在大家面前。 3.摄影师们不约而同地又都转身接着拍电视屏幕中的模特。 4.画外解说并字幕:比真实更极致,天赐4K更健康,创维。	行为:摄影师拍摄时,对真实模特的展示视而不见,只是迷恋电视屏幕中的模特形象。	行为直接说明主题——比真实更极致,天赐4K更健康(产品品质特色)。

---

① 张山竞:《故事与话语:广告文本的叙事学分析》,暨南大学2010年硕士学位论文,中国知网。

续表

广告产品	主要叙事情节	表层结构分析	叙事主题与行为关系
4.劲酒	1.朋友聚会时,一位男士拿起朋友的一杯酒倒向另一杯中。 2.把瓶中的酒倒入杯中时,有一只手示意停止。 3.画外解说并字幕:劲酒虽好,可不要贪杯呦。	行为:倒酒。	行为从反面说明叙事主题——好酒也不能多喝(产品品质特色)。
5.美的空调	1.室内空调挂机。 2.一家三口人开心地在一张床上嬉戏。 3.画外解说并字幕:美的变频空调,一晚低至一度电,享受节能,想开就开,一晚低至一度电。	行为:在空调运行的室内家人开心嬉戏。	行为展示叙事主题——节能产品提供尽享空间(产品品质特色)。

从上述这些电视广告中可见其叙事表层结构模式为:

表现主题←负方向←行为→正方向→表现主题

(主题包括企业理念、品牌价值等)

即无论是什么样的模特——名人、普通人、拟人模特等都是要通过他们的行为——包括正负两个方面——来展示广告的主题——产品品质、企业理念、品牌价值等,这就是电视广告叙事的表层结构,而从根本上讲,这一主题就是商品促销。

(二)电视广告文本深层结构分析

至于电视广告叙事的深层结构问题,我们可以借鉴《结构主义人类学》中的一些观点。"这种叙事隐藏着的深层结构:即如果拥有(或者如果不能拥有)广告对象,那么就会给消费者的生活带来神奇的改变。这应该是形形色色广告背后最核心的叙事逻辑。"列维·斯特劳斯在书中对神话进行分析后认为:"神话使研究者们面临一种乍看起来似乎自相矛盾的情况,一方面,在神话中似乎任何事情可能发生。这里没有逻辑,没有连贯性……一切事物都是可能的。但是另一方面,在不同地区收集到的神话显示出惊人的相似性,这种相似性又是与上述明显的任意性背道而驰的。"[①]这一自相矛盾促使列维·斯特劳斯去探究神话的深层结构。他认为神话同时具有语言的共时性特征和言语的历时性特征,与普罗普寻找民间故事的历时性横向组合的功能链不同,他致力于寻找神话内部共时性的纵向聚合逻辑结构。

列维·斯特劳斯的分析方法是,首先抽离出神话的构成单位,他称之为"大构成单位"或"神话素",其作用类似于语言中的音素、词素及义素,但更高级、更复杂。然后,建立起一个新型的时间参照系,将神话素放入参照系中重新组织神话,这个时间参照

---

① 〔法〕克劳德·列维·斯特劳斯:《结构主义人类学——巫术·宗教·艺术·神话》,陆晓禾、黄锡光等译,文化艺术出版社1989年版,第43~44页。

系是二维的,同时具备历时性和共时性,横向的阅读就构成了神话历时性的故事发展,纵向的阅读就可以理解为其中共时性的"一束束的关系"①。电视广告叙事的深层结构正表明了其叙事的本质是关于人与物关系的话语。这根源于广告的商品本质。商品是与人存在关系的物。"没有我们,物体即使存在,也失去了存在的意义,所以从这个意义上说物需要人,似乎是显而易见的。而反过来,人需要物这个命题也同样正确。"②物的使用是一种从物没有被使用到物被使用状态的变化,这是物的意义实现过程;而人因为物的使用获得了需求的满足、能力的提升、精神的愉悦和社会关系的改变等种种变化,因而区别于原来没有使用物的人。这种深层结构的存在是普遍的,包括各种叙事的广告。③

案例分析 1—4：

中华牙膏电视广告·上火篇

叙事主题:中华让健康有滋有味

叙事语法类型:功效表现类——产品(中华中草药牙膏)解决了牙龈上火问题

主要叙事内容:

妈妈端着饭走出来,孩子高兴地喊着:"爸爸吃饭了!哇!这么多好吃的。"可当爸爸用筷子夹起一块红烧肉时,肉块上起火了,爸爸马上发愁地说:"嗨,嘴巴上火,牙龈又红又肿,怎么吃呀!"(动画)牙龈着火了。画外音:有效预防口腔上火就要每天用中华中草药牙膏,它特含野菊花、金银花,清热去火,有效预防红肿、出血等牙龈问题。孩子把一块肉放到爸爸嘴里说:"今天嘴巴不上火。"画外音:牙龈健康才吃得香。中华让健康有滋有味。

依据上述的理论,从这则广告的表层结构来看,人物在叙事中的意义在于提出问题和表达问题解决后的心理和生理感受,产品的功效在人物"被满足"的叙事过程中体现出来。这种结构模式是一般广告常用的模板化方式,有一定的代表性。而要从其深层结构来看,不过是在说明人与物(产品)的关系,如果人缺失了物,就会出现广告中的问题,相反,一旦拥有了物(产品)问题就解决了,从而说明物对人的意义和存在价值。

第三节 电视广告叙事的结构类型

依据叙事的方式,可将电视广告分为情节叙事、要素叙事和理念表现三种类型,每一种类型都有不同的叙事结构方式。

---

① 〔法〕克劳德·列维·斯特劳斯:《结构主义人类学——巫术·宗教·艺术·神话》,陆晓禾、黄锡光等译,文化艺术出版社 1989 年版,第 43~44 页。
② 〔美〕苏特·杰哈利:《广告符码:消费社会中的政治经济学和拜物现象》,马姗姗译,中国人民大学出版社 2004 年版,第 2 页。
③ 张山竞:《故事与话语:广告文本的叙事学分析》,暨南大学 2010 年硕士学位论文,中国知网。

电视广告叙事中的情节叙事类型主要有日常生活情节式(家庭生活片段和人生情感故事)、文学故事式(影视剧借用和文学创作)和梦幻叙事式(以幻想和梦境为内容)。

一、情节叙事类

日常生活情节式是情节叙事类中最常见、最普遍的结构方式,本节将以这一结构为范例阐述情节叙事类的基本特点,不再对文学故事式和梦幻叙事式展开论述。

日常生活情节叙事即选取日常生活中的情景、情节作为电视广告叙事文本载体的表现方式,在广告中应用普遍。日常生活情节叙事的内容很多,主要可以分为家庭生活片段式和人生情感故事式两种。

(一)家庭生活片段叙事

家庭生活片段叙事即选取家庭生活的片段作为电视广告叙事内容的表现方式,如海青代言的洗衣粉广告就是通过选取日常生活中妈妈们总是为洗不干净孩子的校服感到头疼的生活片段来叙事的。广告中海青拿来一个产品解决了这个日常生活中的难题,整个叙事比较顺畅、自然,能让受众很快理解和接受。这种类型的广告常用于一些功效性比较明显的家用产品,如药品、洗涤用品、家电等,叙事的主题是解决生活难题。

(二)人生情感故事叙事

人生情感故事叙事即电视广告叙事以一段日常生活中的人生感人故事为内容,这种方式能让受众在被情感故事感染的前提下接受产品的信息。

案例分析1—5:

Hallmark 卡片电视广告

叙事主题:关心你的家人,送他们最好的 Hallmark 卡片

主要叙事内容:

1. 轻缓的音乐中,一个上班工作的妈妈很晚才回到家,她一开门看到家中一片狼藉。她刚走两步就踩到了玩具娃娃,面对这一切,她无奈地摇摇头。

2. 她放下手中的东西,脱了外套,开始收拾。

3. 两个孩子听到妈妈回来的声音,都拿着书本高兴地跑出来叫着:"妈妈!妈妈!讲故事!"

4. 妈妈高兴地和他们打招呼:"嗨!等我一会儿好吗?"

5. 妈妈来到厨房,看到餐桌上也是一大堆的东西,无奈地叹了口气。

6. 这时,走进来一只小狗,好像来找吃的。妈妈端起盘子尝了一下里面的东西,很恶心地吐了出来,自语道:"这是什么呀?"

7. 她把盘子端给小狗，小狗也不吃，跑掉了。

8. 妈妈忙着洗水池中的碗，这时，孩子们又跑来央求道："妈妈，现在可以讲了吗？"

9. 妈妈说："妈妈现在要洗碗、整理起居室。也许爸爸可以，去吧。"

10. 爸爸正在打电话，很无奈地耸着肩拒绝了孩子们的请求。然后示意孩子们还是去找妈妈。

11. 妈妈在帮孩子们洗澡，孩子们喊着："妈妈，讲吧。"

12. 妈妈无奈地说："洗完澡再说吧！"

13. 孩子们忙着穿衣服，妈妈拿着一大盆的衣服准备去洗。

14. 当妈妈走过孩子们的卧室时，两个孩子都躺在自己的床上，拿着书喊着："妈妈！"妈妈只好放下衣服来给孩子们讲故事。

15. 妈妈搂着可爱的孩子，打开一本书，一页一页地翻着，念着上面的故事。孩子们很开心。

16. 这时，书中出现一个卡片，妈妈很奇怪地说："还有一张卡片。"孩子们说："是啊，一张卡片。"

17. 妈妈打开卡片念道："因为有你，我们的世界很幸福！我们有幸福的家，我们的日子充满欢乐，我们的夜晚美梦萦绕。这都是因为你。爱你的查理、杰克，还有爸爸。"妈妈感动地亲吻着孩子们。

18. 这时早已站在门口的爸爸深情地望着他们。

19. 妈妈开心地亲吻孩子们并说："谢谢你，谢谢你！快睡吧。"

20. 妈妈和爸爸相依着离开孩子们的房间。画外音："关心你的家人，送他们最好的Hallmark卡片。"

在这则故事性很强的叙事广告中，平静的生活、浓浓的情感、温馨的家庭和可爱的孩子让一个上班工作的妈妈在百忙中感受到了自己对家庭的意义，感受到家人们对她深情的爱恋，让她在紧张、繁忙的生活中得到了关爱、赞同和肯定，也得到了最大的心理满足，所有这一切让疲劳、辛苦变得不再是一种痛苦，而是为家付出的快乐、为爱付出的快乐。而这种深情的表达方式就是产品——Hallmark卡片。整个叙事真实感人、朴实无华，浓情融入到最日常的生活中，给人以深刻印象。

二、要素叙事类

要素叙事类主要是指叙事的主体构成叙事的某一个要素成份，如人物、产品、品牌等，以它们的主体线索展开叙事内容，故也可将其细分为产品表现式、人物表现式、品牌表现式这三种。

(一)产品表现式

产品表现式即以产品为主来传达信息和挖掘主题,这种叙事可以从产品品质、功效、价格、服务、包装等多方面来展开,所以它又可分为产品功效表现、产品材质表现、产品价格表现、产品包装表现、产品地域特色表现等多种类型。

案例分析1-6:

巴黎欧莱雅男士护肤系列电视广告

叙事主题:欧莱雅男士控油炭爽洁面膏,真正活炭,吸除污垢、油脂

主要叙事内容:

1. 代言人阮经天用手擦拭着脸上的汗水,挡着刺眼的光线。解说:"油光、暗沉,不要。"

2. 代言人展示产品及产品品牌标识。解说:"欧莱雅男士控油炭爽洁面膏,真正活炭,吸除污垢、油脂。"

3. 代言人洗脸后的情景。解说:"提亮肤色,持续净爽。"

4. 品牌标识及产品从一片蓝冰中跳出。解说:"来自巴黎欧莱雅,酷爽登场。冰感洁面膏。"

这则电视广告虽然有代言人出现,但主要是展示产品本身的特色,人物起陪衬的作用,广告叙事的进展是以介绍产品的内容为主线建构的,这样的叙事方式能很好地表现产品特色,突出其个性和市场定位,利于受众的消费选择。

(二)人物表现式

人物表现式即通过广告中的人物模特来表现广告信息,主要是一些明星代言的广告。如在范冰冰巴黎欧莱雅的广告中,画面都是她在解说产品的优势,表现她使用产品后的效果。在这种叙事中,叙述者就是明星,叙述的内容就是关于产品或广告的主题信息,画面是叙述的主要方式,不同画面之间的关系是依据主题来组合的。广告主人公的选择是关键,他(她)一定要具有专家的权威性、明星的影响力和常人的可信度。为了能使大家更清晰地理解这一形式,特选取同一明星所代言的不同产品系列广告为例,来解读其特点。

案例分析 1—7：

同一明星代言的不同产品系列电视广告叙事示例(郭冬临)

广告产品	叙事主题及人物角色	叙事背景	主要叙事话语	主要画面
1.汰渍洗衣粉	主题:有汰渍,没污渍 角色:路人	孩子和家人在户外游玩	1.新上市的汰渍全效炫白……用它一泡,污渍就全出来了。 2.轻轻一搓就出来了。	1.一个小女孩的衣服被弄脏了,大家正在发愁怎么能洗干净。 2.这时郭冬临拿着产品出来,把衣服泡在里面,污渍轻轻一搓就没有了,衣服亮白如新。
2.万通筋骨贴	主题:腰腿疼痛就用万通筋骨贴 角色:话务员	热线直播室	1.您好!这里是腰腿疼痛健康热线。什么?关节炎?请按①;肩周炎、颈椎病,请按②;关节炎、肩周炎、颈椎病、腰腿疼痛,请直接用万通筋骨贴。 2.万通筋骨贴专治关节炎、肩周炎、颈椎病、腰腿疼痛(画外音)。	1.郭冬临扮演的话务员正在接听一个电话。 2.他拿出产品进行介绍。 3.介绍产品功效画面。
3.江中健胃消食片	主题:肚子胀,不消化,找江中 角色:家人	家人聚餐	孩子说:"爷爷你吃你吃!"爷爷说:"爷年纪大了,好东西不能多吃。"郭说:"肚子胀,不消化,找江中。日常助消化,江中健胃消食片。"	1.家庭聚餐时,郭冬临以一个儿子的身份告诉老父亲,不消化,吃江中健胃消食片。 2.郭冬临打开抽屉拿出药品。
4.中坝酱油	主题:有滋有味,有中坝 角色:父亲	家人聚餐	孩子说:"(菜)不够香?"郭说:"一瓶酱油的事。中坝双蘑生抽,精选塞外口蘑,九寨松茸,双重营养,双倍鲜味。中坝双蘑生抽,有滋有味,有中坝!"	1.一家人在一起吃饭。 2.塞外蘑菇生长情景。 3.郭冬临拿着产品进行介绍。
5.无敌治骨	主题:无敌治骨,治骨无敌 角色:武术教练	习武馆练功	习武,要无敌。治骨,更要无敌。无敌治骨,300年中华老字号。云药治骨第一方。治疗膝关节骨刺、椎间盘突出、颈椎病、坐骨神经痛、骨性关节炎、骨质增生等各类骨关节病。内服无敌丹,外用无敌膏,内外兼治,先治后补。	1.郭冬临和大家一起习武。 2.产品画面。 3.郭冬临在习武者身上点出各种病痛穴位。 4.各种关节及穴位的动画画面。

上表中的这些广告,代言人都是郭冬临,广告的叙事方式都是日常生活片段式的,代言人是叙事情节中的主角,他的叙事功能就在于通过推进叙事进程,推出产品并介绍产品功效,发挥名人效应的影响力。

(三)品牌表现式

品牌表现式即通过展示品牌的价值进行叙事的内容表现,这种方式实际上也属于产品表现式,但为了强调和突出品牌的价值而被单独列为一种表现方式。

案例分析 1—8：

哈尔滨啤酒电视广告·卡福篇

叙事主题:冰动夏日,不动不酷

主要叙事内容:

镜头 1:一辆卡车上清晰地印着"哈尔滨啤酒"的字样及其标识,整体是蓝色。

镜头 2:车门打开,走出前巴西足球队队长卡福和队员们。卡福穿着蓝色的衣服,戴着蓝色的帽子。身后一排排整齐的啤酒。

镜头 3:卡福在众人欢呼声中秀他的球技。

镜头 4:他拿着一瓶啤酒,大家也都拿着一样的啤酒欢呼。

镜头 5:卡福很享受地喝了一口啤酒。

……

广告语:冰动夏日,不玩不酷。哈尔滨啤酒。

在这则电视广告叙事中,基本上每一个画面都出现了啤酒产品和标识,同时,代言人卡福展示了产品与足球带来的快乐之间的关系,片中没有语言,只有快乐和激情的音乐,突出了品牌的价值,增强了记忆效果。

三、理念表现类

理念表现类即在电视广告叙事中以画面和声音为主要手段,以阐释一个主题理念为主要目的的表现方式,常用于企业形象广告。

案例分析1—9:

理念表现式的电视广告示例

广告产品	361度	安踏	中国农业银行	中国银行	中国工商银行
广告主题	多一度热爱	永不止步	大行德广、伴您成长	百年中行、全球服务	让我们携手共建和谐、共创美好
主题话语	这一度是远,这一度是近;这一度是神,这一度是魔;这一度是盲,这一度是明;这一度是夜,这一度是光;这一度是对运动的热爱,为这一度付出一切。我愿意,361度,多一度热爱。	你没有他的天赋,你没有他的条件,你无人喝彩,世界不公平?但你有梦想的权利,让心跳成为你的宣言,让疤痕成为你的勋章,让世界的不公平在你面前低头!安踏,永不止步!	总有别人不曾攀越的巅峰,总有别人不曾走过的路,总有别人不曾看过的风景,总有别人不曾拥有的收获。大行德广,伴您成长。	你看见历史,我们看见未来;看见时代使命而初创基业;看见全球趋势而走向世界;看见需求差异而因地制宜;看见行业新机而执着创新;看见国家梦想而共襄盛举,百年中行,全球服务。	每一天我们都传递爱心,每一天我们都全心全意,每一天我们都在您身边,让我们携手共建和谐,共创美好。
画面	各种运动场景。	各种运动场景。	高大的雪山、天池、水乡、风车、一个人站在成熟的麦田中。	一个人穿梭在历史与现代、国内与国际的画面之间。	各种工商银行工作人员为消费者服务的画面。

在这几则广告中,对广告主题即叙事主题的阐释是叙事创意的核心和目的,所有叙事中的话语和画面都在为此服务,虽然表现方式不同,但都是为了突出和强化主题理念。

此外,还有综合表现式,即在这种叙事中产品、品牌、人物等信息都会得到不同程度的强调,而不是只突出一个方面。

案例分析1-10:

肯德基承诺电视广告·RGM篇

叙事主题:为了您和您的家人,肯德基承诺每一口都安心
主要叙事内容:
代言人——赵明敏:青岛肯德基城市广场店的餐厅经理
镜头1:代言人在向观众陈述,画面中有产品品牌标识。
(这个镜头和以下镜头连续切换,交替出现)
镜头2:在肯德基操作间工作的情景。
镜头3:在餐厅售货、收拾的工作情景。
镜头4:鸡肉处理车间的情景。许多白条鸡整齐地挂在干净的车间工作架上。
镜头5:统一着装的工人在认真处理鸡肉。
镜头6:不同年龄段的人们在肯德基餐厅用餐。
……
主要语言内容:
画面中代言人陈述道:"我是来自肯德基餐厅的餐厅经理,我叫赵明敏。肯德基对食品安全的要求肯定是很高的。我们餐厅的每一步操作都有非常严格的要求。我们的员工都需要经过严格控制的训练才能够上岗。我们的鸡肉都是通过国内专业的供应商供应的。我也常跟爸妈讲,出门在外,还是要吃得安心。"广告语:"为了您和您的家人,肯德基承诺每一口都安心。"

在市场负面信息日益增多的压力下,肯德基推出了一组承诺系列广告来为自己的产品表白,这是其中一个。广告以肯德基工作人员为代言人和叙述者,以其身份来确保说服的效果,给人以可信的感觉。在这则叙事中,品牌展现、人物代言、产品品质等都得以体现,叙事主题——"为了您和您的家人,肯德基承诺每一口都安心",也得到了充分诠释。

总之,电视广告叙事的类型多变,而且常会出现综合运用的情况,此处的分类说明主要是从研究的视角出发。在创作实践中选择具体类型时,应从创意需要出发,以为销售服务为宗旨灵活运用。

第四节 电视广告叙事的构成要素

对于两种不同的叙事模式,电视广告批评的内容也是不同的。情节叙事类主要是从故事和话语两方面来展开。故事中所包含的因素主要有时空背景、行为者和语法。它们在叙事中有不同的意义和价值。

一、时空背景

时空背景即故事发生的时空背景。戈德罗和若斯特将其称为"永在的影片时空":"电影叙事的基本单元——画面,就是一种完美的空间能指,以至于电影与其他叙事载体相反,始终同时表现发生叙事的行为和与其相配合的背景。"①在电视广告叙事中这种时空背景不仅是故事发生的场所和时间,还具有促使受众认同、渲染氛围、提升品位等意义。所以在设置这种背景时一定要符合"真实性"的标准,以寻求受众的认同。许多广告往往由于没有重视这种背景的设置,而无法保证完成叙事的促销意义。如在郭冬临的江中健胃消食片电视广告中,虽然叙事背景是设置在普通百姓家中,但中间却出现一个这样的镜头:家里的抽屉里全是江中健胃消食片。从常理上讲,一方面这肯定不真实,另一方面既然这么多的药品怎么自己家人胃不好就不知道吃呢?确实很不可思议。像这样的背景细节处理不当的问题是中国电视广告中的一大弊端。

二、行为者

行为者即在故事中参与和经历事件的行为实体。在文学批评领域存在着两种具有代表性的、又相互对立的人物观:"心理性"和"功能性"。19世纪以来的传统小说批评家多数持"心理性"人物观,他们将作品中的人物视为具有心理可信性或心理实质的人,认为人物是作品的中心,情节从属于人物,人物可以独立于故事,作品中的一切都是为了揭示和塑造人物性格而存在的。持这一人物观的批评家关注人物的心理、动机、性格、社会阶层、道德价值和社会意义等,认为小说中的人物可以和现实世界的真实人物相提并论。而从亚里士多德的诗学到俄国形式主义,再到结构主义叙事学都持"功能性"的人物观,将人物视为从属于情节或行动的"行动者"或"行动素",其作用在于推动情节的发展。②

---

① 〔加〕安德烈·戈德罗、〔法〕弗郎索瓦·若斯特:《什么是电影叙事学》,刘云丹译,商务印书馆2007年版,第104~105页。
② 申丹:《叙述学与小说文体研究》(第三版),北京大学出版社2004年版,第55~68页。

形式主义批评家普罗普通过对神奇故事的情节进行对比研究,总结出了其中不变的因素和可变的因素:"变换的是角色的名称(以及他们的物品),不变的是他们的行动或功能。由此可以得出结论说,故事常常将相同的行动分派给不同的人物。……对于故事研究来说,重要的是故事中的人物做了什么,至于是谁做的以及怎么做的,则不过是要附带研究一下的问题而已。"①

在电视广告叙事文本的分析中,我们借鉴上述方法,也将叙述者分为心理性人物和功能性人物两类。

1. 心理性人物

心理性人物即在电视广告叙事中人物的主要意义在于表现产品消费后的心理体验,从而激发受众的联想和欲望。这种心理性人物在电视广告叙事中占很大的比例。

案例分析 1—11：

德芙巧克力电视广告·牛奶香浓篇

叙事主题:牛奶香浓,丝般感受

1. 主要叙事听觉内容:

(1)独白:当巧克力在口中慢慢溶化,愉悦感油然而生。德芙,牛奶香浓,丝般感受。

(2)轻缓、流畅的背景音乐。

2. 主要叙事视觉内容:

(1)一位年轻的白领拿起桌上的德芙巧克力,放入口中一块,惬意地品味。

(2)巧克力在漩涡中不停地旋转,伴随着纯白色牛奶的加入,巧克力与牛奶融合,塑造出德芙巧克力的王冠。

(3)一条巧克力色的丝绸在她的身旁围绕、飘动。

(4)字幕:牛奶香浓,丝般感受。

通过画面将产品的特质转化为有力的视觉吸引力,将德芙牛奶巧克力的魅力及纯美品质刻画得丝丝入扣,缓缓旋转的巧克力漩涡,犹如丝般润泽的质感,将视觉与味觉的诱惑展示无遗,宛如享受一场美好的巧克力飨宴,这就是德芙想呈献给观众的巧克力体验与全新感受。整个叙事中人物只是一个引发叙事和联想的角色,人物的心理感受是叙事的主要内容,即通过视觉对人物消费感受进行描述,从而引发受众强烈的购买渴望和冲动。同时,低沉、感性的旁白及优美的吟唱音乐,渐渐引出如清泉般流畅的律动,宛如跳着一首慢版爵士舞似的悠扬动人,引领受众进入一个纯粹的牛奶巧克力的世界,加深了广告的叙事意境,更强调了丝滑的口感体验。

---

① 〔俄〕普罗普:《故事形态学》,贾放译,中华书局2006年版,第17页。转引自张山竞:《故事与话语:广告文本的叙事学分析》,暨南大学2010年硕士学位论文,中国知网。

2. 功能性人物

功能性人物即在电视广告叙事中人物的意义主要是推进叙事情节的进展。在电视广告叙事中也有不少功能性人物。

案例分析 1—12：

滴露消毒液电视广告

叙事主题：滴露有效杀菌，温和不刺激，随时随地致力守护健康

主要叙事内容：

1. 一个小女孩看着鱼缸里的小鱼在亲嘴，很喜欢。她就用嘴亲吻鱼缸。画外旁白："好奇是探索世界的方法。"
2. 妈妈走过来，画外旁白："我能给她最好的保护。"
3. 妈妈把一滴产品倒入水盆中。画外旁白："滴露有效杀菌，温和不刺激。随时随地致力守护健康。"
4. 妈妈用沾着产品的海绵擦着鱼缸。
5. 孩子拿起一个装着鱼的小瓶子亲着，妈妈看着很开心。

这则电视广告中，妈妈和孩子是整个叙事的主要人物，她们的言行带动着叙事情节的发展，展示出广告的主题，使整个电视广告叙事完整、顺畅和自然，从而增强了广告与产品的可信度和受众的记忆效果。

此外，对于叙事语法结构部分，在前文中已有论述，不再赘述。

第五节　电视广告叙事中的交流机制

叙述是一种交流机制，它的进行需要叙述者、受述者和叙述内容，也需要对叙述进行层次分解和对发生时间先后排列的故事进行时间的操作。以话语层面的交流为例，它包括的内容主要有以下几个方面，①如图 1—2：

话语层面 ｛ 叙述者 / 层次 / 聚焦 / 时间

图 1—2　话语层面的构成内容

下面将主要从这几个方面进行分析。

---

① 张山竞：《故事与话语：广告文本的叙事学分析》，暨南大学 2010 年硕士学位论文，中国知网。

一、叙述者分析

所有的叙述都需要叙述者,米克·巴尔认为叙述者是"叙述本文分析中最中心的概念"①。与影视叙事一样,电视广告中的叙述者具有其特殊性,"影片有别于小说,就在于他能够展现行动,而不必述说它们……事件好像是在自我讲述。"②它同时调动了画面、音响、话语(人物语言)、文字和音乐五种符号。因此,这使得影视作品的叙述者变得复杂化,重要的是这个叙述者是以"演示着的叙述"来完成故事的。③ 一般来说,叙述者主要可以分为以下三类:

1. 大叙述者

大叙述者也可称为基本叙述者、大影像师,戈德罗和若斯特认为这类叙述者"操作各种各样的影片表现材料,对其作出安排,组织其叙述方式,制定其活动策略,以此向观众提供各种叙事信息"④。他们把这类叙述者的工作看成是对影视作品中两层重叠性叙事的缝合:第一层来源于画格与画格之间的组合;第二层则是来源于镜头与镜头之间的组合,即蒙太奇。也就是演示者与叙述者,它们最后被更高层次的基本机制,即"大影像师"所调节和支配,如图1-3所示。⑤ "大影像师"是实际的广告影片制作者。

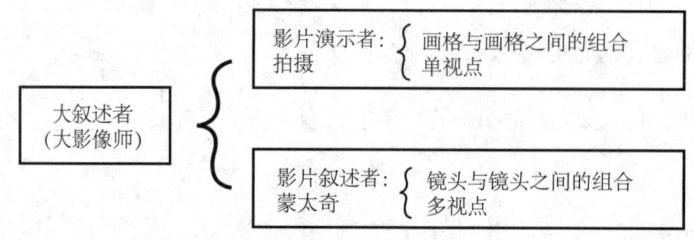

图1-3 影片叙事的叙述机制

(资料来源:张山竞:《故事与话语:广告文本的叙事学分析》,2010年暨南大学硕士学位论文,中国知网。)

在电视广告叙事中,对这类大叙述者的理解,可以是将其视为作品中的"视点"和"叙事视角",这是每个叙事中都存在的构成元素。如王力宏在全新卡尼尔广告中以叙述者的身份指出产品的六大优势,但实际上忽视或隐藏了大叙述者的角色,明星只是一个剧情中的叙述者,而其所引导受述者去看的都是受大叙述者支配的。

大叙述者由于掌握了镜头、画面、蒙太奇等拍摄、编辑技巧,对一则电视广告叙事文

---

① 〔荷〕米克·巴尔:《叙述学:叙事理论导论》(第二版),谭君强译,中国社会科学出版社2003年版,第19页。
② 〔加〕安德烈·戈德罗、〔法〕弗郎索瓦·若斯特:《什么是电影叙事学》,刘云舟译,商务印书馆2007年版,第47页。
③ 张山竞:《故事与话语:广告文本的叙事学分析》,2010年暨南大学硕士学位论文,中国知网。
④ 〔加〕安德烈·戈德罗、〔法〕弗郎索瓦·若斯特:《什么是电影叙事学》,刘云舟译,商务印书馆2007年版,第72~73页。
⑤ 张山竞:《故事与话语:广告文本的叙事学分析》,暨南大学2010年硕士学位论文,中国知网。

本的表现作用尤为重要。诚然,好的广告在镜头、画面、蒙太奇等手法的运用上都会有不俗的表现,以达到感染受众的效果,而不好的广告往往问题不是出在创意上,而是出在表现的细节上。如在雕牌的一则亲情广告中,一个在外打拼的女孩过节时为了工作不能回家,她在回忆父亲做她爱吃的红烧肉时,画面中为了突出产品,竟然在做红烧肉的灶台上放上了雕牌产品,让人匪夷所思。也许有许多原因会导致广告叙述的不真实,其中叙述者对镜头表现的把握、对画面构图的安排及对蒙太奇技巧的运用等是重要的原因。

2. 真实叙述者

真实叙述者即存在于历史之中、叙事文本之外的写作主体。在电视广告叙事中,真实叙述者指创意人,他们根据对企业、产品、市场等因素的分析,将广告信息编入叙事文本中,而在这个广告文本播出时,他们的存在又不会被受述者注意到。这样看来,对一则电视广告叙事文本而言,这类叙述者不仅意义重大,其创意的导向和效应还直接关乎整个广告片的定位和所能产生的市场效果。

广告创意是广告的生命所在。对广告真实叙述者而言,如何使这种叙述更有新意、更有魅力和吸引力是非常重要的。在许多电视广告中,叙述的模板化让受述者感受不到广告及产品的特色优势,这就是真实叙述者存在的问题。

3. 隐含作者

隐含作者即在叙事文本阅读中建构的关于叙事形象的认知,它存在于文本之中,但不发声。换句话说,隐含作者实际上就是受述者从文本作品中感知到的那个叙述者,在电视广告的叙述中就可以理解为广告主。如在一则欢快的鲜橙多饮料广告中,年轻人自由、放纵的狂欢场面让整个叙述呈现出一种奔放、快乐的旋律,这会让受众认为其隐含作者即企业的价值观,就是支持和赞赏这种年轻时尚、活力四射和快乐向上的精神。一则亲情广告让受众感受到的是广告叙事中的亲情魅力,而认同这种情感是企业或产品本身(隐含作者)的价值体现。

案例分析1-13:

隐含作者电视广告示例

广告名称	品牌	主要叙述画面	主要叙述语言	隐含叙述者特征	存在问题
1. 伊利牧场篇	伊利	1. 草原、森林和干净的奶牛。 2. 天山脚下的牧场和正在吃草的奶牛。 3. 纯白浓郁的牛奶。	锡林郭勒、呼伦贝尔、新疆天山,伊利三大黄金奶源基地,浓、香、纯、自然融在嘴里。	新鲜、天然、纯净、丰裕、绿色生态牧场,是牛奶的生产基地。	感知的隐含叙述者特征一样,声音、色彩、画面几无二致,没有特色的广告、模板化的叙述苍白无力,削弱了可信度和感染力。
2. 蒙牛生态草原篇	蒙牛	1. 绿色的草原。 2. 碧水蓝天。 3. 阳光照射下的茂密森林。 4. 干净、管理有序的奶牛。	这是自然的生态,也是我们的草原;这是全球的精选,也是我们的珍宝;这是国际的智慧,也是我们的坚持,中国绿色生态草原,我们生长的天与地,也是你的自然纯。	新鲜、天然、纯净、丰裕、绿色生态牧场,是牛奶的生产基地。	

上述两则广告示例中隐含作者就是企业主,在叙事文本中,产品生产的原料基地被设定为诉求的重点,而这种被营造出的绿色、生态化和天然的牧场,是企业主与受众沟通、并寻求认同的重要内容。原本这样的奶制品广告有很好的叙事效果,但由于两则广告叙事表现过于相同,大幅削弱了叙事的感染力、说服力和可信度。

4. 可见叙述者

可见叙述者即真正能让受众看到的叙述者,如各类广告中的人物模特、明星、专家等,他们是以产品代言或消费者代言的身份来直接进行表演的叙述者,以期通过明星效应、专家权威和从众意识等心理手法,达到影响受述者的目的,这时他们或可以代表广告主,或可以代表消费者,或是合二为一。如范冰冰在其代言的巴黎欧莱雅广告中,就表现出这样的身份。也有一种情况是可见叙述者并不在画面中说话,而是以画外音的形式来表达她的叙述内容,如果是影视作品,这种情况可能只是在片头或片尾出现一下,不可能一直都这样贯穿于叙述始终,但因为电视广告时间短,就常会出现这种人物表演由画外音代言的情况,而受述者一样能看明白广告语就是这个人物的心声和自白,就是她(他)在叙述。

可见,叙述者在广告中有明显的引导购买和刺激消费的意义,如何让这一意义发挥得更充分而又不引起受述者的反感,就是创意的魅力所在。

案例分析1－14:

系列防晒类化妆品电视广告示例

广告产品	可见叙述者	主要叙述画面	主要叙述语言（画外明星解说）	感知叙述者话语	存在问题
1. 美肤宝	宁静	人物着泳装站在阳光下的大海边;在阳光下的高尔夫球场挥杆打球;中间插入产品及使用产品的镜头。	晒晒晒,美肤宝美白隔离防晒系列,隔离紫外线,隔离污染,不怕晒,晒不怕,美肤宝,美白隔离防晒。		1. 可见叙述者表现相似,既没有自己的特点,也无法体现产品的特色。2. 画面内容也基本相似:明星舞动身姿、大海边的背景、太阳光的照射等,没太大差别,明星互换完全不会影响广告和产品的信息传递,模板化明显。3. 感知叙述者也就因此没有特色,无法在市场中、在消费者心中进行区分。
2. 佳雪	郭碧婷	1. 人物和产品交替出现,人物笼罩在一层水雾中。2. 产品中有五倍冰点因子保护会产生不同效果的比较。3. 太阳光下人物娇媚地舞动身姿。4. 花和女人、冰与产品交织在一起的画面。	新佳雪冰点防晒,防晒要用冰的哟。太阳再大,有了佳雪冰点防晒,冰冰的、凉凉的,就像走进冰箱里一样,好舒服,冰冰凉凉不怕太阳。	佳雪冰点防晒,多五倍冰点因子保护,阳光照射下肌肤始终娇嫩如花。	
3. 玉兰油	周迅	走在太阳下,舞动身姿。产品与人物交互出现。	夏日美白无敌,要太阳也低头。超级防晒巨星诞生,OLAY轻透隔离防晒液,领先防晒科技,带来更强防晒隔离,更持久保护,更轻薄质地,迎接透白胜利,肌肤与你越变越美。		

续表

广告产品	可见叙述者	主要叙述画面	主要叙述语言（画外明星解说）	感知叙述者话语	存在问题
4.温碧泉	林心如	人物在不同的太阳照射下：海边、敞篷车里，但都很开心，肌肤也很光亮白皙。人物拿着产品舞动身姿。	带上O去旅行，O动防晒，自由自在。补水就用温碧泉。		
5.伊贝诗	张柏芝	大海衬托下的产品，动画表现的产品功效，阳光下人物各种身姿的展示。	伊贝诗海洋防晒，一美白、二隔离、三补水，三重功效，怎么晒都能水嫩健康。	你的美，一辈子。	

在上述广告叙事中，叙事情节相似、人物类型相仿、话语内容雷同，使此类广告呈现出模板化、无差别、无创意等缺陷，直接影响到广告叙述的感染力和冲击力，削弱了受述者对产品的接受效果，这是目前我国电视广告行业最明显的弊病。

二、叙述层次

叙述层次是指叙述文本内部又存在着叙述文本，即在叙述文本交流中，会出现不同的文本层次。罗兰·巴特指出："叙事作品是一个层次等级，这是毋庸置疑的。理解一部作品不仅仅是理解故事的原委，而且也是辨别故事的'层次'，将叙述'线索'的横向连接投射到一根纵向的暗轴上；阅读（听讲）一部叙事作品，不仅仅是从一个词过渡到另一个词，而且也是从一个层次过渡到另一个层次。"他建议将叙事作品分成三个描写层次："一、功能层（用普罗普和布雷蒙著作中所指的含义）；二、行为层（用格雷马斯把人物看成'行动元'时所指的含义）；三、叙述层（基本上与托多罗夫的'话语'层相同）"。[①]

与文字作品的线性特征和符号的单一性不同，影视作品所使用的符号复杂多变，"与词语叙事的主导情形相反，电影中的大影像师、大叙述者这个第一机制的在场较难完全隐迹，尽管有第二叙述者的介入。"[②]原则上，只有第一层次的叙述者，即隐形的大影像师，才具有同时以画面和声音叙述的能力。第二层次的叙述者，作为第一层次内的人物，只有用语言叙述的能力——因为人只能用声音说话，不能用声音说画面。但是，我们在影视叙事中却常常看到第二层次叙述视觉化，比如在电影《公民凯恩》中，汤普森采访坐在轮椅上的里兰时，里兰对他讲了长长一段话。前半段大影像师一直是展现（"里兰坐在轮椅上说话"）和第二层次叙述者的语言叙事（里兰说话的内容）同时进行，但是，当里兰说到艾米丽和查理的婚姻时："……两个月后，她和查理只在早餐时见面。和其他婚姻一样……"，里兰的形象慢慢从镜头淡出，艾米瓦和查理的早餐行为和对话慢慢淡入。在这

---

① 谭君强：《叙事理论与审美文化》，中国社会科学出版社 2002 年版，第 29 页。
② 〔加〕安德烈·戈德罗、〔法〕弗郎索瓦·若斯特：《什么是电影叙事学》，刘云丹译，商务印书馆 2007 年版，第 66 页。

一视听叙事中,人物(艾米丽和查理)有自己的声音,而非叙述者(里兰)的声音,视听叙事中的细节也远远超过了叙述者可能叙述的细致程度。"这些转化为视觉化的次叙事常常提供第二叙述者不掌握的一些信息。因此,不得不承认,大叙述者在其中发挥某些作用。"①第一层次的叙述者闯入了第二层次的叙述之中,这是影视叙事中发生的特殊情形。②

从理论上分析,由于受到时间的限制,电视广告叙事中所表现的叙述层次一般是单一的,不采用多层次叙事表达信息。但在实践中,双层次或多结构也比较常用。

案例分析1-15:

健达巧克力电视广告

叙事主题:营养又美味,专为孩子设计的巧克力

主要叙事内容:

1. 爸爸正在擦车,这时,远处两个小孩踩着轮滑向爸爸喊着:"爸爸,我们要吃好吃的。"
2. 爸爸一边拿出钱包,一边说:"想吃什么就去买吧!"
3. 这时,妈妈走过来说:"等等! 我给他们准备了好吃又营养的健达巧克力。"
4. 整盒的健达巧克力排成一排在一只手掌上,画外解说:"8条健达巧克力包含了一杯牛奶的营养,而且香浓美味。"(字幕:牛奶来自欧洲,我的信赖。)
5. 爸爸把巧克力分给孩子们吃。孩子们都很开心的样子。
6. 妈妈摸着孩子们的头,高兴地说:"健达巧克力,孩子喜欢我放心。"
7. 产品、品牌标识并字幕:健达巧克力,专为孩子设计。

这则广告中,第一叙述层次是表现孩子们和爸爸交流的情节,而妈妈的话语引起第二个叙述层次的展开,这段叙述的信息是关于产品和品牌的,之后又回到第一叙述层次的叙事,即孩子们和爸爸、妈妈一起交流,并通过孩子们消费的情景对产品进行肯定表现。这两个叙述层次既不相同又相互联系,并构建为一个完整的叙述内容。

可见,叙述层次的巧妙运用会使广告达到非凡创意的效果,而目前我国的大多广告中是两个层次模板化叙述,缺乏精心设计和创新,无法从叙述层次上创造出新的独特效果,这就使广告表现单一、相似,效果也差。

第六节 聚焦叙述及电视广告聚焦

叙事中的聚焦涉及谁决定叙事文本的问题,是叙事研究的一个重点,电视广告叙事

---

① 〔加〕安德烈·戈德罗、〔法〕弗朗索瓦·若斯特:《什么是电影叙事学》,刘云丹译,商务印书馆2007年版,第68页。
② 张山竞:《故事与话语:广告文本的叙事学分析》,暨南大学2010年硕士学位论文,中国知网。

中的聚焦也是如此。

一、聚焦概述

聚焦就是观察者与被观察者、被感知的事物之间的关系。观察者就是聚焦者,被观察、被感知的事物就是聚焦对象。① 人们普遍认为在对一个叙事文本进行分析时涉及两个问题:一个是"谁说?"——这是确认叙事文本的"叙述声音"与叙述者的问题;另一个是"谁看?"——这是谁的视点决定叙事文本的问题。② 显然,在叙述中,聚焦的不同会影响事件的被认知情况。正如法国著名叙述学家茨维坦·托多洛夫所说:"我们所要研究的从来不是原始的事实或事件,而是以某种方式被描写出来的事实或事件。从两个不同的观点观察同一事实就会写出两种截然不同的事实。"③ 对于聚焦的分类,米克·巴尔是从聚焦者与聚焦对象两个方面来划分的:就聚焦者而言,当聚焦者与素材(相当于故事)中的人物相连(即由人物担当,称为 CF)时,是内在式聚焦;当聚焦者由处于素材之外的人物担当时(称为 EF),是外在式聚焦。就聚焦对象而言,当聚焦对象在人物外部、可以被其他人物感知时,是"可感知的对象"(称为 P);当聚焦对象只有在人物的头脑中才可见(如人物的梦境、幻想、思想和感情等)时,是"不可感知的对象"(NP)。④ 此外,热奈特的三分法则认为:第一类是无聚焦或零聚焦叙事,即叙述者>人物,无所不知的叙述者的叙事,相当于创作者、大叙述者、创意者;第二类是内聚焦叙事,即叙述者=人物,叙述者只说出某些特定人物所知道的情况,相当于叙述者是人物本身,包括固定式、不固定式和多重式三种;第三类是外聚焦叙事,即叙述者<人物,叙述者说的少于人物知道的。⑤ 结合米克·巴尔的观点,零聚焦叙事是外在聚焦者对故事人物外部可感知的和内部不可感知的对象的聚焦;内聚焦叙事是内在聚焦者(故事人物)对它外部可感知的和它内部不可感知的(只有对它自己可感知的)对象的聚焦;外聚焦是外在聚焦者对故事人物外部可感知的对象的聚焦。见表 1—2:⑥

表 1—2　聚焦叙述类型

	CF(内在聚焦者)		EF(外在聚焦者)	
P(可感知)	CF—P	内聚焦叙事	EF—P 外聚焦叙事	零聚焦叙事
NP(不可感知)	CF—NP		EF—NP	

概括地说,电视广告叙事中运用的聚焦类型主要有以下几种:

---

① 谭君强:《叙事学导论:从经典叙事学到后经典叙事学》,高等教育出版社 2008 年版,第 84 页。
② 同上,第 85 页。
③ 转引自陈旭光:《影像中国——艺术批评与文化研究》,北京大学出版社 2011 年版,第 86 页。
④⑤ 〔荷〕米克·巴尔:《叙述学:叙事理论导论》(第二版),谭君强译,中国社会科学出版社 2003 年版,第 167~186 页。
⑥ 张山竟:《故事与话语:广告文本的叙事学分析》,暨南大学 2010 年硕士学位论文,中国知网。

(一)零聚焦叙事——广告主告知信息方式

电视广告要在极短的时间内完成叙述,必须尽量做到主题明确,阐述充分。因此,在一则普通的表现型叙述中,多是充分发挥零聚焦者的作用,即广告主的叙述作用,通过直白的表达,使受众能清楚地接受和理解广告信息,这也是最常用的手法。如格力空调系列广告,都是运用了这一手法。

案例分析1-16:

零聚焦叙事示例——格力空调系列广告

广告名称	叙述者	主要叙述话语
1.双级压缩机篇	可感知叙述者:广告主	画外音:格力发明双级压缩机,改写百年空调历史,零下三十度至五十四度,强劲制冷热,让空调进入新时代,格力掌握核心科技。
2.超薄篇	可感知叙述者:广告主	画外音:第一时尚,用超薄演绎科技,国际领先一赫兹超低频技术,格力U系列超薄空调,格力掌握核心科技。
3.一赫兹篇	可感知叙述者:广告主	画外音:45瓦能做什么?格力一赫兹变频空调,国际领先,最低只需45瓦,让节能舒适,一路领先。格力掌握核心科技。
4.格力Ⅰ系列变频柜机篇	可感知叙述者:广告主	画外音:掌握核心科技,才能不断超越。格力Ⅰ系列变频柜机首创太空舱机身,国际领先超低频技术,大全景扫风。格力Ⅰ系列变频柜机,中国创造,国际领先。格力掌握核心科技。

在表中所列的这几则广告叙事中,叙述者就是可被感知的广告主(或创意者,大叙述者),他"用居高的观点、即上帝的视点传发故事"[①],以全知的主人身份和零聚焦叙述的态势,运用统一的画外音表达方式,对受述者阐述着同一个主题:"格力掌握核心科技。"即格力始终不断创新,掌握着空调业的多项领先技术,是值得信赖的大品牌、高科技产品。这就是典型的零聚焦叙事。

(二)内聚焦叙事——人物(或拟人)代言广告方式

内聚焦相当于叙事中人物的视角,以此为叙述内容的电视广告则表现为代言人式叙事广告,代言人物可以是明星、专家、消费者等。最常见的是明星代言,即明星作为叙述者,或以独白的方式,或以画外音的方式来叙述产品信息,将受述者的视听聚焦在这些信息上,使其成为整个广告中的焦点和受述者的关注点。如在衡水老白干的广告中,人物以独白的方式聚焦叙述主题:"行多久,方为执着;思多久,方为远见。时间给了男人味道,衡水老白干,喝出男人味。"这则广告以内聚焦的叙述方式完成产品精神品质的表达,展现出产品个性的魅力。再如腾讯QQ的一则情感广告,整个叙事主要以一个消费者的内聚焦叙述方式表现:一个儿子通过画外音描述了母亲与他的亲情故事,画面一开始是

---

① 〔法〕罗兰·巴特:《叙事作品结构分析导论》,张寅德译,载张寅德编选:《叙述学研究》,中国社会科学出版社1989年版,第12页。

母亲在夜里还为儿子做衣服,但儿子很不愿意母亲总是来打扰自己……画外音:"她是我最亲近的人,但也许正因为相距太近,反而有了距离……",这时是 CF－P 聚焦。终于有一天儿子离开了家,到国外去上学,之后画面中出现的是母亲在学习上网的方法,就是 CF－NP 聚焦。因为儿子不可能知道母亲在家的具体情况,镜头就进行了一个客观性描述,两种聚焦交替出现,增强了叙事的真实感,也更好地传递出母子情深的主题,升华了品牌的精神价值。

(三)外聚焦叙事——设置悬念的方式

外聚焦叙述是从"外视角"出发的叙述,是"客观"的或"行为主义"的叙事,也是一种客观、冷峻的美学叙事,叙述者只表现或讲述人物的外在行为,而不去剖析人物的真实心理企图。在电视广告中采用这类叙事方式可营造出一种客观、真实的情景,建立与受众的真诚沟通关系。如一则国外的胶水广告,房间里一位老太太坐在一把摇椅上休闲地摇着,摇椅发出的声音很大,把木地板都摇活动了。这时,坐在一旁床上的小伙子被摇椅的声音吵得看不了书,于是他就从旁边的抽屉里拿出一管胶水,趁摇椅摇起时在下边滴上了一滴,摇椅立刻不动了,老太太很是奇怪地看看摇椅四周,不知道发生了什么状况,最后出现胶水品牌。这则广告使用了"客观"的外聚焦叙事方式,清楚、简单、明确地表现了日常生活中的一幕,同时也展示出产品的功效,让受众感受到叙述信息的真实性。

(四)综合型聚焦叙事——电视广告叙事的灵活性

综合多种类型的聚焦方式变换使用就会形成综合型的聚焦叙述,这使电视广告叙事方式表现出灵活性,也拓展了创意的空间,使受众不易产生厌烦感。在电视广告中常见的综合类有以下两种:

1. 内聚焦—零聚焦—内聚焦型叙述

内聚焦—零聚焦—内聚焦型叙述即指由人物内聚焦开始,中间插入零聚焦的解释,最后再以人物内聚焦结束。如广告中人物一开始就说道:"不用油,也能炸鸡翅。"接着,画外音解释不用油也能炸鸡翅的原因,最后还是人物出现,并展现出很享受地吃鸡翅的样子,这时聚焦向受众展示了非油炸鸡翅同样美味的高品质。

2. 外聚焦—内聚焦—零聚焦叙述

外聚焦—内聚焦—零聚焦叙述即先提出问题,再讲述解决问题的方案,最后介绍解决方案有效的原因,是典型的问题解决式广告。如士力架广告,一开始以外聚焦方式叙述几个年轻人在一起踢球,当镜头转向守门员时,出现的竟然是林黛玉,这时一个球员对守门员说:"大哥你能再虚点吗?"叙述转为内聚焦式,提出问题。接着,另一位球员说:"是不是饿了?来条士力架吧!"守门员吃下后一下子变成有力量的小伙子。最后,广告语(画外音):"横扫饥饿,做回自我。"这又是零聚焦式。

总之,作为一种功利性很强的叙事活动——电视广告对聚焦关系的把握和运用较其他叙事要简单,而依据创意和表现的需要来选择聚焦类型,以达到最终的促销目的始终是电视广告叙事必须坚持的原则。

二、对聚焦的另一种理解

在叙事研究中,如果从读者、叙述者及人物的关系来看,聚焦其实是一种视点的限制和视觉内容的过滤,叙述者通过调控聚焦对故事人物和读者的认知进行过滤和控制,从而使叙述者、人物、读者三者的认知出现平衡或不平衡的状况。电视广告叙事也是利用这种平衡与不平衡的状况,来达到促销和审美的目的。

依据米克·巴尔的总结,叙事中人物和读者之间的四种认知平衡状况(＋表示知道,－表示不知道)分别是:

　　读者－人物－(谜,侦探故事,探寻)
　　读者＋人物－(凶兆)
　　读者－人物＋(秘密)
　　读者＋人物＋(无悬念)[①]

第一种情况:读者和人物都不知道。

这样的叙述会造成两者的惊讶和迷惑,故事的进展则以解开谜团为目标。这一美学效果在电视广告中经常出现。如在法国依云矿泉水的一则广告中,画面中先出现一位男士,当他无意中看到车上的镜子里有一个和自己长得一模一样的小人正在和他对视时,感到非常惊讶。他赶紧看旁边的一个大玻璃,里面同样是一个和他一样的小人。这时,好多人过来围观,但大家同样只要站到镜子前,镜子里就会有一个出现和自己一样的小人,非常可爱,动作也模仿大人。在故事中的人物和读者都觉得很好奇和有趣时,画面中出现广告语"Live Yong"及产品 LOGO,整个广告的悬念设置达到了幽默、新奇的审美效果。

第二种情况:读者知道,而人物不知道。

这种叙述会让读者对故事有更多的期待。如张曼玉和梁朝伟演绎的新天干红葡萄酒广告,故事一开始,两人在一个小酒吧里邂逅,过程就是两人都不知道的一个情节:男主人公把写好谱子的纸放在桌上,服务生无意中用托盘粘到了这张纸并放到了女主人公的桌子上,两人由此相遇。另一次则是两人同时在一家音像店拿起一张新天干红葡萄酒的光盘。这两个邂逅叙事全都是受众知道、人物本身不知道的情况。

第三种情况:读者不知道而人物知道。

这种叙述会给读者带来惊讶和好奇的感觉,电视广告中常用不同的景别来完成这种

---

① 〔荷〕米克·巴尔:《叙述学:叙事理论导论》(第二版),谭君强译,中国社会科学出版社 2003 年版,第 95 页。

叙事,如在飞利浦电熨斗的一则广告中,镜头一开始就是一个电熨斗在熨衣服的特写,电熨斗很细致地熨过口袋、衣袖、领子等地方;接下来的中景展现出一个女士正在用电熨斗熨一件西装,画外音说明产品的优势;在最后的一个全景镜头中,女士把熨好的衣服递给在一旁等待的小女孩,这时受众才看清楚,那熨好的西装是给一个毛绒小熊穿的小衣服,这不禁让受众惊叹熨斗的功能之精细,同时,也满足了受众的审美心理需求。明星代言广告也常运用这种聚焦模式,如范冰冰在欧莱雅的一则广告中说:"换洗发水的理由,一个不够,我给你五个……"以此引起读者的兴趣;之后人物结合画面,细数五个理由。在这个叙事中,人物很清楚要说什么,而受众对即将出现的内容一无所知,从而从一开始就聚焦在人物的语言上,心理产生期待。

第四种情况:读者和人物都知道。

这种情况没有悬念,本来在叙事中很少用到,但由于电视广告模板化,这种情况反而十分常见,它不仅使叙事本身没有价值,还弱化了聚焦的美学意义。如在郭冬临代言的洗衣粉广告及其他类似作品中,总是先有一些除不掉的污渍,然后主人公拿来产品,这里面没有什么悬念,只是一个模板化的连续式叙事,读者和人物都知道接下来要做什么,会出现什么情况,这使广告失去了刺激受众心理的功效,受众也没什么期待和好奇,广告效果明显很差。

总之,不论从什么角度去认识叙述中的聚焦问题,最终目的都是要使叙述更好地达到预期的效果,特别是对电视广告而言,无效就意味着失去受众和市场,这是广告创意期间必须着重考虑的因素。

三、电视广告叙事中聚焦方式与特点

在电视广告创意中,要使叙事聚焦既能发挥刺激消费欲望的作用,同时又能满足审美心理的需求,就必须慎重选择不同的聚焦方式,并充分发挥画面、语言、色彩、人物、情节等方面的作用,创造出最佳效果。

1. 零聚焦叙述时,要把直白的信息内容进行有价值的创意和艺术表现

零聚焦叙述主要是一种较直白的信息表达,从前面的广告案例中可以看出,零聚焦者在广告叙事中应用广泛,并呈现出模板化的态势,画面明显拼凑,没有什么必然的关系,语言则是不同画面连接的唯一线索。而这些语言也多是一些受众根本听不明白或似懂非懂的"陌生话":如"低频""赫兹""双级压缩"等,阐述的内容不能被受众所理解,更无法让受众感受到美感。同时广告由于自身的模式化、单一化和陌生化,一方面,很难成为产品购买的主要驱动力,另一方面,还限制了创意的空间,降低了受众的审美效应。

零聚焦叙述虽然没有太多的悬念设置,但一样能通过画面和语言来提升其审美效应并突出品牌。如央视的形象广告片《相信品牌的力量·水墨篇》,充分运用画面来叙述,

从一滴墨滴入水中,晕染开来,幻化成各种形象和动作,代表着无穷的创造力和魅力,展现了品牌"从无形到有形,从有形到无疆"的创造力。在这则广告中,受众可以对水墨幻化出的形象之美尽情欣赏,想象力被充分调动起来,从而树立了对央视品牌的直观认识。

2. 内聚焦叙述(人物知道,读者不知道)时,要增加除了明星之外的审美看点

内聚焦叙述广告的优势是信息表达充分,利用明星效应能很快提升关注度和记忆效果,但也存在着一些问题:一方面是叙事表现上差别性小,产品的特色和明星的特色不能完全表现出来,特别是明星多是呆呆地在片中摆几个姿势来叙述产品信息,没有一点表演或个性展示的内容,这让消费者无法从众多的同类广告中进行产品的区分;另一方面是叙述的内容也没有太大的差异,聚焦的效果多是限于受述者对聚焦者的关注,而忽视了对产品的促销。

以明星代言为主的内聚焦叙述方式,其主要的聚焦点实际上是明星本身,因此,明星本身和其他情节应该增加更多的审美看点,这样也可以避免明星代言多种产品造成千篇一律的效果。如杰克逊代言的百事可乐广告,不仅整个广告都使用了他的名曲,而且画面也是一群年轻人和着曲子和他一起跳舞,整个片子充满活力、快乐和动感,明星的魅力、产品的特性和广告主题都充分表达出来,让聚焦于明星的目光和期待心理得到最大程度的满足,给人以震撼和刺激。

3. 外聚焦叙述(读者和人物都不知道)时,要巧妙设计悬念,以满足受众的情绪审美

"在外聚焦叙述中,恰恰是由于叙述者——聚焦者的不加干预,让人物仿佛在戏剧舞台上自己展示自己的命运,才显示出作品独特的美学效果,并留给读者更多的空间。也恰恰是外聚焦叙事中那种不动声色的展示和叙述声音的巧妙隐蔽,才使作品所刻画的氛围达到了难以企及的高度。"[①]因此,广告运用这种聚焦叙述会有很大的悬念设置空间和更多的精彩看点。但目前国内广告多是急于在短时间内传达自己的信息,所以缺少这种聚焦叙述类型的设计,常常无法满足受众在这方面的审美需求。

4. 综合聚焦叙述类型时,要展示叙述聚焦的灵活性

如前文所述,一个叙事常常不会只用一种聚焦类型来完成,其间会有许多不同的聚焦类型共同参与。在这种综合性的聚焦叙述中要注意叙述者转换的顺畅和内容表达的丰富。目前我国电视广告对这种模式的运用呈现出刻板化态势,如因生活中出现问题而发愁(代言人叙述,内聚焦)——解决方案(广告主叙述,零聚焦)——问题被解决而高兴(代言人叙述,内聚焦),这就大大削弱了叙述的灵活性魅力,因此要注重在创意中设置好情节和表现方式,突破固有模板,以达到出奇的效果。

综上所述,在市场竞争十分激烈的今天,电视广告作为一个特殊的叙事文本,要赢得市场就必须既要追求促销目的,又要强化审美效果,这是不能分开的两个方面。而从这

[①] 谭君强:《叙事学导论:从经典叙事学到后经典叙事学》,高等教育出版社2008年版,第87页。

个意义上给予聚焦叙述更多的关注,是确保电视广告叙事文本顺利达到更好的传播效果的重要环节,也可为电视广告创意与表现提供更宽广的展示空间,其意义不可小觑。

第七节 电视广告叙事中的时间

叙事中的时间问题主要涉及叙事的时序、时长和时频等,电视广告叙事中的时间也表现出自身的特点。叙事是一种双重的时间段落,它在一段时间里处理另一段时间。故事的时间在叙述的过程中,可以从三方面进行处理:时序、时长、时频。叙事时间处理的技巧也可以为电视广告创意提供很好的空间,是很值得研究的内容。

一、时序:事件的先后次序

时序分析关注的是事件的编年时间顺序和被叙述的顺序之间的关系。[1]

1. 以客观顺序进行正常叙述

这是比较常用的一种方式,它符合收视习惯,叙述也便利。电视广告受众由于多是"浅涉入"状态,不像看正剧那么认真投入,这种不用受众太费神的方式就更有优越性。

2. 以倒叙的方式来叙述

为了增强广告效果,有时也会以倒叙的方式来表达。

3. 正常顺序叙述中有追述和回忆

在正常顺序叙述中有追述和回忆的方式多用于故事性较强的广告,叙述表现更丰富,更可观。

案例分析1—17:
新天干红葡萄酒电视广告·张曼玉梁朝伟篇

叙事主题:真心培育

主要叙事内容:

镜头一:张曼玉走进一个旋转门。

镜头二:她坐在一家饭店里。

镜头三:她在座位上,端着酒杯四下张望着。

镜头四:远处一位侍者端着托盘走过来。

---

[1] 张山竞:《故事与话语:广告文本的叙事学分析》,暨南大学2010年硕士学位论文,中国知网。

镜头五：梁朝伟坐在一张桌前,手中拿着笔,边想边写着什么东西。

镜头六：侍者来到张曼玉面前,把托盘中的东西放在桌子上。

镜头七：梁朝伟好像在桌上找什么东西。他抬眼看向对面。

镜头八：张曼玉也正好向他这边看过来。

……

镜头九：在一家影像店里两人又不期而遇。

镜头十：两人相视而笑。

……

镜头十一：两人热恋的情景。

……

镜头二十：一个餐桌上放着一瓶新天干红葡萄酒和酒杯。

镜头二十一：两人紧紧依偎在一起在餐桌前讨论着什么,梁朝伟手中拿着一些纸。

镜头二十二：新天干红葡萄酒。

这则电视广告的叙事基本上按照事情发生与发展的经过进行,依时间的顺序展开,比较符合人们的接受习惯。产品自然地放入情节中,不显唐突,有一定的意境。

4.非时序关系叙事

非时序关系叙事即指画面的顺序是按照逻辑的关系来安排的,事件与事件之间只存在某种意义上的逻辑关系,也可称并列时序关系,以此来表达广告的主题思想。

案例分析1-18：

贝因美奶粉电视广告·张柏芝篇

叙事主题：用妈妈的爱赋予产品情感价值

主要叙事内容：

1.孩子在家里玩着。张柏芝在一边开心地看着。画外音："是他让我可以扛得起,也可以放得下。"

2.孩子在户外玩时摔倒在地上哭了。画外音："可以微笑,也可以笑着流泪。"

3.孩子在比赛中取得了胜利,她很开心。

4.动画表现产品中各种营养成分在空中飞舞着并展示品牌标识。画外音："为妈妈的爱加分。贝因美爱+。"

这则电视广告叙事使用了情感叙述的方式,镜头以母爱为主线来串联,并将母爱赋予给产品,使产品获得情感价值。这些镜头之间没有时间关系,只有以共同的母爱为线索的逻辑关系,从而强化了情感诉求的表现力,提升了产品的情感魅力。

二、时长:事件的叙述速度

时长是指叙述时间和故事过程中的长短,根据故事时长(TH)和叙述时长(TR)的对比关系,通常将事件叙述的速度分为省略、概述、场景、延缓、停顿。在电视广告中一般是5秒、10秒、15秒、30秒、1分钟这样的极短时间,但这五种情况也时有出现。

1. 省略:TH=n,TR=0(n>0)故事时间不定,叙述时间为零,但我们仍能根据已有的信息来推断故事中省去的部分。这种方式常用于电视广告中,因为电视广告本身时长有限,要完成一个叙述就必须省略一些镜头,并以蒙太奇的技巧来帮助受众理解。

2. 概述:TH<TR,(TR>0)。故事时间大于叙述时间,对于时间较长的故事,以较短的话语时间进行叙述,也可以把概述理解为某种程度的省略。

3. 等述:TH≌TR,(TH>0),又称为场景,指故事时间与叙述时间大致相等,对故事进行"原原本本的记录和再现"。

4. 延缓:TH<TR,(TH>0),又称为扩述,指故事时间小于叙述时间,对时间较短的故事,用较长的话语时间进行叙述。延缓使一个事件被叙述的速度慢于事件发展的本来速度,可以起到特别强调、积累受述者的期待等作用。延缓的一种惯常方式是在受述者期待的行为发生之前插入一段人物的意识活动,如对往事的追忆等。

慢镜头是影视叙事特有的延缓手法。在运动类广告中,运动动作常用慢镜头表现,以满足受众对动作美的欣赏。

5. 停顿:TH=0,TR=0,(n=0)。故事时间为零,叙述时间不定,即表现型的电视广告叙事,常用于故事性较弱的广告,主要以"描写""说明""评论"等方式表达。[1]

案例分析1-19:

安踏电视广告·加油中国篇

镜头中出现各种运动场上的运动员们在训练和比赛的场景,镜头运用延缓、停顿、概述和省略等多种技巧,展现他们动作的细节和表情变化:凝神、运气、审慎与执着,彰显着他们充满激情和力量,再现他们每一次冲刺和在关键时刻爆发的运动魅力。广告词不时出现:"挫折,难以抵挡? 挑战,不可战胜? 中国人要争一口气。用汗水,唤醒我们的勇气!用坚强,铸造我们的骨气!加油!中国!"再加上汪峰激昂振奋的《我爱你中国》做广告歌,提升了整个广告与产品品牌的爱国情感,感染力强。

三、时频:事件的次数

时频是指故事发生的次数与其被叙述的次数之间的关系。故事事件可能只发生一

---

[1] 张山竞:《故事与话语:广告文本的叙事学分析》,暨南大学2010年硕士学位论文,中国知网。

次(FH=1)或有多次的重复(FH=n)。话语对于事件的叙述也可能只有一次(FR=1),或有多次的重复(FR=n)。根据二者之间的关系,可以分为以下三种状况:

1. 单一叙述:FH=FR=1,或 FH=FR=n,(n>1),叙述一次发生一次的事件,或叙述多次发生多次的事件,这是最基本、最常见的方式。

2. 概括叙述:FH=n,FR=1,(n>1),对多次发生的事件只进行一次叙述。这种情况在语言叙事中常用"每天""每次""经常"等词语来表达。①

在电视广告中可以通过画面再配上这样的话语来完成这种叙述方式,如在南方黑芝麻糊广告中,一开始就说:"小时候,一听见芝麻糊的叫卖声就再也坐不住了……",画面呈现昏黄色,将受众带入对往日的回忆中。画面还可以利用"积累蒙太奇"的方式来表现,如在一则外国番茄酱广告中,为了表现新包装的产品特色,反复运用了之前不同包装给人们打开产品带来困难的镜头,最后显示出新包装的优势。

3. 多重叙述:FH=1,FR=n,(n>1),对一个事件进行多次叙述。在叙事中一个事件可能被多次回忆起,或者被多个聚焦者从不同的视点进行叙述。在电视广告中,常对同一个动作或场景从多个角度来表现,以达到重复刺激的效果,这是一种多重叙述。如表现汽车的广告,在介绍相关信息时,为了让受众对汽车有深刻的认识,对正在路上行驶的汽车都会从不同的角度拍摄多个镜头,以达到累积印象的效果。

值得一提的是,在电视广告中常见的一般是双层叙事,模板化的表现是:第一叙述者提出问题或表现出状况,然后第二叙述者提出解决问题的方案及原因,最后再由第一叙述者进行总结性说明或效果展示。如在巴黎欧莱雅的广告中,范冰冰首先提出:"秀发有五大受损,谁是那个元凶?是发质流失天然胶质造成发质疏松。"画面中出现五大受损情况。这时,第二叙述者以画外音的方式提出解决方案:"唯有巴黎欧莱雅深层修复系列,每一滴含一亿个发质胶质分子,由内改变发质结构,修复五大受损。更强、更韧摸得到;更柔、更亮看得到。深层修复系列来自巴黎欧莱雅。欧洲第一护发品牌。"最后,由第一叙述者范冰冰来总结和强化产品效果:"五大受损,一个对策。你值得拥有。"在这样的广告模式中,第一叙述者与第二叙述者的关系是一种人为联系,是为了说明产品而强加入的另一个层面的叙述,商业气息更浓,是很标准的广告叙述。对受述者来说,没有什么能引发好奇的有趣内容可期待,吸引力差,关注度低,效果有限。

第八节 电视广告叙事中的互文性策略

在电视广告的叙事创作中,互文性是重要策略之一,"互文性是一个文本(主文本)把其他文本(互文本)纳入自身的现象,是一个文本与其他文本发生关系的特性。这种关系

---

① 张山竞:《故事与话语:广告文本的叙事学分析》,暨南大学 2010 年硕士学位论文,中国知网。

可以在文本的写作过程中通过明引、暗引、拼贴、模仿、重写、戏拟、改编、套用等互文写作手法来建立,也可以在文本的阅读过程中通过读者的主观联想、研究者的实证研究和互文分析等互文阅读方法来建立。"[①]可以说,电视广告叙事创作可以利用文本、图像、图表、声音等多媒体复合话语的符号特性来提升大众传播效果,尤其是电子超文本互文性的应用,可以扩展广告创意的广阔空间,从而使篇幅短小、诉求单一的广告文案具有无限的表现张力。

一、互文性策略及电视广告互文叙事的分类

互文性策略很多,诸如引用、暗示、仿作、戏拟、拼贴等,其中拼贴与戏拟、仿作在电视广告中应用频率最高。

引用是可明显辨认的一段话语在另一段话语中的重复,被引用的话语从原文中被抽出来,然后引入受文中,它强调借用的痕迹。拼贴则是一种对文本的引用,强调主体文本不再合并互文,而呈现出并列的关系来突出其互异性。引用与拼贴使得文本表现出很大的开放性与创造性,能让受众在思维的跳跃、文本的交错中感受到新的寓意。如康师傅方便面的一则广告,引用了电影《泰囧》的场景,并以原片主演王宝强和徐峥为代言人,演绎出两人吃方便面时的情节,让人觉得亲切有趣。

仿作关键是模仿作品特有的风格、体裁或基本框架。"戏拟则是对原文进行转换,要么以漫画的方式反映原文,要么挪用原文。根据热奈特从词源意义上的分析,戏拟的目的或是出于玩味和逆反(围绕超文加以讥讽),或是出于欣赏。"[②]但大部分文本是通过底文与超文不同语境的对比,更多地被赋予了逆反、颠覆与讽刺的蕴意。如文艺作品中的"大话"类、恶搞类。在电视广告叙事中运用这种方法比较有代表性的是葛优做的部分广告。

案例分析 1—20:

葛优所做的部分电视广告示例

广告产品	主要叙事话语	人物形象	主要画面
1. 中国平安	中国平安,大腕,有实力。寿险、车险、养老险,选平安就对了。买保险就是买平安。	幽默、诚恳。	一身西装,笑着独白出产品特色。时常表现出神秘的样子。
2. 神州行	我认识很多用神州行的人,他们说咋算咋合算,就是实惠。他们说省钱还得省心,才叫实惠,他们还说自个儿觉得实惠那是真实惠。这小实惠还真有大道理,我呀还是相信群众。"神州行,我看行。"	实诚、会过日子的小人物。	和邻居们一起下棋、聊天。

---

① 秦海鹰:《互文性理念的缘起与流变》,载《外国文学评论》2004年第3期。
② 〔法〕蒂费纳·萨莫瓦约:《互文性研究》,邵炜译,天津人民出版社2003年版,第1页。

续表

广告产品	主要叙事话语	人物形象	主要画面
3.果维康	选维生素是个技术活,怎么选呢? 果维康,优先补的维生素,有技术含量。	幽默、智慧。	拿着产品独白出其特色。
4.三元牛奶	都说自家的牛奶好,你说听谁的? 三元牛奶原汁原味,讲究! 欧盟的标准,首都的品质,干嘛喝了几十年? 踏实。好不好听您的。三元,有人缘。	朴实、诚恳、生活中的普通人物。	在家中倒牛奶、喝牛奶,并独白出产品的优势。
5.顺牌凉茶	气顺、心顺、身体顺就一切都顺。咱老百姓图的就是一个顺。喝顺牌凉茶,今天特别顺。顺牌凉茶让中国人顺起来。	真诚、实在。	练太极、喝凉茶并独白出产品的优势。

以上五个广告中,都是将葛优在原影片叙事文本中积累的光头、小人物、幽默、智慧、善解人意、调侃、小算计等特色形象互文到广告叙事文本中,从叙述形象、叙述话语到叙述风格都保持了相对的一致性,广告之间也有互文的运用,所以不管是什么产品,什么主题,他好像总是扮演同一个人,以诚恳、幽默、亲切、会过日子的小老百姓的形象来独白主题信息,独白中的"相信群众"还有消解、解构政治色彩叙事的作用。

依据电视广告叙事文本中互文对象和内容的不同,互文性策略可分为以下几类:

1.对影视剧段落的互文

对影视段落的互文即通过引用和拼贴热播或经典的影视剧作品来表达广告信息,如电影《山楂树之恋》热播后,美的电器引用原影片中的情景做了一个系列电视广告,情节依然是由原片主演周冬雨和窦骁来演绎纯真恋情:山楂树下,一对恋人深情相对,男主角伸手摘下一把山楂果递给女孩,广告语"爱她,就给她新鲜的。美的冰箱。"类似的广告还有:与电视剧《北京人在纽约》互文而成的"孔府家酒广告"(王姬主演)、与电影《花样年华》互文而成的"新天干红葡萄酒广告"(梁朝伟、张曼玉主演)、与电视剧《家有儿女》互文而成的"优卡丹广告"(宋丹丹、高亚磷主演)等,这些影视剧叙事原文本与商业文本信息都被成功融合,创意出新的广告叙事作品,并取得了不错的市场效果。

2.对叙事风格的互文

叙事风格指由叙事各元素构建的文本所呈现出的一定的个性特点,电视广告叙事创作对文本风格进行互文也是常用的策略。如前面案例分析中葛优所做的广告,他在影视作品中表现出的文本形象被互文到他的广告中,并形成一种独特的广告风格,以此感染受众。

3.对叙事话语的互文

电视广告叙事话语十分丰富,仅就广告语而言,互文性策略已是最普遍、最引人关注的创作手法,许多经典广告语的成功也是得益于此,如广告语"车到山前必有路,有路必有丰田车",明显是对中国谚语的互文,正是由于原谚语"车到山前必有路"已经深入人心,丰田广告以此互文才会有很快被人们记住并广泛传播的效果。再如英特尔处理器的广告:"英特尔奔腾处理器,得'芯'应手,英特尔奔腾处理器,给电脑一颗奔腾的'芯'",处理器的机"芯"和日常生活中的"心"互文给予处理器生命感,引发受众的联想。另外,电视剧《三国演义》热播后,相关广告语也纷纷出笼,如"何以解忧?唯有汝阳杜康"(酒类广告语)、"万事皆具备,成功靠东风"(东风汽车广告语)、"我是魏延(胃炎)我怕谁"、"魏延(胃炎)不治,必成后患"(胃药广告语)等。可见,通过互文性策略的灵活运用,广告语的创作触动了积淀在国人内心深处的传统文化所赋予的文化感、历史感,从而加大了企业产品的宣传力度,使推销更具煽动力和诱惑力。

4. 对叙事其他元素的互文

除了广告中的叙事话语外,文本中的其他元素同样可以互文。如在刘翔所做的奥康、纽崔莱、耐克等电视广告中,都拼贴和剪接了他在跨栏场地训练或比赛时的镜头,以此来突出代言人的特色,这是背景互文。文本创作中对声音的互文主要是借用代言人与其名曲,如三九胃泰广告中的周华健与歌曲《朋友》、南方黑芝麻糊广告中的王力宏和歌曲《你不知道的事》、名气厨房电器广告中的那英和歌曲《春暖花开》等,不胜枚举。人物形象上的互文主要指广告中的代言人将影视作品中的形象积累互文到广告叙事中,利用受众的熟悉感和好感来增强记忆效果、提升关注的兴趣。具有典型意义的案例除了上文中提到的葛优外,还有喜剧明星范伟,广告中常引用和突出他特有的幽默形象来传递信息,如在28.com广告中,他说道:"28,28,咔咔就是发。"明显互文了影视作品中的文本,延续了他之前在受众心中搞笑又可爱的形象。此外,色彩上的互文也比较多,如产品的贺岁广告一般都会把风俗色彩借用到画面中,最典型的是用喜庆的大红色营造出过年的气息。

5. 对叙事文化的互文

广告是一种文化载体,在一则电视广告叙事中也会表现出文化的意义和价值,从而引起人们的关注、思考和记忆。如脑白金广告就是将"孝"与"礼"这样的传统文化互文为其背景,把产品定位为孝敬老人、体现亲情和过年(节)送礼的意义符号,利用中国人对这两种文化的重视来占领其心理位置,使产品很快在众多同类产品中品牌个性凸显,赢得了市场先机。又如在舍得酒的广告中,从品牌的名称——"舍得"、广告中的背景——在一间挂着中国书法"舍得之道"的书房中两人正下围棋、人物形象——两个中国人、广告语——舍与得,感悟智慧人生、色彩主要是黑白对比……所有这些都营造出一种中国传统文化的氛围,让人们体会到品牌浓郁的、传统的、中国式的智慧价值。与之相比,"张裕解百纳干红葡萄酒广告·我的选择篇"中,为了体现品牌的欧洲风范和高贵、典雅的身份价值,广告人物借用了西方调酒师、画面背景拼贴了西方风景、色彩模仿了尊贵金色等,产品置于这样的文化背景下,显出十足的贵气,也充满异域风情和魅力,明显区别于舍得酒这样的中国传统式品牌格调。

总之,电视广告叙事创作的互文性策略很多,可以在创意时根据需要进行选择使用,以求达到最好的效果。

二、电视广告叙事中互文性策略的意义

广告创意本身就是"旧元素新组合"的过程,就是要对已有的文本资源进行重新创意和加工,从而形成一个融入了自身主题和信息的新的叙事文本,其具体意义主要有:

1. 适应感性消费时代的心理需要

今天,感性消费时代已经到来,人们的消费更注重感性的满足,如感官的享受、情感的体验、风格的展示、精神的愉悦和个性的张扬等。而购物时也会在商品质量得到保证的前提下更多地考虑商品的附加价值———时尚性、精神内涵、文化品位等。概括地说,感性消费时代消费者的心理特征主要就是:感性满足成为消费的重要理由、情感需要成为消费的主要目的。[①] 电视广告也要迎合这种时代特征,通过互文性策略,以调侃、讥讽、戏谑来消解宏大叙事中的严肃、深刻、神圣等意义,以引用、拼贴、暗示来重组日常生活叙事中的平凡、亲切、和谐等价值,从而给现实生活中的人们带来一种轻松、愉悦的感觉,使其能从疲惫、紧张、忧虑、焦灼的亚健康状态中解放出来,并体会到他们自身的能力与知识所带来的快感与乐趣。同时,心理学家也指出,人们在心情愉悦时更容易接受各种信息。今天的电视广告通过多种形式的视听文本互文,实现了在解构的同时建构、在消解的同时组合、在分化的同时凝结的创意效果,让广告充满快乐、轻松、愉悦,以满足释放、宣泄、消解等这些现代人最基本的需要,并最终达到促销效果。

2. 制造狂欢化的情景

"狂欢"这一概念由巴赫金在分析以拉伯雷为代表的民间狂欢文化时提出,指以语言的戏谑、身体的放纵和对神圣之物的亵渎为途径,摆脱日常规范的束缚,重建生存希望。狂欢是人类生活中具有一定世界性的特殊现象,"从历史上看,不同民族、不同国家都存在着不同形式的狂欢活动。""那种与世界性的狂欢活动相似的精神内涵,在中国的民俗中是同样存在的。"[②]互文性正是大众文化的狂欢化在叙事上最鲜明的体现,而电视是制造这种狂欢的重要媒体。尼尔·波兹曼在《娱乐至死》中提出,以电视为主的现代媒介文化,其主要功能就是娱乐。[③] 而拼贴与戏拟、仿作的互文恰恰能够起到消除人们在日常生活中积累的压力和紧张情绪的作用,这映射了大众文化的娱乐性和狂欢性。因此,不论是文本还是视觉效果,今天的电视广告叙事都在很大程度上颠覆了传统广告的原则与模式,以消闲娱乐为本位,强调文本的游戏消遣功能,营造出一种消费意义狂欢化的氛围,最终形成对广大受众强烈的视听刺激。

---

① 宋维山、孙会:《感性消费时代的消费心理分析和营销对策》,《经济论坛》2006 年第 4 期。
② 钟敬文:《文学狂欢化思想与狂欢》,《光明日报》1999 年 1 月 28 日。
③ 〔美〕尼尔·波兹曼:《娱乐至死》,章艳译,广西师范大学出版社 2004 年版,第 103 页。

3.增强了与受众的沟通和市场营销的效果

作为一种叙事交流的策略,互文性突出地强调了文本内容与形式之间的相互作用,并将文本置于广阔的文化背景中加以审视,强化文本与文化表意实践之间的关系,最大限度地扩展了广告研究的视野,这是互文性理论最具特色和最富贡献的一面。美籍法裔学者里法泰尔认为互文性是"读者感知"的主要模式。[①] 每个广告受众都具有对一个文本所传达的信号按照符合此文本的互文性解码作出反应所要求的语言和文化能力。互文性打破了传统的以创作者和作品为中心的观念,强调了创作者与受众的沟通,确立了受众在作品接受中的主体地位。无论是互文的内容还是互文的形式,都必须是从受众的角度出发去展开思考与创意,并以最终的广告作品是否能被受众正确解读、是否能激发受众的喜爱情绪和购买欲望为落脚点,这与传统的传播观和作品观相比是一大进步。互文性这一范畴可以说深化了对广告创作者和广告受众之间的关系的理解,有助于将广告传播活动看成传播和接受的相转化、创作者和受众的角色不断转换的过程,是为沟通传者和受者而制造的某种默契,增强了广告的沟通效果。

而恰恰因为"互文性的特别之处在于其意义的展开甚至识别都有赖于受众的参与:'它与读者建立了一种紧密的依赖关系,它永远激发读者更多的想象和知识,而同时,它又遮遮掩掩,从而体现出每个人的文化、记忆、修改之间的差别……'受众被互文吸引,很大程度上来源于其意味着对记忆的一次重新开启,意味着对原有秩序的打破乃至对自身理解文本的创造性挑战,甚至在不断的玩味之中由对自己深层挖掘能力的肯定而获得一种心理上的满足感,同时也赋予了文本本身更加丰富多彩的生命力。正因为互文性造就的是一种非线性阅读的方式,而这种阅读方式能够适应大众日益多元的阅读及感官需要。"[②]电视广告叙事中多种视听文本的互文,调动各方面元素给予受众全方位的感官刺激,并力求从记忆、联想、态度和欲望等多个心理层面促进消费心理的形成,从而强化广告本身的市场效应。

4.拓展创意空间和提高审美的情趣

电视广告本身是一种艺术作品,同时,互文性广告叙事又是综合了许多艺术作品或形象的结果,无论是拼贴还是戏拟,其意义产生的根源还在于"易位"。"易位"意味着新的语境,正是在当前文本与互文文本的不同语境之中,新的价值与意义产生了。[③] 这无疑使创意空间更为广阔,审美意义得以提升。如在《新天干红葡萄酒》的一则广告中,电影《花样年华》的导演亲自执导,原影片的主演梁朝伟和张曼玉演绎了一段美好的邂逅与爱情,广告从画面到人物,从创意到表现,都给人以唯美的享受,从而削弱了商业气息,增强了人们的记忆。

---

① 〔法〕克里斯蒂娃:《文学创作的革命》,Seuil 出版社 1974 年版,第 60 页。
② 李炜:《中国大众文化叙事研究》,华中师范大学出版 2010 年版,第 221 页。
③ 同上,第 224 页。

此外，互文广告中大量运用艺术作品，如诗词、传说、名画、名人等，这都会成为作品审美的看点，从而大大提升广告本身的艺术魅力，增强可视性和美学效果。

三、电视广告互文性叙事中存在的问题

目前电视广告叙事中的互文性策略虽使用频繁，但也表现出一些问题，主要是对于互文内容、形式及性质、意义等没有充分的理解，造成引用或拼贴后，明显不顺畅、不对位，甚至违背原文本的性质或意义，引起人们的质疑。如在士力架的一则广告中，背景是一群小伙子在踢足球，可当球冲向球门时，却发现守门员是"林黛玉"，这时一个小伙子气得喊道："大哥，你敢再虚点吗？饿得跟'林黛玉'似的手软脚软。"另一个人急忙走过来说："饿得都站不稳了，来条士力架吧！"随后拿出士力架，"林黛玉"接过来吃了，立刻变身为一名强壮的男生。这则广告借用了"林黛玉"的形象来比喻虚弱的人，然后说明消费产品的功效，但众所周知，"林黛玉"虽是虚弱的代表，可不是因为饿的，是因为有病，而产品又不是药品，怎么可能让"林黛玉"强壮起来呢？显然，这个互文的文本符号是不对位的，它与受众心中原有的"林黛玉"形象存在偏差，让人生疑。而在士力架的另一则广告中，虽也用了互文手法，但效果就好一些：这则广告互文了周星驰版《大话西游》中唐僧的形象，因为原电影就运用戏拟、拼贴、混杂等方式对经典《西游记》进行了颠覆和戏弄，所以广告中的引用也就不会让人们感到唐突和不适。同类互文不当的广告还有格力空调广告中成龙的形象，整个广告成龙是看点，他打太极拳、写毛笔字、练中国武术，最后显示广告语："格力，掌握核心科技。"问题在于广告借用成龙原文本形象的目的到底是什么，"核心科技"与成龙所代表的舞台形象——中国功夫的化身有关系吗？"真功夫"也许是这则广告互文的切入点，但传统武术中的"真功夫"能与现代高科技的"真功夫"直接互文吗？所以这个广告互文不是很顺畅。

可见，互文性策略使用的关键在于找准可以互文的切入点，如可互文的内容、形式、风格等，如果没有找准，就会产生异议或引起质疑。

第九节 电视广告的叙事学批评

作为一种目前最常见的叙事方式，电视广告叙事存在着很多问题，下面对其叙事文本的创意、叙事文本的表现元素及表现形式三方面进行分析，以求对其存在的问题有一个全面的认识。

一、叙事文本创意中的问题

创意是广告的生命，也是一个广告达到促销目的的关键。在电视广告叙事文本中，

创意本身出现问题会使整个广告走向失败。

(一) 语法逻辑上的不畅

创意是需要用故事和话语来表现的,是通过叙事语法来完成的。如果叙事的语法逻辑不顺畅,表现出的就是创意本身的问题。

案例分析 1—21:

金龙鱼电视广告·林丹、谢杏芳篇

叙事主题:冠军家庭的选择

主要叙事内容:

1. 林丹站在厨房操作台旁,画外音独白:"芳芳常对我说:'男人不要下厨。'"
2. 芳芳在众姐妹的陪伴下正在试婚纱。画外独白:"我总和她说,'女人不要洗碗。'"
3. 林丹和芳芳在一起甜蜜的样子。画外独白:"婚姻真像烹饪中的油,平淡却能让一切沸腾起来。"
4. 一桶金龙鱼油浇在菜上,刺啦声中一片热气沸腾起来。
5. 两人亲热地在厨房里一起吃东西。画外独白:一生中只追求完美,我选择金龙鱼,1:1:1。
6. 品牌及广告语字幕:冠军家庭的选择。

在这则广告中,话语在逻辑关系上明显不顺畅。首先,从话语本身的意义上说,男女都不下厨房,这个家就没人做饭了。既然林丹和芳芳都不做饭了,他们怎么知道产品的特色呢?这从常识上讲就不合理。其次,话语中说到两个人的婚姻时,用油来做比喻,关键词(喻点)是"平淡"与"沸腾",这个明显不是油本身的特色,水也一样能做到,好多液体都能做到,比喻不恰当。最后,所有的油都具备这种有时"平静"、有时"沸腾"的特点,而独白中直接就从比喻过渡到了对商品金龙鱼的选择,让人感到很突兀,莫名其妙。总之,在整个广告叙事中,该品牌的优势没有说出来,只是在最后的广告语中提到"冠军家庭的选择",这对受众来说缺少说服力。叙事中已经说明男女都不下厨房了,怎么还知道选择什么品牌的油呢?让人感到不可信。另外,金龙鱼的1:1:1的核心理念不但内涵不清晰,而且之前已经有许多质疑,它本身的说服力就不足了,再加上这种无厘头式的叙事,广告在语法结构、逻辑关系、语言运用和情节安排上都存在明显的失误,而这个失误的关键是此叙事创意本身就不合理、不顺畅。

(二) 模板化

模板化即无创意可言,在叙事文本的各方面都表现出对已有广告的模仿,这使原本有生命力的广告黯然失色。

案例分析 1－22：

模板化药品电视广告示例

广告名称	叙事主题	主要叙事内容	主要叙事方式
1. 吴太感康	抗病毒、防传染，感康品牌值得依赖。	画面中，陈宝国手拿着产品说道："抗病毒、防传染，感康品牌值得依赖。"产品及品牌标识。	1. 名人代言。 2. 独白。 3. 理性诉求——讲解产品的功效。 4. 画面特技效果与实景表现相结合。
2. 神苗儿童化痰止咳药	清肺、化痰、止咳，效果真的不一样。	1. 闫妮拿着一盒产品独白（字幕）："神苗牌小儿清肺化痰颗粒。" 2. 画面分成两部分，左边是画面特技表现的产品功效字幕和图表：清肺热、化痰、止咳，三效合一，效果真的不一样。右边是闫妮伸出3个手指说道："清肺、化痰、止咳，效果真的不一样。" 3. 品牌标识及儿童音：小神苗，大神威。	1. 名人代言。 2. 独白。 3. 理性诉求——讲解产品的功效。 4. 画面特技效果与实景表现相结合。
3. 连花清瘟胶囊张国立篇	汇聚三朝名方，就是不一样。	1. 张国立独白："治感冒，抗流感，连花清瘟。"这时手里拿着一盒产品。 2. 张国立用手触动屏幕，画面左侧出现字幕并独白："退热、消炎、抗病毒，连花清瘟胶囊。" 3. 张国立用手比划着说道："汇聚三朝名方，就是不一样。"这时他手中出现一盒产品。（画面特技效果） 4. 广告语："以岭药业。"	1. 名人代言。 2. 独白。 3. 理性诉求——讲解产品的功效。 4. 画面特技效果与实景结合表现。

表中这几则广告，都使用了一样的叙述方式：名人代言、独白、理性诉求和特技与实景结合等，这是典型的药品广告的模板化叙述，没有创意可言。

(三) 叙事情节失真

叙事情节要刺激人们的感官和消费欲望，首先必须真实可信，合乎情理，但有的广告只为在叙事设计中能出奇就随意创造，严重脱离现实生活，让人们不但感受不到广告的真善美，反而感受到疑惑和恶心。

案例分析 1－23：

中华牙膏电视广告·搬家篇

叙事主题：中华魔力迅白，魅力笑容，瞬间点亮

主要叙事情节内容：

1. 一辆车开走，女生很生气地跳着脚说："都不帮我搬呀！"
2. 女生走进屋里，满地都是打好包要搬的东西。
3. 这时，出现一管中华牙膏。女生拿起它。画外解说："这一刻有中华魔力迅白。"

4. 产品标识及动画产品效果,画外解说:"让你瞬间展现美白笑容魅力。它的双层膏体外层持续美白,深蓝内心释放光谱炫白因子,一次刷牙迅速美白。(字幕)"

5. 女生开始用产品刷牙,照镜子,亮出美白牙齿。画外解说:"转瞬之间拥有美白笑容。"欢乐的背景音乐起。

6. 女生又来到屋外,这时跑来一位男生。男生很欣赏地看着女生露出来的美白牙齿。

7. 男生搬着大箱子吃力地走在楼梯上。

8. 这时又来了一位开车的男士,他从车窗伸出头来看着女生露出的亮白牙齿。

9. 许多男士排着队往屋里搬东西。

10. 两位女生也高兴又羡慕地看着她。

11. 产品、品牌标识及画外解说(字幕):"中华魔力迅白,魅力笑容,瞬间点亮。中华让此刻更美好。"

(广告歌词:我真的想说我喜欢你/从一开始你住在这里/我不是想做你的邻居/我真的想住到你这里。这则广告歌节选自龚柯允演唱的《邻居》。)

这则电视广告叙事情节最失真的部分是牙齿美白就能让异性这么喜欢,并且那么多男生心甘情愿地帮女生搬家。同时,刷一次牙就可以迅速美白也让人感到不可思议。这不仅涉及对产品功效的夸大,而且情节本身严重失真,并有色诱的嫌疑。既不健康,又不能传递正能量,反而让人觉得恶心。这则广告一播出就被消费者质疑,被认定是虚假广告。

(四)叙事文本表现形式与叙事主题的关系层面化

叙事主题是叙事文本的主要话题和核心思想,它是通过叙事方式来表现的。据此,叙事文本中表现方式与主题的结合应该是很密切和顺畅的。但在许多电视广告的叙事中两者的结合是层面化的,不合情理,不够顺畅。

案例分析 1—24:

艾沃净水器电视广告

画面显示在一个大厨房里,一个小女孩打开水管,用水洗手、洗水果并喝水,很可爱的样子。背景音乐是欢快的儿歌《爱我你就抱抱我》,最后出现一个地球,画外音(广告语):"全球技术,专注净水。艾沃净水器。"

在这则广告中,主要的叙事画面是一个小女孩在厨房用水的情景,以此来说明这种净水器让孩子喝水、用水都放心。但这个简单的叙事形式与广告主题"全球技术,专注净水"最多只是间接的关系,而且很牵强,因为可以换成任何一个品牌的净水设备,广告没有突出产品的定位和特色。同时,背景儿歌《爱我你就抱抱我》的使用让人们感到很奇怪,因为这个儿歌与产品没有什么关系,只是利用了"爱我"与"艾沃"品牌的谐音,并没有什么别的叙事功效。所以这则广告在叙事表现与主题结合上过于层面化,强硬地用一些没有关系的形式来表现主题,从整体来看,最多也就是突显了品牌名称的叫卖式广告,没有太多的意义。

二、叙事文本表现元素的问题

在叙事文本中,参与叙事的元素也常会由于使用不当破坏整个叙事的效果,这主要涉及以下几个方面:

(一)人物元素

电视广告叙事经常用到人物,特别是名人代言,但使用不当就容易出问题。

案例分析 1－25:

新高露洁 360 电视广告·杨澜

叙事主题:新高露洁 360 使牙釉质更强健
主要叙事画面:
1.杨澜独白:"我们吃的任何食物都有可能酸蚀牙釉质。"
2.人们用牙咬东西的情景。"咔嚓"的声音。
3.一排牙齿上牙龈被侵蚀的样子。
4.杨澜拿出产品新高露洁 360 说道:"新高露洁 360 修护牙膏,帮助减少细菌滋生,减少牙釉质被酸蚀的可能。"
5.动画显示牙膏修护牙釉质的效果。
6.杨澜也用牙咬食,清脆的"咔嚓"声,并接着说道:"牙釉质更强健,新高露洁 360。"

这则广告是一则再普通不过的名人代言广告,模式化、程式化非常明显,但最主要的问题是,杨澜的形象通过长期的积累已在受众心中定型,即她为专业女性、知识女性和职业女性,她不是一般的影视明星,她所具备的是专业的知识,人们会更信任其专业性的形象,所以之前她做的蓝月亮洗衣液代言,虽然也是名人代言,但突出了"专业"的形象特色,与她的大众形象积累特色是相符合的,受众接受起来也比较顺畅。而这则广告更直接地让她说出产品的功效,这又不是她的专业,她怎么可能对牙龈问题都清楚,对产品功效都清楚呢?显然,名人形象与产品形象不对应,与她所演示的广告信息不相符,受众无法将她传递的信息与她的专业形象联系到一起,广告的可信度降低。

(二)语言元素

电视广告叙事常使用一些专业术语,有时在创意中认为这样可以更好地表现神秘、高雅、时尚、个性等特色,但其结果却是让人无法理解。

案例分析1－26：

M巧克力电视广告·到碗里篇

叙事主题：M巧克力，不能装在碗里

主要叙事内容：

1. 许多年轻人在一起聚会。其中一位美女对旁边的帅哥说："能帮我们拿点巧克力吗？"

2. 帅哥来到厨房，打开橱柜。这时，不断有东西从橱柜里飞出来砸到他。

3. 橱柜中瓶罐里站着两个小巧克力豆人。一个巧克力豆人举着香蕉，另一个巧克力豆人举着面包片，很生气地看着他。

4. 帅哥拿着一个大碗，对着橱柜说道："快到碗里来。"

5. 这时，一个面包片砸过来，巧克力豆人说道："你才到碗里去呢！"

6. 动画显示流动的巧克力变成一个巧克力豆。画外音广告语："香浓牛奶巧克力，M and M'S妙趣挡不住。"

7. 帅哥用碗端着一个巧克力豆送到大家面前，另一位帅哥问道："就不能拿个大点儿的碗吗？"

这个广告播出后，很多受众反映看不懂，不知道什么意思，情节和话语都不明白：为什么要让巧克力"快到碗里来"？为什么巧克力不愿意到碗里去？为什么那么大的碗只装一个巧克力豆就很满了？其实，这个国际大品牌的M巧克力一直坚持一个创意主线："只溶在口，不溶在手。"这是成功广告的典范。上述这则广告延续了经典的广告叙事主题和创意思路——"只溶在口，不溶在手。"在情节叙事上通过一个生活片段来表现，正是因为M巧克力豆不会在手中溶化，所以可以直接用手拿，不用拿碗。另外，因为每个巧克力豆都十分饱满，所以个头都很大，广告运用了用一个碗都会放不下的夸张话语。之所以大部分人看不明白这则广告的叙事话语和情节，就是因为对这个品牌的广告策略和背景不是很清楚，广告中又没有进行充分的说明，导致叙事表达不清晰，这就影响了与受众的沟通。

(三)色彩元素

色彩在电视广告叙事中是重要的元素，有些产品和广告创意主要通过色彩的叙事来完成。当然，如果色彩运用不当，整个电视广告的效果也会出现问题。

案例分析1－27：

奥妙电视广告·机洗专家篇

叙事主题：奥妙有了机洗专家

主要叙事内容：

1. 妈妈在用手搓洗衣服，旁边放着洗衣机。画外音：妈妈又忙着洗衣服。
2. 妈妈把搓过的衣服放进洗衣机里。
3. 一个小男孩在一边看着，说道："哦，有了。"
4. 男孩跑到外面，把双手放进一个红色的大盆中，大盆里也是红色的液体，把孩子的衣服都染红了。
5. 孩子在洗衣机后面举着一双红手臂，喊着："妈妈，洗衣机有了好帮手，你就不用搓洗了。"
6. 妈妈和孩子开心的样子。画外解说："奥妙隆重推出机洗专家。"妈妈从洗衣机里拿出亮白如新的衣服。
7. 产品及标识，画外解说："专为机洗设计，超凡去渍，解放双手。国际知名洗衣机品牌推荐。"

这则广告叙事本身就存在情节设计虚假问题，怎么孩子都知道洗衣机用哪种洗衣粉好，而妈妈却不知道？在色彩使用上，一是使用的情节很突兀，孩子为什么到红色水盆中把身上的衣服染成红色？二是把两个红色小手臂放在洗衣机后面就能指代产品吗？虽然红色是产品的主色调，但这种色彩叙事元素使用的方式让人看不明白什么意思。广告中用红色叙事突出产品，以强化对产品的识别和记忆效果是可以的，但如果不考虑整个广告叙事内容和情节的合理性，就会使它无法发挥应有的功效，也使本来很简单的一则广告变得莫名其妙。

（四）背景元素

叙事总在一定的背景下进行，背景本身也具有叙事的功能，如果背景不真实，就会影响电视广告叙事的效果。

案例分析1—28：

苏泊尔电视广告·球釜电饭锅

叙事主题：球釜电饭锅，可以烧出柴火饭

主要叙事内容：

1. 一位男士拿着斧子用力地劈柴。
2. 孩子捡着劈好的木材。
3. 一位女士在一边用劈柴生着炉火。
4. 女士揭开锅看看正在蒸的糙米饭。
5. 在家中的现代化厨房里，一家人正忙着做饭。画外解说并出现字幕："想吃柴火饭？"

6. 产品及品牌标识。画外解说:"就用苏泊尔球釜IH系列电饭锅。"

7. 动画演示电饭锅工作的原理。画外解说:"球形厚釜技术,让每一粒米都喝饱水。"

8. 产品及字幕:求人不如"球釜"。

这则广告叙事背景放在现代化家庭的厨房里,表现的却是农村露天用柴火烧饭的情景,以此创意来表明很想吃柴火烧出的饭,并突出产品的特色——用一般的火做出来的饭和烧柴火的一样好吃。但这个背景运用明显很虚假,无法让受众很顺畅地认识产品的特色,反生疑问。如果是将背景完全改为农村真实的做饭情景,再利用回忆的叙事方式来突出产品的特色,就不会出现这种问题。

三、叙事文本表现形式上存在的问题

叙事的具体表现方式,如动画、拟人、生活片段、艺术作品等,都会对整个广告叙事产生影响,如果做得有问题,广告的效果也就很难保证了。

案例分析1-29:

金纺电视广告·七合一布料世界篇

叙事主题:金纺七大关怀,多效护衣

主要叙事内容:

1. 一个用不同颜色的布料、线、扣子等拼接成的大地球。画外解说:欢迎来到金纺布料世界。

2. 在四周都是花园的一条街道上跑着车,树上挂着"欢迎来到金纺布料世界"的条幅。画外解说:"这里的街道、树和所有的人都是布做的。"

3. 公园里有人在玩球,一对夫妻坐在草地上,旁边篮子里放着金纺。女人对男人说:"还记得是什么让我们一见钟情的吗?"

4. 男人说:"当然记得,是金纺七合一。"接着他站起来拿起篮子里的产品说:"全面呵护我们每一寸的布身体。"说着,他手一挥,两颗心形的花环飞向女人。字幕:芳香、亮丽。

5. 女人说:"让我们永远芳香、亮丽。"

6. 两人依偎在一起的背影。

7. 男人说:"柔软。"这时,在一旁玩的孩子们也来到他们的身边。字幕:柔软。

8. 画外解说:"金纺7大关怀,全家更开怀。金纺七合一多效护衣。"

这则广告的叙事表现方式是奇特的,全部内容都用面料做成,这可不是好的奇特效果,而是很吓人、很可怕。它叙事创意的思路是想通过布料世界拟人化的表现来体现产品的品质,但是表现的效果却很糟。特别是把人都用一块块的布料拼接表现,连脸也是拼的,还有很深、很可怕的针线痕迹,本意可能是表现这确实是布料世界,但视觉效果是十分可怕的。一个正常人的脸像受了伤一样破烂不堪,看了让人恐惧,不光是一点美感都没了,甚至连真实感都没了。这则广告一出来,网上就有许多人吐槽:"实在是太可怕了!金纺为了表现布料世界,至于吗?"

总之,电视广告叙事的表现很丰富,要想达到促销目的,也有很多技巧。从根本上说,就是要保证整个叙事文本从创意到表现,从构成元素到内容结构,从画面内涵到人物运用都能符合产品的特色、受众心理和媒体风格,否则就会出现各种问题,使广告莫名其妙地失效或遭到质疑,甚至会触犯法律、法规,这也是目前中国广告界最应该关注的问题。

第二章　电视广告叙事中的意识形态批评

任何叙事都包含有意识形态的内容,电视广告作为一种常见的叙事也是如此,这些意识形态以不同的方式、不同的内容、不同的特点呈现在大众面前,影响着他们的消费观、价值观甚至人生观。因此,必须对意识形态问题进行研究,以确保在电视广告叙事中传递正能量、倡行主流的意识形态、指导大众生活和引领大众文化。

第一节　意识形态批评与电视广告叙事概述

作为一种观念体系,意识形态旨在解释世界并改造世界,它在一定的社会经济基础上形成,表明人们对世界和社会有系统的看法、见解和评价。意识形态以多种方式表现出来,通常,人们注意到的是它透过作品内容来展现,而往往忽视了意识形态在形式层面上所具有的意义。后者虽然不像前者那样明显,但仍然以不同的方式存在着。比较而言,在关于作品形式的研究中,与意识形态层次的关联可以说是难度最大的。①

一、意识形态及意识形态批评概述

在对作品进行意识形态批评之前,必须对意识形态批评的基本概念有清晰的界定,对意识形态批评的视角有一定的认识。

(一)意识形态的概念

什么是意识形态?意识形态并非只与政治相联系,它可表现为多种形式。根据文化研究学者理查德·奥曼的观点,意识形态是"一群拥有共同利益的人的观点——如一个国家、一个政党、一个社会或者经济阶层、一个职业群体、一个产业等"②。美国学者米

---

① 谭君强:《叙事学导论:从经典叙事学到后经典叙事学》,高等教育出版社2013年版,第200页。
② 〔美〕理查德·奥曼:《广告的双重言说和意识形态:教师手记》,转引自罗纲、刘象愚编:《文化研究读本》,中国社会科学出版社2000年版,第399~405页。

米·怀特将"观点"进一步扩充为"价值、信仰和观念",认为意识形态是一种"社会表达系统"。这表明,所谓的"意识形态"并不神秘,归根结底,不过是一种能影响他人的价值、信仰和观念等的精神性因素而已。①

然而,价值抉择、生活哲学、观点信仰等精神性因素本身并不构成意识形态,真正的意识形态还要与"霸权"相结合。也就是说,只有当某个特殊的观点在某个范围中压倒其他不同观点,享有特殊的话语霸权,并且把自身夸大为具有普遍的、永恒的适用性时,意识形态才会产生。学者们特别强调意识形态的特殊性,即它只是特定群体的特殊观点和价值。这种特殊的知识、立场、观点,往往会被它的生产者——特殊的社会群体有意或无意地普泛化,扩大到超出特定范围、具有超常的适用性和正确性,简而言之,是一种话语强权。②

意识形态研究首先要清楚这个概念,马克思和恩格斯在《德意志意识形态》中把意识形态解释为"倒现着的"意识与现实的关系,在当代西方马克思主义的各种文化批评理论中,意识形态概念的含义基本上都与《德意志意识形态》的解释有关,即理解为一定的社会统治阶级为了保证自身存在合理性而制造并合理化了的价值观念体系。③当代马克思主义文化批判理论常用"意识形态"这个概念表达对文化特征的认知和概括,从一定意义上来讲,就是在关注文化中的精神性。可以说意识形态研究不仅仅是对社会政治结构和观念的研究,同样也是对叙事艺术所体现或隐含的某种普遍的文化精神的研究。也可以说,意识形态已不限于道德、宗教、哲学等自觉的观念体系,而是被理解为渗透在文化结构更深层的、与一定阶级利益相关的价值态度、情感倾向,实际上可以说是一种凝聚在特定文化中的深层精神素质,通过观念体系、生活方式乃至普遍的情感和趣味倾向显示出来。④

(二)意识形态批评的界定

意识形态批评产生于西方20世纪60年代的"新左派"运动(以1968年法国五月运动为标志),倡导者们不再强调阶级剥削,而是把精神分析、女性主义以及反殖民主义的思想结合进了更广泛的对社会异化的批评当中。这些左派电影研究的一个关键概念是"意识形态","意识形态"通过"询唤"的方式运作,而"询唤"一词最初是从法国立法程序中借用过来的,它使人想到一种对个人进行号召的社会结构和实践,通过号召赋予这些个体一种社会身份,并把他们建构为一种主体,使他们不加思考地接受一定生产关系体制内赋予他们的角色。⑤

---

① 〔美〕罗伯特·C.艾伦编:《重组话语频道:电视与当代批评》,麦永雄、柏敬泽译,中国社会科学出版社2000年版,第155~198页。
② 同上。
③ 马克思、恩格斯:《马克思恩格斯选集》第1卷,人民出版社1979年版,第66页。
④ 陈犀禾、吴小丽编著:《影视批评:理论和实践》,上海大学出版社2003年版,第213~214页。
⑤ 高小康:《中国古代叙事观念与意识形态》,北京大学出版社2005年版,第2页。

二、不同视域下的意识形态概述

在不同的视域下,关于意识形态的理论也不同。这里从与电视广告相关的几个视域出发进行概述。

(一)影视学视域下的意识形态相关论述

在历史上,西方马克思主义电影评论人发现,电影以两种方式制造那些观念:剧情中的价值观念(叙事、角色、他们的冲突、冲突的结果)与存在于电影自身物质基础中的观念——制作电影的机械的、实质的机器,以及制作、发行和放映的方式。在这两种情况下,马克思主义者都找到了证据,证实电影在创造幻觉,并传递错误的讯息给观众。①

在《电影精神》(1903)一书中,匈牙利电影理论家巴拉兹·贝拉提出了"小资产阶级是电影生产的基础"的观点。他指出:"资产阶级电影生产大工业当然是为了追求最大的利润。它必须尊重最广泛的群众的意识形态。为了收入,它转向'更低层'的平民阶级,但只是转向那些电影能满足自己的精神和感官需要的人们,而又不会危害统治阶级的利益。也就是说最不了解自己的利益的群众对这个工业才是最重要的。"②

之后,皮埃尔·布尔迪厄指出:"如今,人们越来越走向一个个由电视来描绘并规定社会生活的天地。电视成了进入社会或政治生活的主宰。"——正是由于对社会生活、政治生活与其他领域的影响越来越独特,也越来越广泛而深刻,意识形态载体的特性深深地根植在以影像为基础的电视媒体之中。③

(二)叙事学视域下的意识形态相关论述

在叙事作品中,必定存在着一个或多个故事的讲述者即叙述者,将故事叙述出来。而在叙述的过程中,无论所描述的事件与人物如何表现出来,都一定会经由一个特定的"视点",也就是一个观察点。这就是叙述聚焦者的"看"或"聚焦"以及与之相伴随的"说",这也就是"视点"与意识形态的关联。④

在叙事作品中,还有另一类叙述者,这类叙述者不仅充当故事的讲述人,同时也作为故事中的一个特定的人物参与到故事的进程中,并作为一个故事人物活动,这就是所谓的人物叙述者。人物叙述者,由于是以故事中的某个特定人物身份来讲述故事的,叙述者的视点必定要受到限制,而无法如无所不知的叙述者那样对一切了然于胸。如热奈特所言,在这种情况下,叙事可以不通过均匀过滤的方式,而依据故事中某一个或另一个参

---

① 陈犀禾、吴小丽编著:《影视批评:理论和实践》,上海大学出版社 2003 年版,第 211～213 页。
② 〔匈〕巴拉兹·贝拉:《可见的人 电影精神》,安利译,中国电影出版社 2000 年版,第 267 页。
③ 〔法〕皮埃尔·布尔迪厄:《关于电视》,许钧译,辽宁教育出版社 2000 年版,第 20 页。
④ 谭君强:《论叙事作品中"视点"的意识形态层面》,《文艺理论研究》2004 年第 6 期,第 55～58 页。

与者(一个人物或一组人物)的认识能力控制或调节它提供的信息,采纳或佯装采纳我们通常称为参与者的视角或视点,这样,叙事看起来好像对故事做了这种或那种透视。在涉及视点时,值得注意的是,人物叙述者的视点必定带有自身特定的意识形态立场与价值判断的态度,他或她必定按照从其自身的意识形态立场出发的视点去看待故事中的其他人物,并与之发生符合其独特身份的种种关系,同时又讲述自己程度不一地参与其中的故事。

在叙事作品中,不论是何种叙述者,均可对其叙述,包括所讲述的故事与文本本身进行干预。叙述者干预在中外传统的叙事作品中是常见的修辞方式,它对叙事作品意义的表现形式起着不可忽视的作用。叙述者可以解释叙事成分的意义,进行价值判断,涉及超越人物活动范围的世界,以及评论他或她自身的叙述……可见,这种干预与文本自身的意识形态有密切的关系。[①]

案例分析 2—1:

安儿宝电视广告

叙事主题:安儿宝 A+,特有 DHA 智力方 360

主要叙事内容:

1. 一个小男孩正在喝奶,妈妈看着很高兴。解说:"小脑袋全面发展,宝宝表现更非凡。"

2. 孩子们在老师的指导下画画,这时有小朋友不小心把油彩滴到了画好的画上。

3. 小男孩走过来说道:"别担心。"然后他开动脑筋思考着。这时产品出现。解说:"安儿宝 A+,特有 DHA 智力方 360。"

4. 小男孩用细管吹散了油彩,像是一个光芒四射的小太阳。大家开心极了。解说:"智动情语齐发展,学习能力更非凡。"

这则电视广告在叙事中传达了一个意识形态观念,即孩子在成长发育中不仅要注重身体发展,还要关注头脑的成长。叙事中用了一个对比来暗示用了产品的孩子会有非凡的表现,从而引导受众形成重视孩子身心共同发展的观念,促进产品的销售。

综上所述,在不同的视域下,意识形态广泛地存在于影视叙事作品中,并发挥着不可忽视的作用。

三、电视广告叙事与意识形态关系密切

从上述的论述中还可以看出,意识形态实际上并不总是以观念体系的形式通过叙事

---

① 谭君强:《叙事导论:从经典叙事学到后经典叙事学》,高等教育出版社 2013 年版,第 62 页。

的内容显现为"宏大叙事",更多的是渗透在叙述者所构造的社会和自然环境、人物性格和行为、人与人的关系中,或蕴含在叙述的情感态度与审美趣味中。这一切凝聚、整合成为叙事的内在统一结构,可以称作叙事中的世界图景。换句话说,广义的意识形态不仅仅是原始意义上的"观念学"那样抽象的东西,它实际上是把占社会统治地位的生活方式、价值观念固化、渗透到社会中一般人观察、认知和评价世界的视野中,也就是人们无意识中所把握到的世界图景。可以说,对叙事与意识形态关系的研究,是通过对叙事艺术的整个叙述活动所构造的世界图景的体验、解析和研究来完成的。[①] 我们所进行的电视广告叙事意识形态研究,就是这种普遍意义上的意识形态研究。

(一)广告叙事本身传递各种意识形态

当代广告越来越善于借用各种纯粹精神性的武器,如某种抽象的价值观、生活哲学、对社会和生活的普遍观点等,来推销某个具体的、有物质性功能的商品。

形形色色的广告无所不包,从千奇百怪的观点到价值与精神取向。广告中充斥着的与其说是对产品的推销,不如说是各种生活态度、生活方式、生活哲学和意识形态(广告的泛意识形态成为其重要的表现特征:就连一个电动车也要体现"我是领导""爱,就马上行动"这样的个性诉求)。可见,广告中的一切商品,事无巨细,都无不成为一种世界观的折射,都纷纷表征着一种抽象的精神价值和生活信念。可以说,广告的符号运作几乎已经完全地意识形态化了。

理查德·奥曼认为,也许所有广告都包括或者意味着某种意识形态,"它们试图让观众做或者相信符合广告商利益的一些事情。""观众与广告商默契的地方是给予优越和美好的社会等笼统的观点或形象。"[②]正如很多人说过的,广告作为一个整体传达某些重要的意识形态信息:商业能够解决所有的人类问题;商业在满足我们的最深切的需求;美国人的生活方式基本上是良好的;尽管存在着问题,这些问题将会通过商业与消费者的合作得以解决,解决问题就是进步。[③] "全球化与消费主义对当代日常生活的侵袭,并不是在抽象的理论层面上实现的,而是通过兼具市场和观念两大特征的大众文化潜移默化地渗透的。""大众文化一方面是全球化的市场经济中最具活力、最具扩张性的产业,另一方面也是消费主义观念最积极、最有效的推广机制。"[④]麦克卢汉(Mcluhan)通过自己对广告现实的关注和直觉,不仅准确地把握到了品牌形象广告的精髓,而且更为深刻和敏锐地认识到了广告形象对受众潜意识层面的影响。[⑤]

可以说,当代广告正上演着这样一场意识形态化的戏剧:始则生产出观点、知识、信

[①] 高小康著:《中国古代叙事观念与意识形态》,北京大学出版社2005年版,第2~3页。
[②] 〔美〕理查德·奥曼:《广告的双重言说和意识形态:教师手记》,转引自罗钢、刘象愚编:《文化研究读本》,中国社会科学出版社2000年版,第403~405页。
[③] 同上。
[④] 〔美〕乔治·拉伦:《意识形态与文化身份:现代性与第三世界的在场》,戴从容译,上海教育出版社2005年版,第3页。
[⑤] 张萍:《关于台湾意识形态广告的研究》,中国知网,论文第6页。

仰、立场与价值规律；次则借助大众传媒之手，对不设防的受众进行天长日久的渗透和围攻，以图谋一场精神的"和平演变"，最终将某种隶属于特殊集团的世界观和价值选择普泛化。① 即"广告正从人们细致入微的日常生活细节入手，点点滴滴地改变着人们的生活习惯、生活方式、审美情趣、社会观念，这真是一项翻天覆地的社会革命。"②

综上所述，广告是一个意志坚强的媒介，通过它，一个特殊群体——产品生产者的逻辑和价值观逐步侵蚀了受众的全部生活，受众的生活变成一个封闭的圆，消费是圆心。作为饱受现代传媒狂轰滥炸的受众，生活在商业文化高度发展的今天，即使是本能地对这一切保持清醒和距离，仍将不可避免地被烙上广告意识形态的印迹，⑤ 因为，置身于这样的当代生活语境，每个人的个性表达和价值选择都必然受到这种独特的社会表达形式的影响。这便是广告"润物细无声"的功夫，也是广告意识形态对现代消费者天长日久、滴水穿石般的塑形。⑥

(二)广告通过控制媒体来传递意识形态

广告利益把控了媒体权力，而媒体权力又力图时刻主宰和霸占人们的意识形态。"特别是进入 90 年代之后，各种传媒包括权威传媒的变化应该说是前所未有的。但需要指出的是，它的开放性和宽容度还仅仅限于市场号召和消费主义的引导。利益的驱动已经不加遮掩，娱乐性节目和报刊有惊人的收视率和发行量，而它的背后则是巨额的商业广告在拉动。特别是白领趣味的媒体，它们事实上已不关心读者的真实需要，它在悄然地改变着年轻人的生活观念，培育着他们狂热消费、享乐欲望的同时，所做的一切都是为了迎合广告商人或跨国投资者的趣味，因为广告收入已成为进入市场的传媒的主要利润来源。它在无情地将思想文化性和不具有市场号召力的传媒挤出市场的同时，也以其对现实问题的拒绝触动而获得了'合法性'。事实上，它的意识形态宣传从来也没有停止过。因此，一种隐形的支配正在形成新的文化'领导权'，这也正是当下学界密切关注的'全球化'问题的表现形式之一。"⑦"广告无处不在，以它的持久和坚毅正在改变着我们，无论我们喜欢与否，它都无孔不入地渗入了我们的生活甚至感情。我们被广告所控制或左右的现实，就是当今社会生活政治。……广告作为生活政治的力量，就是具有这样的控制力，这就是包括电视广告在内的电视的文化领导权，没有人强迫谁来按照电视的方式改变生活，而是人们不由自主地认同了电视的意识形态或文化暗示。事实的确如此。于是，人们渐渐地习惯了赞美和物的享受、习惯了物的诱惑而不再关心其他事物。"⑧

---

① 杨婧岚：《当代广告传播中的意识形态》，《当代传播》2002 年第 1 期，第 62 页。
②⑤ 同上，第 63~65 页。
⑥ 〔法〕马克·波斯特：《鲍德里亚与电视广告》，选自王逢振：《电视与权力》，天津社会科学出版社 2000 年版，第 204 页。
⑦ 孟繁华：《传媒与文化领导权——当代中国的文化生产与文化认同》，山东教育出版社 2003 年版，第 17~18 页。
⑧ 孟繁华：《传媒与文化领导权——当代中国的文化生产与文化认同》，山东教育出版社 2003 年版，第 210 页。

(三)电视广告作为影视叙事作品传递意识形态

在任何叙事作品中,都会表露出不同意识形态的理念。影视作品自然也是意识形态表达的载体之一,即影视具有与阶级、社会地位以至种族、性别和身份等因素密不可分、互相促动并交叉映证的特性。① 伊格尔顿在《批评与意识形态》中指出:"(艺术)文本不是一种自足的封闭的'有机'本体,而是意识形态发生作用的一个动态和开放的表意过程。"因此,文学或艺术这种特殊的意识形态的真实性,与其说是"反映"或"再现"了现实和历史的存在,不如说它的生产(包括艺术家主体的生产和接受者个人的或社会化的再生产)本身就是意识形态的产生过程。正是在这个意识上,艺术文本既可能展示某种历史的真实,同时自身也成为一架制造意识形态神话、对民众进行渗透性麻醉的机器。的确,"电视利用广告的诱惑力为奢侈、有害的产品造成一种虚假的购买欲,并提供麻痹心灵的节目,这些节目可以看成是马克思指出过的:'麻痹群众的鸦片'在 20 世纪的翻版。"②

就电视广告而论,它既是营销方式,也是一种艺术形式,而作为后者,其叙述、抒情、象征、长镜头或蒙太奇、摄影机的距离角度、用光与画面构图等电影艺术语言,都具有一定的意识形态内涵……它是一种特制的文化,是一种利用观众的欲望去制约和影响观众思想的社会文化机制。在这里,意识形态不仅仅是内容、题材,还是风格、形式,也就是说,风格、形式本身就是意识形态之表现。这就是一种"形式的意识形态性"。观众在观看电视广告的过程中会因自觉的误识作用把自己"缝合"进电视广告世界中,从而象征性地进入广告所规定的社会秩序中,就像婴儿一样通过照镜子逐渐认识到自己作为个体的存在,觉得自己就生活在电视广告所造的美梦之中。正如阿尔都塞那句深刻地揭示了电影意识形态本质的话:"意识形态把个体询唤为主体"——当然,仅仅是假想的主体。③

简言之,电视广告中提出一个观念、表明一种态度、展现一种价值就是它意识形态的表现,一般就是它的广告主题,通常通过广告语来强调。电视广告是通过渗透这些意识形态来表现主题,寻求与受众的沟通,达到一致性的认同,最终完成促销目的。④

正如美国文化研究学者总结的那样:"在电视广告中,轿车表示社会身份,狐臭消除剂实现了其革命性的志向,复印机促成了上帝的劳作,飞机的运行带来了狂欢的经历……"⑤其实,不仅是广告发达的美国,在我们的生活中,熟悉的例子比比皆是,如方太给了人们更多"家的感受"、康师傅告诉大家"自然更健康,绿色好心情"、中国移动让"沟通从心开始",等等。可以说,在广告中,人们消费产品,并不仅仅因为它的物质特性可以满足人们的需要,更是因为它的广告所张扬的抽象的、非实用性的精神因素能够使人们产生兴趣和认同。

---

① 谭君强:《叙事作品中的叙述者干预与意识形态》,《江西社会科学》2005 年第 3 期。
② 〔美〕杰·格林菲尔德:《电视对美国的冲击》,田民译,《世界电影》1988 年第 1 期。
③ 〔法〕阿尔都塞:《意识形态和意识形态国家机器》,李讯译,李恒基、杨远婴主编:《外国电影理论文选》,上海文艺出版社 1995 年版,第 663 页。
④ 杨婧岚:《当代广告传播中的意识形态》,《当代传播》2002 年第 1 期,第 63~65 页。
⑤ Havenina Heartless Word: *The Family Besieged* (New York Basic 1977) p. 19.

案例分析 2—2：

聚美优品电视广告·陈欧代言篇

近来最新流行的"陈欧体"广告叙事方式，更表现出其创新性的特点，这是产品创始人陈欧自己的代言：

你只闻到我的香水，却没看到我的汗水；

你有你的规则，我有我的选择；

你否定我的现在，我决定我的未来；

你嘲笑我一无所有，不配去爱，我可怜你总是等待；

你可以轻视我们的年轻，我们会证明这是谁的时代；

梦想注定是孤独的旅行；

路上少不了质疑和嘲笑；

但那又怎样，就算遍体鳞伤，也要活得漂亮！！！

我是陈欧，我为自己代言！

这则广告所传达出的意识主题就是：不管压力有多大，也要活出自己的精彩人生，塑造一个完美的生命历程。这则广告体现了年轻人的理想与憧憬，引起很多八〇、九〇后的共鸣。可以说这则广告没有直接传达有关产品的信息，而是直接阐述了对年轻人生命意义、生活态度、生存价值的理解，即直接向受众传递一种有特色的生活理念，从而使产品的知名度和好感度得以建立。

第二节 电视广告叙事中意识形态表现特色

今天人们逐渐认识到广告已不是一件无足轻重的事物，它已经成为影响当代文化，制约人们精神世界和现实生活的具有强大意识形态性的事物。这种意识形态使人们首先做出有利于广告主的消费抉择，在不知不觉中接受和认同有利于广告主的特殊知识和立场，同样在不知不觉中忘记这个特殊观点和立场所代表的群体利益。广告对受众的影响颇似糖衣炮弹，最为深远的影响是在广告坚持不懈的攻击下，消费者往往吞下了炮弹，同时习惯了包裹炮弹的糖衣，他们的口味终于变得和广告主所期待的一样。而广告主所期待的那个由消费主宰的世界和与之相应的伦理和审美选择，也被消费者接受了。这里，作为这些意识形态的载体——电视广告叙事有它自身的特色。

一、电视广告叙事中意识形态有明确的目的性

任何叙事都是有目的的，而电视广告中叙事的目的即通过传递广告主题来促销产品或建构、引导某种观念，这一功效性目的是极明确的。无论是商业广告中明确的促销和

树立形象的目的,还是公益广告中传递一种特定主题思想或理念的目的都是如此,这种功效性极强的特点是其得以存在的根源,也是广告意识形态中的重要内容。可见,明确的目的性是广告重要的意识形态特色。

二、电视广告叙事中意识形态表现形式多样化

电视广告意识形态叙事方式多样化态势明显,并不断地创新发展。在它的叙事文本中,人物、画面、声音、字幕都会参与到表现意识形态的功能中,并以丰富多变的形式构建出多样化的叙事方式。

案例分析2—3:

肯德基承诺电视广告系列

广告名称	主要叙事人物	主要叙事视听内容	意识形态内容
CEO篇	苏敬轼(百胜餐饮集团中国事业部主席)	独白(字幕):对肯德基而言,食品安全永远是我们的第一任务。我们在中国有4500家店,每一家店都必须严格执行食品安全标准。我们肯德基选用的白羽鸡是全球广泛使用的品种,不会添加激素,请消费者放心。我们在中国有25万名员工,他们也都有自己的家人,为他们负责,为中国消费者负责,是我们肯德基的责任。(画外解说)为了您和您的家人,肯德基承诺:每一口都安心。	以企业负责人的身份证言——肯德基承诺:每一口都安心。
BGM篇	韩骥麟(中国肯德基品牌总经理)	独白(字幕):食品安全是我最重要的工作,绝对不能有一点马虎的。激素的问题其实并不困扰我们,因为我们从来就不会去加激素。我们所选用的白羽鸡,品种优良,所以在饲养的过程里,根本就不需要添加激素。我小孩非常喜欢吃,我要为他们做好食品安全的把关。(画外解说)为了您和您的家人,肯德基承诺:每一口都安心。	以企业负责人的身份证言——肯德基承诺:每一口都安心。
QA篇	姜海芳(家禽保健检测室负责人)	独白(字幕):我叫姜海芳,我本身学的是农业科技专业。白羽鸡是世界上使用广泛的鸡种,能够40多天出栏,因为鸡品种好,再加上科学化的饲养,添加激素那是不允许的。中国引进这个品种已经30多年了,各大酒店和超市都广泛使用。说说咱们宫保鸡丁吧,大多是白羽鸡做的。我自己也吃,因为这鸡是非常安全的。(画外解说)为了您和您的家人,肯德基承诺:每一口都安心。 画面中不时呈现养鸡场的情景。	以企业中的质检负责人的身份证言——肯德基承诺:每一口都安心。
员工篇	上海某肯德基餐厅经理	独白字幕:"我是个对细节要求很高的人,每天我都会叮嘱我的员工,整点到了,赶紧去洗手,头发千万不能掉下来。产品到了最佳期一定要报废。每天我们都会服务成千上万的顾客,为了让顾客吃得放心、吃得安心,在产品制作的过程当中,一点也不能马虎,这也是我们对顾客的承诺。"(画外解说)为了您和您的家人,肯德基承诺:每一口都安心。	以企业员工的身份来证言——肯德基承诺:每一口都安心。
鸡农篇	杜斌、杨颜颜(饲养员)	独白(字幕):我们是从农村过来的,我们养的鸡还真和农村的不一样。我们养的白羽鸡,羽毛白,长得快,一般40天左右出栏,我们养的鸡特别科学,比如饲料、温度……都管得严严的。自从来到这儿才知道食品安全挺重要的。这样好,大家吃得放心。我女儿总是问我:"这鸡是爸爸养的吗?"(画外解说)为了您和您的家人,肯德基承诺:每一口都安心。 画面中呈现养鸡场和餐厅的情景。	以企业养鸡场饲养员的身份证言——肯德基承诺:每一口都安心。

以上肯德基承诺系列广告是针对社会传播中一些关于肯德基使用激素养鸡的说法所制作的证言广告,虽然都是证言广告形式,也都在阐述一个明确的观点,即企业和广告传递出的意识形态:肯德基承诺,每一口都安心;但表现方式上还是有许多不同的,以此来强化证言的效力,通过选用企业负责人、产品生产负责人、质检负责人、销售负责人等,以不同的身份、从不同的角度来为企业证言,以求达到与受众沟通,赢得消费者信赖的目的。

三、电视广告叙事中所传达的意识形态内容丰富并多变

意识形态内容很多,在电视广告叙事中也有所表现,时尚流行与传统世俗、民族宗教与异域风情、主流意识与大众情趣等都会在广告中表现出来,这使电视广告叙事中所蕴含的意识形态丰富多样。同时,意识形态本身的变化也决定了电视广告叙事中意识形态的发展。随着时代的变化,许多新的、时尚的意识形态会不时地表现出来,电视广告叙事中的意识形态往往集中体现在它的经典广告语中。此外,它还常会在意识形态上有所创新,成为一种新观念的提倡者,不断提出新的消费观、价值观等,做时尚的引领者。

案例分析 2—4:

电视广告叙事中广告语所倡导和推广的意识形态:
1. 钻石恒久远,一颗永流传。(DTC)
2. 补钙新观念,吸收是关键。(龙牡壮骨冲剂)
3. 牙好,胃口就好,吃嘛嘛香。(蓝天六必治)
4. 弹指间,心无间。(腾讯)
5. 学钢琴的孩子不会变坏。(山叶钢琴)
6. 科技以人为本。(诺基亚)
7. 不闪的才是健康的。(创维)
8. 止,而后能观。(中国银行)
9. 阳光总在风雨后。(千禧酒)
10. 如果说人生的离合是一场戏,那么百年的好合更是早有安排。(百年润发)
11. 促进健康为全家。(舒肤佳)
12. 只管去做。(Just do it)(耐克)
13. 好东西要与好朋友分享。(麦氏咖啡)
14. 把精彩留给自己。(李宁)
15. 勇敢做自己。(361度)

这些广告语的流行不仅是因为形式上的通俗、易记,而且在内容上也提出了许多新的观念,迎合了时代的需要和受众心理的需求,如有个性新主张、有健康新观念、有新价

值观等,这些意识形态观念引起了社会的关注和认同,所以得以流行。

四、电视广告叙事强调与受众的意识形态认同一致

在意识形态的传播方面,电视广告叙事表现出与一般影视作品不同的特点:它努力寻求与受众的沟通和意识认同,以达到促销目的。许多影视作品所要传递的意识往往不明确,会引起大众的关注和争议,这些作品本身表现意识形态的目的就不是要达成某个共识或一致性意识方向。如一度热播的电视剧《渴望》,主人公刘惠芳的命运是否应该同情?其价值观是否应该提倡?其做事方式是否应该标榜?这些都会有不同的回答,都是引起社会关注和争议的问题,是引发人们对生活方式、价值观念和生命意义进行追问的导火线。电视剧本身没有明确地给出一些问题的答案,或者也没有什么答案是唯一的,引发人们对命运、人性、生活等的思考才是它的目的。但电视广告要在极短的时间内销售产品,必须明确地表达出其目的意识,完成与受众的一致性意识沟通,以达到促销或让受众认同某个观点的效果。因此,电视广告叙事一定不是要引起歧义,最好是能达到与受众意识的一致。

五、商业类电视广告叙事中意识形态的特点

目前我国电视广告叙事中所表现出的意识形态比较单一,特别是商业广告,集中地、最明显、最直白地强调消费,缺乏对受众心理的研究和沟通的技巧,直白而简明的商业目的降低了整个电视广告的品位。

案例分析2—5:

2013年12月17日19点30分央视《新闻联播》后电视广告部分案例

广告名称	叙事主题	主要叙事情节	主要意识形态
1.晶弘冰箱	美食家的冰箱	1.董明珠代言:科技改变生活。 2.冰箱产品。画外解说:晶弘新一代美食冰箱。Fresh水离子抗菌,清新美食。 3.水倒入杯中成冰。画外解说:美食瞬间冷冻。 4.不同冷冻效果的两块肉。画外解说:新鲜更营养。不需解冻,即用即切。 5.董明珠说:"晶弘,美食家的冰箱。"	美食、新鲜就要买晶弘冰箱。
2.艾莱依	艾莱依向时尚致敬	不同的时装模特展示时装风采。	追求时尚,就要买艾莱依。
3.史丹利	史丹利复合肥,放心的肥	产品图	用放心的好肥就要买史丹利。
4.脑白金	送礼就送脑白金	两位卡通形象的老人欢快地跳着时尚的舞蹈。歌词:今年爸妈不收礼,收礼只收脑白金。	给父母送礼就要买脑白金。

这些广告要传播的主题意识就只有两个字：消费。它使整个广告行业的品位和格调表现为单一和平庸，难以担负传播正能量、丰富文化生活、激发人们兴趣的重任。当然，由于中国特殊的市场情况，人口多，消费需求复杂，购买动机多样等，即使是简单的叫卖也会有广告效果。但意识形态单一是电视广告水平不高的表现之一。

第三节 电视广告叙事深层结构中的意识形态图景

电视广告叙事中意识形态的批评主要是从叙事文本出发去分析它所涉及的意识形态内容，主要问题有：电视广告所传递的意识形态是什么？其作用是什么？电视广告采用什么样的叙事模式和方法来传递它的意识形态内涵？电视广告应该传递什么样的意识形态来对社会产生有价值的影响？

一、电视广告叙事深层结构中的意识形态图景概述

在电视广告的叙事结构中，往往渗透着各种意识形态图景，概括地说主要有以下几种：

(一)憧憬美好未来，完美现实生活，不懈追求梦想

憧憬美好未来是人类永恒的意识主题，电视广告叙事始终致力于这一主题，它通过逼真的镜头语言来展示、激发和表达人们的欲望。造梦一直是广告刺激受众需求心理的一种方式，电视广告将这种梦想与产品紧密联系在一起，利用镜头语言更直观、更生动地来叙述这种梦境，以达到促销的目的。

(二)满足实用、实惠的心理目标

商品的价值在于实用性，而对百姓的普通日常消费来说，实用、实惠是生活消费的硬道理。

(三)展示情感、寻求心理认同

情感指主体对于客观对象能否满足自身需要所产生的一种内心体验。人类的情感非常丰富，主要有亲情、友情、爱情、民族情等，在电视广告叙事的意识主题中，宣泄情感、表白心情、体验真情也是一个重要内容。

案例分析 2－6：

宝骏 610 电视广告·美好生活新选择篇

画面中两对年轻人分别驾驶两辆宝骏 610，绕开堵车的道路，开上一条宽敞的大道，年轻人和车内的妻儿都十分开心。画外音："美好生活的路上总有许多选择。一路心随意动，快乐无处不在。五座家用车宝骏 610，美好生活新选择。"

这则广告以日常生活为叙事方式，将产品所带来的美好生活构建为叙事结果，让受众憧憬选择这款产品后的美好生活，从而加深对产品的好感和记忆。

案例分析 2－7：

实用、实惠型电视广告叙事案例

广告名称	叙事主要情景、情节及语言	实用、实惠意识图景
1.肯德基·早餐篇	早晨，随着闹钟的响声，画面出现肯德基的汉堡结构图，解说词："6 点啦！肯德基早餐开始了。当 54 层生脆酥皮，遇上新鲜爽脆的蔬菜和弹性十足的烟熏鸡腿肉，佐以浓郁的蛋黄酱，就是肯德基早餐熏鸡法式烧饼，搭配咖啡或豆浆，只要十元。更多超值早餐组合就在肯德基。生活如此多娇。"	通过叙事画面和解说词来展示产品的质优价廉，表达产品实用、实惠的主题意识。
2.神舟超级本·优雅篇	画面上一群年轻人在工作，一位男士兴奋地指着面前的笔记本说："天呀，开机就五秒钟！电池能用一整天。"一位女士问："很贵吧？"答："超级本才两千多。"解说："神舟笔记本新一代超级本飞天系列。"	用叙事语言直接点出价格，突出实惠、实用的特色。
3.巴黎欧莱雅·五大理由篇	画面中范冰冰说："换洗发水的理由不够，我给你五个。干枯、毛糙、暗哑、脆弱、分叉，解决五大受损。"画面转为产品及动画图，并字幕解说："全新巴黎欧莱雅多效修复系列，蕴含一个极小微胶原精华，更深更准修复，解决干枯、毛糙、暗哑、脆弱、分叉。"范冰冰："秀发重现强韧、柔亮。五大受损，一个对策。……这就是你的理由，你值得拥有。"	用理性的叙事方式表达了产品的消费理由，突出产品实用性价值。

案例分析 2－8：

情感式电视广告叙事案例

广告名称	叙事主要情节	情感意识图景	广告目的
1.百年润发·周润发篇	(背景音乐：戏曲)周润发来到乡间的一个剧团，回想起曾经与自己相恋过的女孩正在练习唱戏的情景，后来她成为剧团的重要演员，每次演出他都会在台下领头喝彩，生活里他也会帮女孩倒水洗头……日月沧桑，世道变故，小剧团搬迁，女孩与他也在痛苦中各奔东西……当他从回忆中醒来，忽然仿佛在眼前这些女孩中看到他熟悉的身影……画外音："如果说人生的离合是一场戏，那么百年的缘分更是早有安排。青丝秀发，缘系百年。"	青梅竹马的纯情、相互爱恋的爱情、被迫分手的相思情、再次相逢的喜悦情，情景交融，触动人们对百年缘分、百年好合的珍爱、怜惜之情。	通过周润发与"润发"的巧合及他本人的明星效应，加深受众对百年润发产品的美好情感认同和记忆效果。

续表

广告名称	叙事主要情节	情感意识图景	广告目的
2. 腾讯·送祝福篇	一男孩在自己的房间中学习时,妈妈经常会敲门问他电视机遥控的应用问题……(画外解说):"她是我最亲近的人,但也许正因为相距太近,反而有了距离。好想逃开了。"终于等到出国那天,在妈妈不停的唠叨声中离开了家……一天,男孩正在图书馆里看书,忽然发现自己的QQ好友栏中,妈妈的头像在闪动。(画外解说):"有一天,她竟然在QQ上出现了。"寒冷的大雪夜晚,男孩还奔波在异国他乡,且不幸出了事故,受了伤。妈妈这时正在家中认真学习电脑打字。(画外解说):"当与她相隔在地球两端,我才逐渐读懂生活,读懂她。"过年了,爸爸端来一盘热气腾腾的饺子,和妈妈一起出现在电脑前,说道:"爸爸亲手做的饺子。"妈妈说:"明年一定得回来呀!"(画外解说):"偏见因为距离而消失,爱变得清晰。唠叨变得动听。距离远了,弹指间,心却近了。"妈妈开心地笑了……	亲情不会因距离而冷淡,反而会更加浓重。腾讯祝天下母亲节日快乐!送祝福,上腾讯。	12年相伴,腾讯的真情奉献,实现了"弹指间,心无间"的情感沟通之梦。真情与产品同在,提升了产品的附加值和记忆度。
3. 劲酒·朋友篇	轻松、明快的音乐中,一群人在一起喝酒,其中一位男士拿过旁边人的酒杯,把酒往自己的杯子里倒了一部分,画外音:朋友不在酒量,在体谅。而当有人又拿起酒瓶向杯中倒酒时,被他阻止了。广告语:"少喝一点为健康。劲酒虽好,可不要贪杯呦。"	一反过去在酒场上大家互相劝酒的场景,广告提出人文关怀式的主题:专注健康。有新意的广告语:"朋友不在酒量,在体谅。""少喝一点为健康……不要贪杯。"这样的广告叙事主题突破了一般白酒广告的模板,有新的创意思想,降低了商业气息,增强了企业和广告对人的生命健康的关注。	通过人文关怀式的广告语,突出品牌专注健康的定位和主题传播,强化受众的记忆效果和情感体验,并带来耳目一新的感受,激发人们的好感和购买欲望。
4. 泸州老窖·周华健篇	在周华健的《朋友》背景音乐下,画面出现一群年轻人弹着吉他,推着自行车、摩托车的合影,一群老年朋友在长途汽车站前背着相机的合影,年轻时乒乓球比赛后的合影……最后画面出现周华健弹吉他和大家在一起唱《朋友》、饮酒的情景,广告语:"泸州老窖,特曲老酒。一生情,一杯酒。"	真诚的友情、难忘的记忆、曾经的美好、一生的情谊,伴随终生。	以友情为产品价值,形象地定位了产品特性。

在这些以情感为叙事主题的电视广告中,从创意到表现再到对受众心理的把握,始终围绕情感体验的线索,以求首先从心理上与人们进行情感意识的沟通,求得认同,并满足消费者对产品的心理需要。

(四)体现自我,张扬个性

著名心理学家弗洛伊德认为,人格结构由"本我""自我""超我"三部分组成。"本我"即原我,是指原始的自己,是一切心理能量之源。"自我",是指"自己",是自己可意识到的思考、感觉、判断或记忆的部分。"超我"则是人格结构中代表理想的部分。① 在感性消费时代,体现自我、张扬个性是人们的一种人生追求和价值体现。

案例分析 2-9:

体现自我、张扬个性的广告语示例:
1. 不走寻常路。(美特斯邦威)
2. 我的地盘听我的。(动感地带)
3. 我喜欢我选择。(安踏)
4. 做想做的事,用心去生活。(上海 SMG 中心)
5. 我能,无限可能。(匹克)
6. 穿什么就是什么。(森马)

二、"小资"意识凸显——诱导消费的美好背景

伴随着市场经济体制的不断成熟和全球化时代的推进,关于日常生活的平民叙事已经不能满足消费主义盛行时代下消费者的文化需要,物质生活的高要求、现实欲望的不断扩张使得日常生活叙事的另一个部分——张扬"小资"趣味的叙事日渐凸显,成为 20 世纪 90 年代中期以来大众文化不可忽视的另一个重要层面。

(一)"小资"意识形态概述

当下流行的"小资"一词实际上是指"一种生活情调、生活品位,在这种情调与品位中,渗透着对生活和生命的一种感悟和理解……小资是人所处的一种状态或情境。这种状态和情境具有生存论的意义。此状态与情境必须具有浪漫的质素,诸如感伤、优雅、个性化、温馨、想象、爱等。"②"小资"意味着精致化的品位与情调,意味着浪漫。在中国的具体语境下,它的经济含义倒不那么重要,但其文化含义被放大凸显出来。从意识形态的视角看,所谓"小资情调"涉及日常生活的方方面面,从服饰、图书、电影、饮食等衣食住行到文化娱乐活动、生活方式,到处都流行着"小资"标准和模式。③

下面是一个抽样调查,力图从中更细致、清晰地了解电视广告文本中弥漫着的"小资"意识。

---

① 〔奥地利〕西格蒙德·弗洛伊德:《自我与本我》,林尘、张唤民等译,上海译文出版社 2011 年版,第 115~116 页。
② 包小光:《小资情调——一个逐渐形成的阶层及其生活品位》,吉林摄影出版社 2002 年版,第 29、34 页。
③ 李炜:《中国大众文化叙事研究》,华中师大出版社 2010 年版,第 64 页。

案例分析 2－10：

2009年《中国广告年鉴》电视广告叙事表现分析表
（信息、通讯服务、数码用品类）

广告产品	叙事背景	叙事主体	叙事情节（表现）	叙事语言
1.全球通（服务篇）	家中、高尔夫球场、俱乐部、机场等	某成功男士	休闲中、旅行中、登机中等	领享快意人生，更多优势体验 中国移动通信，全球通
2.中国移动通信（原始人篇）	到陌生地旅行	一对远古夫妻	旅行中遇到各种困难的情景	需要帮忙吗？12580，食、住、行我帮您！12580——按我帮您！中国移动通信
3.中国联通（形象篇）	浙江玉壶、台州、杭州、绍兴、温州、嘉兴各地，不同的运动员在运动	各类普通运动员	各类普通运动员在做运动，一起登上第一名的领奖台，用手机打电话	联通中国，联通梦想，联通胜利。让世界听到中国的声音。联通世界，赢在中国，中国联通
4.CSL 1010（加班篇）	工作室内、酒吧里工作	两位白领女青年	一位在夜间加班忙碌，另一位则在酒吧聊天中就把工作做好了	在乎，您所在乎。最好，尊为最好
5.中华电信（面试篇）	在家中	家庭主妇、孩子及"管家"	主妇、孩子与"管家"交流	让每个家人都是电视的主人，超完美管家。中华电信 MOD
6.淘宝网（女白领篇）	在家中	某女白领和一男士	讲述自己花钱的精明，男士说让钱更超值的理财方法是上淘宝网购物	淘！我喜欢，淘宝网
7.阿里巴巴（杨小卉篇）	在夜间加班	杨小卉及员工们	杨小卉为了完成意大利客户订制的童装，从阿里巴巴网上进行采购	上网采购，阿里巴巴
8.商机网（邂逅篇）	大街上相遇	范伟与某成功男士	两位男士在大街上邂逅，其中一位惊讶老同学的发达，同学说："二八。"	28,28,咔咔就是发
9.联想（航天篇）	数控中心工作情景	数控中心的工作人员	数控中心紧张有序地工作中	2200场赛事，我们将赢得每一场胜利
10.SONY（Keeping Up篇）	家中、飞机上、休闲中、工作中、路上、车上	一位女性白领	一位白领女性无论在什么时间、到什么地方都拿着笔记本在工作	索尼 VAIO SR 系列，给你随时切换生活节奏
11.英特尔（盗贼篇）	一个明媚的春天里	一个男性练武人	男性练武人飞身进入某人家，看见桌子上一个旧式电脑，于是他又跳墙而出，拿起自己的电脑	笔记本电脑，只要英特尔迅驰
12.步步高（音乐旅行篇）	在大街上、小火车上、大海边等不同地点	宋慧乔	在不同的地方，宋慧乔享受她的音乐手机带来的快乐	完美音质，步步高音乐手机

续表

广告产品	叙事背景	叙事主体	叙事情节(表现)	叙事语言
13.佳能 (生日篇)	一对情侣在家里过生日	一对情侣	幽暗的房间里,餐桌上一份生日蛋糕前,女人在许愿,男人在录像。男人让女人吹蜡烛,记录下这一时刻	HG10高清硬盘摄录机
14.奥林巴斯 (电车篇)	在都市中	一对年轻男女	一对年轻男女各自拿着相机在都市中不时拍摄,由此,两人开始了相遇、相识、相恋的美好故事	你和我的奥林巴斯

(资料来源:刘立宾、丁俊杰等主编:《IAI中国广告作品年鉴·2009》,中国传媒大学出版社2009年版,第2～70页。)

在以上这十几则广告中,地点、人物、情节等内容都体现出"小资"的情调,现代的城市、繁华的街区、时尚的家庭、漂亮的男女、流行的穿着等,无处不显示出浪漫、快乐、轻松的情调,营造出一种感性化、理想化的消费心境,充分表现出电视广告在呈现日常生活现实的同时,又放大了人们在日常生活中的梦想,即电视广告文本中的两个叙事层面:日常生活层面(家中、工作中、大街上、休闲中等)和日常生活的梦想层面(成功、白领、名人、舒适环境、高档生活、时尚品位等)得以完美结合,旨在一方面将产品投放到受众的日常生活中去,另一方面又点燃了超越日常生活的梦想,即通过叙事方式把受众带到一个似真(日常生活)似幻(日常生活的梦想)的世界中,并以此得到大众的意识形态认同,顺利达到刺激大众消费欲望的目的。

(二)"小资"意识形态的社会影响

作为大众传播中不容忽视的部分,电视广告所传播出的"小资"意识形态对社会发展有一定的影响。

1.从经济意义上看,有刺激消费的效应和市场功效

电视广告作为一种经济手段和营销方式,它的目的性和功利性不容忽视。因此,在对这种"特殊"的影视作品进行批评时,就不能对其经济效应和市场价值视而不见,相反应该根据电视广告这一本质属性将其市场意义放在批评的首要位置。

从上述电视广告案例中可见,这些广告从创意到表现都非常重视对品牌的宣扬,重视对消费者心理的刺激,如轻松的生活环境、时尚的生活内容、流行的生活情调等,无不让人心仪向往,从而达到刺激消费心理的目的。从这一点上讲,这些电视广告的市场意义是值得肯定的。

2.从精神意义上看,带来了正面与负面的社会价值效应

从正面的社会价值效应看,是通过刺激消费欲望来激发人们为更美好的生活而奋斗的精神动力,能推进社会向前发展。从负面的社会价值效应看,在这类广告中,"小资"和中产阶级的话语空间建立并不断扩张,加重了急于奔"小康"的人们的困惑和焦虑。不可

否认,过于奢华、物质化的叙事画面会给人们带来浮躁、焦虑、不平衡、亢奋等情绪,这是一种不断强化人们仇富、仇官等不良心理的行为,会给和谐社会的建设带来负面影响,促使许多人走向不正确的道路,这引起了很多社会学者及大众的关注。特别是对一个正处在发展中的大国来说,怎样处理积累与建设、长远规划和眼前享乐等之间的关系是关乎个人、家庭和社会的大问题。

总之,电视广告不仅仅是经济手段和营销方法,它对社会文化和个体的心理意识都有不容忽视的影响,是建构和展示大众文化的重要方式。因此,对其叙事中所传递出的"小资"意识要有一定程度的掌控,即在展示对生活的享受、对生命的张扬、对情感的体验、对时尚风潮引导的同时,多一些对大众的心理激励、对其积极生活态度的肯定和对其行为的指导,少一些过于炫富、过于高傲、过于轻蔑生活的态度。如有些电视广告因刻意追求刺激消费的心理效应常用这样的广告语:"拥有××,你就拥有了全世界!"画面配以香车、美女、豪宅,这不仅传递出一种崇尚极端物质主义的价值观、世界观,也降低了电视广告的文化层次和内涵,并极有可能使那些不富裕的人们,如农民工、青少年、无业游民等产生一些诸如仇富、怨命等悲观愤世的消极情绪,从而给社会带来隐患。我们在许多法制节目中看到过不少这样的案例,不能否定广告传递的一些不良思想对此负有一定的社会责任。所以,广告人应该顺应社会主流文化态势,谋求经济效益与社会效益的共赢,既要把广告营销的意义和目的放在首要位置,又要立足于更高远的社会文化建设意义去建构广告文化的内涵,如雕牌洗衣粉的一则广告中,用小孩子帮妈妈洗衣服的叙事情节,表现出一种感人至深的亲情,虽然广告中也有一些不尽如人意的地方,但总的思想导向是值得肯定的。因此,更好地把营销意义和充满正能量的意识形态融合在叙事中,是今后电视广告努力的方向。

三、电视广告叙事中表现意识形态的方式

多样的意识形态是通过多样的广告叙事来表现的。只有对这些方式方法有所认识,才能更好地理解其意识内涵,并灵活掌握不同表现方式的作用效力。

(一)语言及画面叙事

电视广告中意识形态的传达以语言为主要元素,画面给予辅助,概括地说主要有以下几种情况:

1. 隐含叙述者表达

隐含叙述者表达即广告主的自我陈述,画面只是为了配合叙述的需要,处于陪衬地位。本来这种方式最简单明了,但为了削弱其商业气息,在叙事语言上都要进行认真加工。如下表所示:

案例分析 2－11：

电视广告中隐含叙事者表达方式示例

广告名称	叙述者及类型	叙述的主要语言	意识形态（主题）	叙述的主要画面
1.格力（双级压缩机篇）	格力告白式陈述	格力发明双级压缩机，改写百年空调历史，-30度至54度强劲制冷热，让空调进入新时代。	科技领先	1.动画式压缩机画面及双级压缩机图。 2.分栏镜头：上面是雪山，下面是水、沙漠，前景突出空调机。 3.字幕：让空调进入新时代。 4.格力空调LOGO及广告语"掌握核心科技"。
2.志高（节能篇）	志高告白式陈述	节能改变世界，志高三超王空调跨越节能巅峰，刷新世界能效比。节能惠民领先，节能空调选志高。	节能惠民	1.柜式空调机中间的出风口飘出许多绿叶。字幕：能效比、静音、空气净化刷新世界纪录。字幕：三超王。 2.草原上的发电风车、远山、空调、绿叶等，字幕：超高能效比7.4，省电40%。 3.绿叶飘向高楼耸立的城市。字幕：国家出口免检企业。 4.城市远景，字幕：品质保证，零配件终身免费更换。 5.国家节能惠民指定产品，一级能效300多个产品中标，居行业首位。
3.伊利（奶源篇）	伊利告白式陈述	锡林郭勒、呼伦贝尔、新疆天山，伊利三大黄金奶源基地凝结天地精华，浓、香、纯，自然融在嘴里。	产品源于自然，更值得选择	锡林郭勒、呼伦贝尔、新疆天山的美丽风景；可爱的小男孩端着大碗喝新鲜的牛奶，唇边留下奶沫……
4.蒙牛（现代牧场篇）	蒙牛告白式陈述	这是自然的生态，也是我们的草原，这是全球的精选，也是我们的珍宝，这是国际的智慧，也是我们的坚持。中国绿色生态草原。	天然与现代同在的牧场是优质奶品的保证	流动的蓝天、白云下的草原，奶牛成排行进在草原上、机械化养殖场内；草原上空呈现出奶牛形状的白云……
5.比亚迪F3（美形篇）	比亚迪F3告白式陈述	动静有致，内外兼修，寓美于形。	外在的美观与内在的品质同在	比亚迪F3不同角度的画面，行进中的产品……

叙述者自我表达方式的主要优势在于，以"主人"的身份让消费者感受信息传达的准确性和权威性。但从目前此类广告叙述者语言的主要内容来分析，可以看出其中存在一些问题会影响到此类广告的效果。

一是语言的雷同化。许多电视广告的叙事基本上还是没超出最原始的告白式内容，尽管是"科技领先""节能惠民""自然更值得选择"等不同的主题，但叙述的内容大多还是诸如"世界领先、开创新时代、质量第一"等，不过是过去"质量三保、誉满全球"的新版本，内容缺乏新意和创新，极易使受众厌烦和忽视。

二是画面的拼凑化。主题虽然不同,但画面仍是相近的拼凑:产品加风景加设备(动画版)加人物开心画面等,没有突出不同主题的特色画面内容,无法很好地完成创意的传达。

2. 叙事模特(可见叙述者)表达

以广告中叙事人物的表达为主要镜头设计,其中以明星代言为多,表现方式有三种:

(1)明星出演并以其自己画外解说的方式表现,即解说代言式。

(2)明星直接在广告中演出并加入自己的表达,即明星自述式。

(3)明星及画外音(解说)都在陈述主题,即混合式表达。

另外,还有一种形式是以动画形象为模特来表达主题的。

案例分析 2-12:

电视广告叙事中明星(可见叙述者)表达方式示例

广告名称	叙述的主要语言	叙述的主要画面	意识形态(主题)	表达方式
1.格力·家用中央空调篇	每次出差很喜欢五星级酒店的感觉,就像我家的格力家用中央空调。格力家用中央空调,让我得到五星级的享受。精品空调,格力创造。	某位男明星在昏暗的路灯下走向一家豪华大酒店。在酒店中想象着回到了自己装有格力家用中央空调的家中。	格力家用中央空调:五星级的享受	解说代言式
2.衡水老白干·男人味篇	行多久,方为执着。思多久,方为远见。时间给了男人味道,衡水老白干喝出男人味。	胡军不停地行走着:在沙漠、在海上等画面。	时间验证男人味	解说代言式
3.巴黎欧莱雅·范冰冰篇	爱上巴黎欧莱雅,炫亮凝养唇膏,凝养配方,双唇更莹润饱满,闪耀炫亮光泽,如此滋润,如此闪亮。	范冰冰使用产品的多角度画面。	炫亮凝养唇膏是名人的选择	自述代言式
4.卡尼尔·刘亦菲篇	刘亦菲自述:"肌肤问题各种各样,真想把烦恼都甩掉。""能护肤的 BB 霜来了。"画外音:"卡尼尔首款护肤 BB 霜,天然植物加护肤精华调出超自然 BB 霜。质地轻盈无负担。"刘:"BB 一下,十效合一,肌肤自然无暇,肤质还越变越好。"	刘亦菲表现出对肌肤各种问题的烦恼;绿色植被及展示产品成分的动画。	超自然 BB 霜,护肤更好	混合表达式
5.康泰克感冒药·治愈篇	画外音:"嗨!打喷嚏、鼻塞、流鼻涕,感冒烦事甩不掉。"在男士身旁说:"对付感冒,要快。"接着说:"更要时刻刻持续稳定、有效。不给感冒留机会。"	一个在工作室内上班的男士感冒了,鼻子上有一个塞子。动画胶囊形象出现边说话边把男士鼻子上的塞子去掉并扔到垃圾桶里……广告语字幕:"不给感冒留机会。"	药效快并持续有效	动画模特表达

以上这几则广告叙事的代言人使用了不同的表现方式,但其功能都是展示产品,阐释意识形态,激发受众欲望和引导消费。

总之,这种表达方式在叙述者陈述式表达的基础上加上了明星代言的渲染,强化了主题意识的宣传,对受众的冲击力会因明星效应而快速增强,同时也削弱了叙述者自述的商业性和王婆卖瓜的嫌疑,能更好地与受众进行沟通,以得到认同。

目前,电视广告中这种类型的表达方式存在如下问题:

1. 同质化严重

画面中的内容多是拼凑的,关联性不强,既没多少情节,也没什么悬念和创意能引起受众的关注和兴趣。如化妆品类广告,多是明星代言,画面则是炫丽漂亮的身材和白净的肌肤,其实本来明星就是靠这些"天然资源"成名的,没法让受众相信。语言上更是相差不多,都是描述自己使用产品后光彩换肤的效果,这基本上没什么可信度和感染力,属于自说自话。

2. 明星代言产品过多,失信于受众

一个明星代言多个产品,再有影响力也会受到人们的质疑:难道这些人真是什么产品都了解得很清楚?什么产品都会亲自试用?广告多是国产的商品,有几个明星还在用国产商品都是个问题,这些明星的可信度已经在多次的代言中被降到很低的层次。

显然,这类表达中的问题对广告主旨的传达产生了负面效应,使广告很难达到预期效果。

(二)叙事画面和广告语干预表达

在电视广告中画面是主要的叙事内容,字幕是表现和强化叙事的主要内容,广告语最后点明叙事主题,这三个主要叙事元素相互配合完成叙事。

其中画面多为产品或企业的空镜头,或有模特出现但也是陪衬,没有话语干预。

案例分析 2—13:

中国农业银行电视广告

叙事主题:中国农业银行伴你成长

主要叙事内容:

背景音乐中,一个人在路上跑着、飞机在天上飞着、水中倒映出现高楼大厦和一棵枝叶茂密的大树、一株小苗破土而出。

主要叙事话语(字幕):你想跑多快、你想飞多远、你想建多高、梦想是成长的潜能,伴你成长,中国农业银行。

这则电视广告叙述的主要意识内容就是如果有梦想、要成长,中国农业银行会支持你。这个信息的传达主要是依靠字幕和广告语的作用,画面只起辅助作用,提升广告的可视性。

这类干预模式在目前的电视广告叙事表现中使用频繁,我国几家银行都做过类似的广告,如中国银行的"止,而后能观"、兴业银行的"赤道银行"、中国建设银行的"善者建行"等。但表现效果一般,主要缺点在于虚、大、远,画面、字幕和广告语之间的关联性差,有时与产品或企业的关系也不是十分明确,再加上一些说着很美、听着很"高雅"的话语,受众往往不知所云,广告的效力可能还不如直接叫卖的好。这也说明这类广告叙事在表达上还是存在不妥之处,模式本身没问题,只是广告语、叙事话语(字幕)、画面三者怎么更好地与产品、企业、受众关联起来,这是最值得考虑的,也只有这样才能把这种模式运用得更好。

当然,除了这些常见的传递主题意识的叙事方式外,电视广告将会在不断创新中发现更多更好的方式。

第四节 电视广告叙事中意识形态的时代背景

电视广告叙事中意识形态的表现是受许多因素制约的,其中最主要的是时代背景因素。概括地说,主要包括以下几个方面:

一、感性消费时代的到来

感性消费是指消费者购买商品或利用服务的目的在于通过消费满足某种心理倾向。感性消费是相对于理性消费而言的,两者的区分就是消费目的的不同。理性消费注重从"物"即商品或劳务本身的功能、质量、价格等因素得到满足;而感性消费更注重感性满足,如感官的享受、情感的体验、风格的展示、精神的愉悦和个性的张扬等。感性消费时代的到来是生产力发展的必然结果,是社会进步的重要标志。在这个时代人们购物时会在商品质量得到保证的前提下更多地考虑它的附加价值———时尚性、文化品位、精神内涵等,即"消费并不是通过把个体团结到舒适、满足和地位这些核心的周围来平息社会毒症(这种观点是与需求的层次理论相联系的,并且只能回到一种抽象的希望上去,即人们重归极端贫困状态以迫使他们进行反抗),恰恰相反,消费是用某种编码及某种与此编码相适应的竞争性合作的无意识纪律来驯化他们;这不是通过取消便利,而是相反,让他们进入游戏规则。这样消费才能只身替代一切意识形态,并同时只身担负起整个社会的一体化,就像原始社会的等级或宗教礼仪所做到的那样。"[①]

感性消费时代的消费心理特征,主要有以下几个方面:

---

① 〔法〕让·波德里亚:《消费社会》,刘成富、全志钢译,南京大学出版社 2001 年版,第 89 页。

1. 感性满足成为消费的重要理由

感性的满足主要是指刺激引起感官的舒适、适应和兴奋、激情等积极的情绪反映。在感性消费时代,人们消费时更加注重这种感官是否得到满足以及满足的程度如何。如日本电通研究会会长曾经调查过消费者在使用电子产品时"所期待的感受",其结果是四个字即"轻、我、华、鲜",其中"轻"是轻快感;"我"是指从消费中寻求能体现自我价值、实现自我表现和具有自我满足感的商品;"华"即潇洒感、富裕感,是指那些能表现社会地位、满足潇洒风度感受的商品;"鲜"即新鲜感、健康感,是指有利于调节内心情绪,适应现代社会节奏的商品。消费者这些感性的满足都是要通过电子商品的设计、材料、工艺、款式等来得以实现的。

2. 情感需要成为消费的主要目的

情感是人的需要得到满足时的内心体验,如喜、怒、哀、乐等;也有一些高级情感,如道德感、理智感和美感。在感性消费时代,消费者的心理要求已明显地从重视商品的"机能价值"走向重视"情感价值",这也是社会发展和商品极大丰富的必然结果。人们购物时越来越受情绪和情感的影响,"喜欢,还需要理由吗?"成了当今消费者的口头禅。美国有家生产鞋的公司推出了一系列情感鞋,有男性情感鞋、女性情感鞋、野性情感鞋、轻盈情感鞋等,市场效应还不错。

3. 张扬个性成为消费的必然要求

个性是一个人适应其生活环境独特的行为方式。感性消费中的"感性"就是指消费所依据的标准是消费者自己的感觉,即同一个商品给消费者的感觉是因人而异的,它影响着消费者的决策。在对消费者的感觉产生影响的诸多因素中,个性是起关键和主导作用的因素。由于时代的发展给人们提供了更广阔的生活空间,市场的繁荣也为人们准备了充分选择的条件,张扬个性已成为人们的必然要求,强调消费的主动性、主体性是感性消费的一个重要特征。"我喜欢,我选择""炫出真我"等消费口号的提出就是最好的说明。

4. 追求时尚成为消费的根本内容

时尚即流行,是由一定社会文化衍生出来并获得社会性认可的,反映具有特定时代形式内容特色的心理追求。也就是说时尚本身是一种时代感的体现,在社会发展的带动下,消费心理的稳定性越来越差,取而代之的是求新、求变心理。追求时尚不落伍、体现前卫不保守已是消费者感性满足中一个不可或缺的内容。[①]

没有理性的思辨,不需要内省的精神静穆,现代人消费的直接动机就是开心、好玩,

---

① 宋维山,孙会:《感性消费时代的消费心理分析和营销对策》,《经济论坛》2006年第8期,第106~107页。

即所谓的开心就好。在这种时代背景下,电视广告叙事必须突出感性冲击,提出更明确的感性消费理念,将意识形态更显性地表现出来,重新建构消费理念,从更感性的层面凸显消费的意义。

二、注意力时代和世界图像时代的到来

工业文明的形成和发展导致了生产过剩,生产过剩带来的变化之一是竞争目标的转移,从生产不足到生产过剩导致竞争目标从直接经营商品转变为经营注意力,谁想要卖掉商品,谁就要争取到大量的注意力。进入信息社会以后,信息量的爆炸发展导致注意力的相对短缺。

世界信息量以几何方式激增甚至难以量化,但全世界的注意力却是有限的。"信息量的爆炸发展和过剩打破了与原来注意力的比例,这两种供需结构平衡已经不存在,注意力资源相对缺少。"①英特尔前总裁葛鲁夫(Andrews Grove)说过:"整个世界将会展开争夺眼球的战役,谁能吸引更多的注意力,谁就能成为世纪的主宰。"大卫·奥格威也曾写道:"争夺消费者注意力的竞争一年比一年激烈……""消费者每个月要遇到价值10亿元的广告的冲击。……有3万种品牌的名字要在他们记忆中争一席位置,要是你想使你的声音越过这一片嘈杂,它必须极不寻常。让我们客户的声音在一片嘈杂声中为人们听到是我们的事情"。②

于是,世界图像时代在海德格尔的预言下如期而至,注意力资源的相对匮乏正是这个时代的注脚之一。费尔巴哈(Feuerbach)认为这个时代重图像甚于事物,重复制品甚于原作,重表现甚于事实,重现象甚于存在。他抱怨社会的主要活动之一是生产和消费形象,威力无穷的图像左右了我们对现实的要求。这些评述从反面也印证了我们时代的特点,现在,无论是平面印刷出版物还是新旧电子媒体,无论是户外广告还是日常记录的手段——图像已经作为一种感知事物和认识事物的常见方式,进入了家庭和个人生活之中,并且与个人的精神生活相关。在这个时代(也许正是因为注意力经济的引导),视觉方式以更加明显的方式凸显出来,人可以通过看来感知并理解世界,看与被看都是与眼球、注意力相关的事。虽然内容为王的概念是互联网产业发展到一定阶段的产物,是相对于整个新媒体的兴起而言的,但是就狭义概念而言,内容为王适用于任何一种媒介形式。③

这种以争夺注意力为基本目的的经济现象直接促使广告作品朝新奇的方向发展,这种寻求新奇的趋势直接体现在广告作品的直观面上,即视觉效果上。"因此,可以说当代

---

① 赵加积:《信息时代的"注意力经济"》,《人民日报》2000年9月18日,第11版。
② 〔美〕大卫·奥格威:《一个广告人的告白》,林桦译,中国友谊出版社1991年版,第87页。
③ 张萍:《关于台湾意识形态广告的研究》,中国知网,论文第25页。

的商业竞争特征决定了广告必须强调视觉美学,而意识形态广告走在了这种视觉美学潮流的前沿。在现代社会语境中,消费社会提供给受众的不仅仅是对必需品的正当性需求,更多的是与其思想、欲望相吻合的某些意义或概念。用鲍德里亚的话说,"在某种程度上,消费唯一的客观现实正是消费的思想"①,而意识形态广告正是这种思想的凯歌。②

由于处于感性消费和图像时代,人们对影像媒体的接受已经是最主要的接受意识形态的方式,而占这种媒体播出资源很大比例的电视广告,就是传递多种意识形态内容和影响受众意识的载体,其特点就是层面化、消费化和感性化,这是由时代背景特色决定的。

第五节 电视广告叙事中的意识形态批评

阿尔都塞曾说过,尽管经济与政治是决定社会主体的最终力量,作为各种表达系统总和的意识形态却是这二者发生作用的终端和媒介。社会主体更直接地为表达系统所建构,因而也由意识形态塑造而成。意识形态所拥有的对社会主体的这种话语霸权,具有无所不在的强大渗透能力,最终将全面地影响社会主体的价值抉择、生活哲学、观点信仰与审美情趣。而这种意识形态一旦生成,便具有强大的稳定性,很难被轻易动摇。对于广告人来说,这当然是一个极为便利的顺风船,搭上这艘快船,借助已有的意识形态,广告主便能事半功倍地完成对商品的推销。这便是现实社会中广告人常将广告"勾兑"以种种价值抉择、生活哲学、观点信仰与审美趣味,包裹以意识形态糖衣的真实原因。③ 而我国电视广告叙事所使用的意识形态糖衣是我们进行批评的重要内容。

一、对意识形态表现内容的批评

电视广告叙事文本中所表现出的意识形态内容很丰富,有许多理念、思想和观点,并反映出一些共性的特质。

(一)商业电视广告内容单一

目前,商业广告的水平仍停留在销售的层面上,对广告叙事文本中的意识形态重视不够,而且主要内容多是提倡消费、促进销售,即广告叙事文本还是在产品物质意义的层

---

① 〔法〕让·波德里亚:《消费社会》,刘成富、全志钢译,南京大学出版社2001年版,第228页。
② 张萍:《关于台湾意识形态广告的研究》,中国知网,论文第25页。
③ 李思屈等:《广告符号学》,四川大学出版社2004年版,第168页。

面上与受众沟通,很少能使意识形态独立出来,形成有特色的意识形态广告。这样单一地体现其商业性,就很难形成有特色的意识形态广告。

案例分析 2—14:

2013 年 12 月 15 日 19:35—19:45 北京卫视所播出的电视广告

广告名称	叙事主题	意识形态分析
1.健达巧克力·好吃营养篇	好吃又营养、孩子喜欢我放心	1.好吃又营养——明显是表达产品品质的意识,以让受众理解。 2.孩子喜欢我放心——家长对孩子喜欢的东西表示放心,但这种意识本身就不正确,孩子没有判断力,而以他们的好恶来进行价值判断是很荒唐的。
2.巴黎欧莱雅·李冰冰篇	你值得拥有	拥有就是消费,这是明显的提倡消费的意识形态。
3.加多宝·过年篇	过吉祥年,喝加多宝	提倡把产品放入过年消费的意识,目的还是促进销售。
4.美汁源·阳光篇	喝得到的阳光健康	以产品品质特点(吸收充分阳光)提倡健康消费意识。
5.正宗牛栏山二锅头·王刚篇	正宗二锅头,地道北京味	以产品品质特点(正宗)构建消费意识。
6.红星二锅头·如果感到高兴篇	超越经典,有点柔	以产品品质特点(经典、柔)构建消费意识。
7.舒肤佳·去除十大细菌篇	去除十大细菌,十全保护	以产品品质特点(除菌功效)构建消费意识。
8.胡姬花小榨花生油·儿歌篇	可被传承,难以超越	以产品品质特点(古法传承)构建消费意识。

从上表随机抽取的商业电视广告来看,意识形态集中在提倡消费、促进销售上,虽然也有一些其他的观点,但都不如"消费"观念强大,广告叙事中所表现出的意识形态大多还处于产品品质的层面,高水平、有内涵并有自身特色的还很少。

(二)商业电视广告内容特色"小资化"

商业广告表现出的意识形态的内容特色更多的是"小资化",其可信度和感染力较低。关于这一方面前文中已有分析,在此不再赘述。

(三)公益电视广告内容不够丰富

专门传输正确观念、树立正确意识形态的公益电视广告平台是不是会表现出另一种特色呢?下面以 2013 年公益类电视广告作品(部分)为案例进行分析,如下表:

案例分析 2－15：

2013 年公益类电视广告作品（部分）

广告名称	叙事主题	主要叙事话语及情节	意识形态分析
1. 爱的表达式	有爱就有责任	高大魁梧的爸爸遮风挡雨，温柔贤惠的妈妈相夫教子，渐渐我长大了，少不更事的我总想挣脱爸爸的束缚，屡次顶撞唠叨的妈妈。长大的我渐渐体会到了生活的艰辛，发现爸爸已经驼背，妈妈的身材也已臃肿，是时候尽一份子女的责任，悉心呵护这家，做父亲贴身的拐杖，给他一个依靠的肩膀，给母亲撑把庇护伞为她遮蔽盛夏的骄阳，爸爸妈妈我爱你们。有爱就有责任。	从出生到长大，父母以不同的方式付出了无私的爱，他们老了，自己也要给予父母爱的回报。所以爱是一个人成长、一个家庭存在的根本所在，有爱就有责任，承担家的重任，承担赡养父母的义务，表达对父母的爱。
2. 瓷娃娃	我们的爱不脆弱	他和我不一样，我觉得家是温暖的，他说家是危险的，我觉得床很大很软，他说床是伤害。他和我不一样，我觉得现实丑陋坚硬，他说生活其实很美很脆。像一个瓷娃，这美丽的名字是别人的万分之一，却是自己的百分之百。他和我一样，渴望一个拥抱，而他却无法承受一个热情的怀抱；他和我一样，渴望一个眼神，却找不到一种平视的目光。其实我们一样脆弱，还好，我们的爱不脆弱。	用普通人的目光和心理去理解瓷娃娃的脆弱和心声，诉说出要用"不脆弱的爱"帮助脆弱的瓷娃娃生存下去，即用爱去帮助那些不幸的人们。
3. 老爸的谎言	老爸的谎言你听得出来吗？多回家看看，别爱得太迟	爸爸打电话总是说："闺女呀，我和老朋友出去玩了，然后我们一起排节目，挺忙的。没问题，挺好的。我吃得饱睡得香，一天忙到晚，一点都不闷。你妈出去跳舞去了，没在。没事，挺好。没事，没事了，你放心吧。你呀，好好工作，不要担心我们俩，你就挂了吧。"画面表现情节是父亲很孤独，经常一个人发呆，母亲又生病住在医院，他还要去照顾，回到家也很冷清。	父亲为了让儿女安心工作总是编织谎言，说他们过得挺好，而这些谎言儿女们常常无法听出来，因为那是他们的肺腑之言，是出自他们真心的爱的谎言，所以常回家看看，不要让谎言耽误了自己对父母的爱的表达。
4. 打包篇	父母什么都忘了，但不会忘记对子女的爱	不知道从什么时候开始我爸的记性就越来越差，冰箱在哪儿，厕所在哪儿？刚刚做过的事他都忘了。他不记得他刚刚吃过饭，有时走到门口，他都不记得这是他的家了。有一天中午我带他到餐厅吃饭，我爸发现盘子里有两个饺子，他伸手拿起饺子就揣进自己兜里，这时饭桌上的人们都露出很吃惊的表情，儿子很恼火地说："爸，你这是干嘛呀？"老爸回答说："这是留给我儿子的，我儿子最爱吃这个。"他忘了很多事情，但他从未忘记爱你。	父母对子女的爱已经刻入他们的骨髓，即使他们得了像老年痴呆症这样的病，也不会忘记对子女的关爱。
5. 隔离的键盘	人手一键盘，亲情被隔离，别让键盘把你和家人隔离	中国网民多达 5 亿，许多人沉迷网络而与家人疏远。人手一键盘，亲情被隔离。依据这些真实家庭的人物形象，塑造了百余个形态各异、栩栩如生的 9 厘米高人物雕塑，重现每个家庭过度使用电脑的情景，并将这些家庭的人物雕塑放置在长短不一的封闭玻璃罐中。装着人物雕塑的玻璃罐被分布成长约 5 米的巨大键盘，如同一个个真实的家庭被隔离在按键中。每个按键中的人物都有一个被隔离的故事。别让键盘把你和家人隔离。	过度使用键盘，把大量的时间和精力放在电脑上，使每个人处于隔离状态，甚至疏离了亲情，空间距离虽近在咫尺，心理距离却相隔天涯。关注亲情，多一点时间给亲人。

续表

广告名称	叙事主题	主要叙事话语及情节	意识形态分析
6.不变的承诺	承诺是一种信念，要用心去守护和坚持完成	承诺是什么？这是一个真实的故事。2003年秋。解说："他叫罗松山，一个送啤酒的打工仔，在这间出租屋里他和一起进城打工的未婚妻已经住了三年，当初答应给她的大彩电还未实现，但另外一个承诺他却不愿拖欠。一年前，他看到报纸上登出打零工养活4个孩子的报道，他找到了报道的记者说：'看到报道我心里特别难受，开封的四胞胎太可怜了。我想帮帮他们，这是我的倡议书还有捐款。我想再找十一个人，我们组织成一个十二人组，这样每人每年给他们400块钱，每个月就有400块钱的生活费。'记者说：'我要把你的倡议书登出来，让大家一起来帮忙。'在罗松山的倡议下，打工仔组成的爱心联盟成为四胞胎的生活保障。2003年一场突如其来的'非典'让很多事发生改变，爱心联盟中断了，但他心里的承诺从没有间断。他再次来到报社表达自己一定要信守承诺的决心。'非典'一过他拼命打工，拼命赚钱，就是为了补上捐款。"	承诺一旦发出，就要用心去完成，不论遇到怎样的困难，信守承诺是用心承担起的一份责任，就要用心坚守直到完成。
7.爱是所有	妈妈的爱就是所有，感谢她赋予你的所有	儿子独白："我不明白为什么人家18岁可以穿着校服，我不明白为什么别人的早餐可以是牛奶和面包？我不明白为什么别人的生日可以被妈妈牢记。"一个年轻人，他的父亲已经去世，母亲和他一起摆水果摊维持生计，儿子困惑自己的不幸，抱怨母亲没有给自己带来优越的生活条件。而母亲在尽心尽力地用她的方式，用她能做到的一切爱着他。最后，他终于明白了：妈妈的爱就是我的所有。	虽然出生不能选择，但每个母亲都在尽心尽力地爱着自己的孩子，她们用心去做到最好。当我们明白这一切时，要用心去珍惜自己拥有的这份爱，而不是去抱怨那些没有意义的东西。

这些广告的共同特点是倡导的意识观念非常明确，多以社会关注的话题为主题，表达的叙事方式采用了选取真实的生活片段，以平凡人生活中的平凡事来提炼出平凡但重要的意识形态命题，如对父母的关爱、对承诺的坚守、对弱者的救助等，这些都是直接针对当今社会上忽视关爱老人、不守诚信的现象而言的。但从内容和选题上看，公益主题选择面还是单一，在选取的一年当中能引起社会反响的7个广告中，只有一个是讲诚信的，一个是讲特殊弱者的，其他全是孝敬父母和关注亲情的。其实公益的话题应该再宽泛些，这样才能有更好的社会效应。

二、对意识形态表现方式的批评

电视广告叙事文本的表现方式也是它展示意识形态的方式，从具体的案例分析中可以看出，它的表现方式有如下特点：

(一)表现方式同质化和单一化

案例分析 2—16：

儿童奶粉的系列电视广告

广告名称	叙事主题	主要叙事视听内容	意识形态表现方式	意识形态内容
1. 贝因美·冠军宝贝篇	想做冠军宝贝,就要喝贝因美奶粉	一个走路不稳的小孩,自己在练哑铃、拳击,并抱着篮球投篮,没投进去,他就去推来一大块积木,然后站在上面就把球投进去了。画外音:想做冠军宝贝就要喝贝因美。它只为中国研制,很适合我们的体质。	1.虚拟儿童的动作。2.以他们自己的口吻独白叙事,来表达对产品的理解和信任。	想让宝贝获得成功就应该给他们喝专为中国儿童研制的奶粉。
2. 惠氏·张学友篇	智学高表现的产品	在亲子才艺秀的舞台上,一个小孩在拉小提琴,张学友在弹钢琴,画外明星说:宝宝眼脑发育好,才能学更出色。解说及动画:惠氏精装新配方,S—26智学因子,DHA加至5倍,提升胆碱、叶黄素,宝宝观察思考好基础。孩子在舞台上表演,台下的孩子们一片欢呼。张学友画外独白:"看到他好的学习表现,更看到他出色的未来。智学高表现。"	1.父子才艺表演。(实景)2.动画表现产品成分。	要让宝宝有智学高表现,就要选用这样的好奶粉。
3. 美赞臣·非凡篇	健康机灵,学得更非凡	一个小孩子穿着雨衣在雨中观察树上的昆虫。解说:让宝宝感觉到更多,头脑和健康一样重要。画面中宝宝在课堂上。解说:安儿宝A+,有原配方四倍以上DHA,还有健护配方。宝宝健康机灵,学得更非凡。	1.宝宝在雨中观察昆虫、在课堂上表现。(实景)2.动画产品成分。	想让宝宝既健康又聪明,就要选用多四倍营养成分的奶粉。
4. 飞鹤·飞机篇	让孩子智能与身体一起发育的好奶粉	在幼儿园里,孩子们都在纸上画画,老师说:"让我看看哪架飞机更好呀?"这时,只有一个小孩没画飞机而是拿出一个折好的飞机,画外音:"我的宝宝飞得更高。飞鹤幼儿奶粉,特有蕴含核桃油的智能核和富含核苷酸的体能核。双核营养群,脑力加活力,成长双动力。"字幕:给宝宝自己的天空。	1.动画与儿童动作结合。2.母亲画外音解说叙事方式。	让孩子身心健康,智能与体能都成长,就要选择有双核营养的奶粉。
5. 施恩BABY·健康保护篇	保护孩子身体健康	孩子在妈妈怀里开心的样子,(画外音)儿歌形式:施恩我爱你,宝宝成长全赖你,特有健康小卫士,健康保护全为你。每天身体棒棒的,爸爸妈妈乐欢喜。	1.儿歌形式叙事。2.动画产品成分。3.妈妈和宝宝开心在一起。	产品会使孩子身体好,让父母高兴。
6. 合生元·少生病篇	宝宝少生病,妈妈少担心	画外音:宝宝抵抗力下降,容易生病。合生元益生菌冲剂,法国进口制粉,提高了宝宝自身抵抗力,宝宝少生病,妈妈少担心,产品让父母省心。	1.宝宝画画。2.动画表现病和药效。	宝宝少生病,妈妈少担心。

在上表的 6 个广告中,叙事方式都包含儿童卓越的表现、产品动画成分与功效的展示、父母骄傲和开心、父母或儿童的独白等,模式基本是:

$$\text{孩子健康、聪明、出色} \xleftrightarrow[\text{结果}]{\text{原因}} \text{因为有好产品的使用} \xleftrightarrow[\text{结果}]{\text{原因}} \text{父母骄傲和开心}$$

而这些广告中的意识形态也是十分一致和简单的商业消费意识建构:要保证孩子健康、出色地成长就应该消费有各种营养成分的产品。其实,可以这样设想一下,如果抛开具体产品,广告信息极其相似。换句话说,就是这些广告都可以相互代替,没有什么个性和特色上的区别。无论是广告叙事本身还是产品定位,此类广告不仅无创意和效果可言,而且从意识形态层面上看,也只是最低水平的商品消费理念,最终如果能看到广告一点市场效应的话,就只是简单的叫卖效应和品牌重复的记忆效应了。

(二)虚幻化的特点突出

这一问题的详细阐释在前文中已有分析,在此不再赘述。

(三)公益电视广告在表现方式上有虚假成分,感染力不够

作为公益电视广告,重点就是感染力,但表现方式虚假可能直接导致感染力缺失。如上表中的"关爱父母"的广告,叙事的创意是通过表现在母亲的陪伴下一个人成长的过程来说明父母一直陪伴着子女成长,等到孩子们长大了,父母老了的时候,就要多关注父母,陪伴他们,不让他们感到孤独。但在叙事表现上有一个很明显的不足之处,即叙事背景一直都没有变化,开场时背景是远处写着横幅"向雷锋同志学习"并挂着雷锋的头像,还有小学生放学,表明地点是在学校附近,时间是 20 世纪六七十年代。但随着时间的推移,孩子渐渐长大,母亲也变老了,背景却依然没变,让受众搞不清楚叙事的情节和表达的主题,直到最后出现广告语,才会恍然大悟。可见,细节上的不精细会使整个广告传达的意识形态内容不清楚,并引起歧义,从而削弱了广告的感染力。类似的广告还有一些,这已经成为公益广告的通病。

综上所述,目前我国电视广告的叙事文本中所渗透的意识形态,不仅内容单一,而且表现方式简单化,许多有针对性、主流性、个性化的主题意识还没有受到足够的重视,也没有表现出来,这样就很难从意识形态的层面上实现与受众的心灵沟通、情感交流和观念分享。而商业化、模式化和低级化的意识形态突出,在很大程度上削弱了意识形态深刻的意义和价值,也使电视广告作为一个十分普及的叙事表现和意识形态传输工具没有发挥出更大的作用,其效果受到限制。因此,更好地利用这一具有普遍意义和影响的叙事平台来展示和推进主流意识形态的信息,从而为建构社会主义和谐社会作贡献,是广告人任重而道远的工作。

附:台湾"意识形态"广告透析

台湾意识形态公司的广告是比较极端地建构着一种意识形态的例子,为消费者提供了一种颇受争议的生活态度和价值取向。相对来说,时下的大多数广告的操作则更为安全和隐蔽,因而不会为人轻易觉察它的意识形态性质。事实上,不管是极端或是隐蔽,不管人们是否自觉,几乎所有广告人都已经熟谙将意识形态的策略引入广告的手法,而大众媒介的受众也前所未有地暴露在由广告编织的意识形态的世界里。

一、台湾意识形态广告公司简介

台湾意识形态广告公司成立于1987年,自创立至今公司创作人员始终控制在二十人左右,"虽然公司规模很小,在台湾却创造了人均承揽营业额最高的广告公司"。自公司成立以来,广告客户不多但是稳定,其中与中兴百货公司的合作超过了十六年,与东芝的合作超过十二年,与裕隆汽车的合作超过十年。"在相对于其他广告公司来说为数不多的广告作品中,获奖频频。意识形态广告公司曾登上龙玺广告大奖、时报华文广告奖、台湾自由创意奖、亚太广告节奖、戛纳广告节金奖等诸多广告奖项的领奖台。发展至今,仍然是少数在外商济济的台湾广告圈中占有一席之地的本土广告公司。"

那么,为什么取名"意识形态"呢?公司创办人郑松茂先生是这么说的:"广告是什么?它不是面对面的,它透过媒体影响人的态度,我当然指的是消费者的消费态度。为了能够影响,我必须了解你想些什么。我为什么能够了解?这不是单纯依靠调查数据,而是因为我跟你有一样的文化背景,有和你一样的呼吸。简而言之,意识形态广告公司的创立初衷有一种与国际4A公司对垒的意味,立足本土,了解本土对于广告创作和经营都是一种优势,意识形态就是要将这种优势发挥到极致。"

意识形态广告的创作风格可以从下面这则文案中窥见一斑:

没有禁欲的消费者,只有太清教徒的百货公司

没有不性感的脚踝,只有太冷感的凉鞋

没有不会放电的眼睛,只有抓不到重点的墨镜

没有平凡的表情,只有无法聚焦的化妆品

没有平庸的身体,只有不懂挑逗的服装

没有不冲动的本能,只有迟到的感观刺激

没有禁止进入的梦,只有想象力不足的床

深藏不露的购买欲重新复苏,中兴百货信义店全新开幕

意识形态广告公司在发展前期得到最多的认同来自于一部分消费者、一部分学者和媒体,还有一部分是学生。那个阶段经常被扣上"台湾最具争议的广告公司"这样的帽

子。"对于当时的台湾来说,受众在观念上还来不及接受意识形态广告公司的很多作品。"经过长时间的市场培育,以及台湾社会自身的发展,消费者以及广告商开始能够接受这种方式了。"之后,意识形态广告公司的成绩让业界刮目相看,其中最受追捧的是意识形态广告能够把广告创意与市场效果良好地结合起来,它成功地把司迪麦这一籍籍无名的品牌打造成名牌,把遇上瓶颈的既有品牌(如中兴百货)推上一线品牌。"

二、意识形态广告灵魂人物

(一)郑松茂

郑松茂,台湾意识形态广告公司创办人之一,被广告圈公认为"经营管理奇才和卖稿高手"。1974年进入联广,先后在国泰建业、联中广告、华商广告工作。1987年成立台湾意识形态广告公司,担任董事长。1999年成立意识形态网络公司,这是台湾唯一一家由广告公司单独成立的网络公司。有员工这样评价他:"郑先生很有理想,他做广告不只是为了卖东西,还要卖一种生活方式,即使经济不景气,也依然坚持。身为员工,一旦知道老板的脑子里不全是为了钱,你会比较有安全感,也会觉得自己做的事很有价值。"

(二)许舜英

许舜英,台湾政治大学中文系毕业,曾先后在清华及华商广告担任撰文,后来于1987年跟随郑松茂先生开设广告公司,担任创意总监。在大众传播系毕业生(台湾地区)最受欢迎的华人广告创意人的评选中,年轻的许舜英排名第四,仅次于孙大伟、靳球强、范可钦。在意识形态广告公司,以许舜英为创意核心的团队创作了一系列具有独特风格的广告作品,它特有的表现方式被尊称为"许氏风格"。中兴百货公司的平面广告:猪篇、鸡篇获得了2005年龙玺平面广告奖金奖,许舜英创作的文案是:如果没有自己的 fogo,只能被别人的 fogo 殖民。

三、意识形态广告对于华文广告界的意义

台湾意识形态广告的兴起与台湾的社会政治、经济、文化的发展阶段有关,此外,台湾广告界受国际广告流行影响的程度相对于大陆来说也更为深远。意识形态广告既然已经登上华文广告界的舞台,它对于华文广告的影响不容小觑。随着我国市场的进一步开放,经济实力的进一步提升,公众生活形态的继续"国际化",各方面的变化都在一定程度上提高了吸收意识形态广告的可能性。在意识形态广告(上海)网站首页上,可以看到一句话:"世界上只有两类广告公司,一类是意识形态,还有一类是其他。"从华文广告的发展来看,意识形态广告已经成为举足轻重的一个部分。用许舜英小姐的话来说,意识形态广告是华文广告的全新分水岭,"因为,意识形态广告出现之后,大家看到的不只是广告,更是作品"。对做广告的人而言,创意的专业和价值被看到了,创意人员的主体性被肯定了,"这是意识形态对于广告 industry 生态的一种影响,而从广告沟通的角度和方式来看,意识形态发展出跟消费者沟通的全新策略,这种全新沟通策略颠覆了广告的思考逻辑,使得广告在影像、语言、形式、讯息各方面都爆发了更丰富的可能性,当然在作业的方法学及过程上也都是原创性的。""意识形态影响华文广告的另一个重要层面就是其创意手段:包括影像的张力、主张的强度、制作质感的要求、美术性的讲究。我们对美学手段所能扮演的角色有高度自觉。"许舜英认为,美学手段是品牌塑造的一部分,因为感官的感受(视觉、听觉)都会累积而成为品牌的一部分……

(资料来源:节选自张萍:《关于台湾意识形态广告的研究》,中国知网。)

第三章 电视广告叙事中的符号学批评

从符号学的角度看,广告就是这样一种"能指"与"所指"的符号游戏,广告符号的构成是能指、所指和意义形成的信息编码系统。在一则电视广告叙事文本中,所有的构成元素都可视为一种符号的存在,而其组合的结果就是这则广告所要传达的信息意义和内涵。据此,对电视广告叙事的批评又有了一个新的视角和平台,即符号学意义的批评。

第一节 电视广告叙事中的符号学概述

一、符号学概述

符号是什么?它是指携带意义的感知:意义必须用符号才能表达,符号的用途是表达意义。而意义就是一个符号可以被另外的符号解释的潜力,解释即意义的实现。从本质上说:符号就是意义,无符号即无意义,符号学即意义学。"人类的社会传播活动中,信息是符号和意义的统一体,符号是信息的外在形式或物质载体,而意义则是信息的精神内容。"[①]而人的交流活动实质上也是一种符号传播的过程,因为人本质上的一个特点就是人是符号的动物:在某种意义上说,人是在不断地与自身打交道而不是在应付事物本身。他使自己被包围在语言的形式、艺术的想象、神话的符号以及宗教的仪式之中,以致除非凭借这些人为媒介物为中介,否则他就不可能看到或认识任何东西。人在理论领域中的这种状态同样也表现在实践领域中,即使在实践领域,人也并不是生活在一个铁板事实的世界之中,并不是根据他的直接需要和意愿生活,而是生活在想象的激情之中,生活在希望与恐惧、幻觉与酣情、空想与梦境之中。[②] 正如埃皮克蒂塔所说:"使人扰乱和惊

[①] 赵毅衡:《符号学原理与推演》,南京大学出版社 2011 年版,第 1～3 页。
[②] 同上,第 4 页。

骇的,不是物,而是人对物的意见和幻想。"①

二、影视叙事的文本符号意义及符号消费时代的到来

当今是一个符号消费时代,消费、广告、品牌等都具有一定的符号特征,借用影视作品批评中的符号学理论来帮助我们认识电视广告这一特殊影视作品的符号学意义,对研读电视广告叙事文本中的符号有借鉴意义。

(一)影视叙事的文本符号与意义

作为当代符号学创始人的两位思想家——美国的实用主义哲学家皮尔斯(1839~1914)和瑞士语言学家索绪尔(1857~1913),基本上同时提出了符号学的相关理论:索绪尔建立了 semiology ,皮尔斯建立了 smiotics。在《基本语言学教程》(1916 年)中,索绪尔提出了一种"研究符号生命的科学",一种"能够提示符号构成和符号法则"的科学。同时,皮尔斯的哲学研究则通过对符号的思考把它引导到 smiotics 的方向,他把该学科看作所有思想和科学研究的基础。

符号学的基本前提是:所有的传播形式(电影、电视、书本、绘画、交通信号灯以及其他)都可以分割成个别的意义单位,它们可以从各自的特征出发展开研究。更重要的是,它们也可以从如何与其他意义单位互动的角度进行理解。最小的意义单位是符号(sign),它和其他符号组合起来成为系统,这就构成了"文本"(text,我们用文本来指称影视节目,事实上揭示了符号学对影视研究的影响)。因此,符号学家所研究的内容就是试图理解文本中的符号系统和发现这些系统产生意义的规律。②

(二)符号消费时代的到来

人是符号动物,符号携带或明或暗的意义,深刻影响着人的行为,或者说符号控制了人的行为,是驱动我们消费的动力。

20 世纪 70 年代,法国思想家鲍德里亚在《消费社会》里宣布:"消费社会"已经到了!在消费社会中,消费是"一种操纵符号的系统性行为",消费的核心在于商品的符号价值。所谓符号消费,是指消费者在购买与消费商品的过程中,追求的不仅仅是商品物理意义上的使用价值,还包括商品所附加的、能为消费者提供声望、表现消费者个性特征与社会地位以及权力的有一定象征性的概念和意义。烟民在消费"万宝路"的时候,所获得的已从"物的价值"转移到"符号的价值"上来。③

---

① 〔德〕卡西尔:《人论》,甘阳译,上海译文出版社 1985 年版,第 33~34 页,转引自李思屈:《广告符号学》,四川大学出版社 2004 年版,第 2 页。
② 陈犀禾、吴小丽编著:《影视批评:理论与实践》,上海大学出版社 2003 年版,第 151 页。
③ 华杉、华楠:《超级符号就是超级创意》,天津人民出版社 2013 年版,第 7 页。

概括地说,符号消费时代的特征主要有以下几个方面:

1. 符号消费最大的特征是象征性

符号消费的最大特征是象征性,它通过对商品的消费来表现个性品位、生活风格、社会地位和社会认同。在符号消费体制的引导下,人们对物品的符号性追求已经远远地超过了对物品本身的功能性需求。从马斯洛的需求层次理论来看,对于当今大多数人来说,之所以追求更多的物质,一方面是高品质生活的需要,另一方面是因为人们更关心物品背后所蕴涵的符号价值意义,以此来界定自身的阶层归属,从中获得一种超越物质、生理满足的心理、精神及社会性满足。消费对象所具有的象征意义使人们对消费对象使用价值的需求转换为"为欲望而欲望"的需求,从过去意义上"为满足需要的消费"转变为"为消费欲望的消费"。消费及人的相关活动于是成了一种符号能指的游戏活动,而消费的内容,即被消费物的功能性则离人们越来越远。一件商品,无论是一辆汽车,或者一瓶香水,都具有彰显其社会等级和进行社会区分的功能,这就是商品的符号价值。消费者消费了一种符号形式,实际上等于消费了一种欲望,从而获得一种自尊感或者社会认同感。

2. 符号消费的另一个重要特征是差异性

消费文化是个体的消费习惯、要求、意向和心理状态以及消费行为本身所具有的文化意识,强调的是对它们个性的尊重。消费者厌烦了大众消费市场过于同质化的产品,需要"找到自己的个性并肯定它,并通过符号的力量抽象地重构"。对个性的重视恰好满足了消费的逻辑,而经济社会的高速发展也为给个性化的消费者提供针对性服务创造了条件。随着全球化进程的加快,世界逐渐变成"地球村",消费价值多元性为个体提供了越来越多的选择可能性。新的个性化消费群体正在逐步地壮大,他们之间的差异性消费需求正使"消费个性化"越来越明显。符号消费的对象和方式不仅受到一个国家、地区和民族消费文化的直接影响,而且在很大程度上受到广告、促销等经营活动的引导,因此符号消费的差异性显得较为复杂。

3. 品牌是符号消费时代中的一个交流和沟通的平台

一个由原品牌权益人、广告商、公众和消费者等参与者共同阐释品牌意义、品牌符号价值的"共享意义空间",决定了品牌的传播途径是多维、多向的。作为一个文本符号,品牌向每一个接触者传播其价值和意义;作为承载一定意义和价值的"容器",品牌也在这个过程中被阐释、被赋予意义。当代文化研究大师斯图尔特·霍尔(Stuart Hall)在谈到意义的表征时曾这样说:"我们给予事物意义是凭借我们表征它们的方法:我们所用的有关它们的词语,所讲的有关它们的故事,所制造的有关它们的形象,所产生的与它们有关的情绪,对它们分类并使之概念化的方法,加于它们之上的各种价值。"①

---

① 〔英〕斯图尔特·霍尔编:《表征:文化表象与意指实践》,徐亮、陆兴华译,商务印书馆2003年版,第23页。

4.符号消费时代文化特征突出

消费社会的一个显著特征就是物质商品所包含的文化内容与文化产品成为最时髦的消费品,而品牌本身就是一种将艺术、文化与商业行为结合在一起的综合体。在消费社会的品牌世界里,企业与文化、艺术的结合更是新的消费原动力,对于企业来说,深入挖掘品牌的文化内涵,赋予品牌独特的文化个性,营造消费该品牌的文化氛围,是现代营销的制胜之道。

总之,符号消费时代是一个消费者更注重符号意义消费的时代,是一个符号的文化意义被最大程度挖掘的时代,也是一个广告通过符号来与受众进行方位沟通与交流的时代。因此,重视符号意义,解读符号内涵,是充分解读这个时代与广告的重要方式。

三、符号学的研究方法

符号学的研究方法主要有以下几个:

(一)还原法

符号很少单独存在,一般情况下总是与其他符号形成组合,如果这样的符号组合是一个"合一的表意单元",就可以称之为"文本",而对这个文本意义的解读就必须通过还原所组合的符号元素的意义,即符号所表达的意义要通过还原的过程分析出来,这就是还原法。[①] 这个还原过程通常有如下三个阶段:

1.把符号(文本、结构等)还原为能指与所指的组合,其提问方式是:特定的符号意味着什么?

2.把能指与所指的关系还原为其生成的意义,其提问方式是:它如何表现其意义?

3.把能指、所指及其意义的构成关系还原为这种构成关系借以成立的社会文化编码规则,其提问方式是:为什么它意味着那种意义?[②]

以"脑白金"的一则电视广告为例:

叙事画面的主要内容	叙事听觉的主要内容	
	话语	音乐
1.主要人物:老头和老太(卡通版) 2.情节:穿着马甲、高跟鞋、粉红上衣等时尚装束的老头和老太,欢快地舞蹈、转圈、腾空劈叉、左右扭腰摇摆等动作,表现得敏捷、顺畅。	(画外音唱)今年爸妈不收礼呀,收礼还收脑白金 (画外音)脑白金,年轻态,健康品	欢快的舞曲、歌曲

---

① 赵毅衡:《符号学原理与推演》,南京大学出版社 2011 年版,第 41 页。
② 李思屈:《广告符号学》,四川大学出版社 2004 年版,第 12 页。

在这则广告中,叙事文本主要由画面与声音两部分构成:

1. 画面中的人物是可爱的卡通老头和老太:

能指是卡通老人形象,所指是上年纪的爸妈,符号意义是表现可爱、快乐、健康、年轻态的老年人。

能指是马甲、高跟鞋、粉红上衣等形象,所指是时尚,符号意义是时尚健康的老年人状态。

能指是蓝色包装的产品形象,所指是脑白金。符号意义是产品(脑白金)能帮助老年人保持年轻健康状态。

2. 情节设计:

能指是动作如转圈、腾空劈叉、左右扭腰摇摆等,所指是跳舞情节,符号意义是欢快、时尚、年轻和健康的生活状态。

3. 声音有音乐和话语两部分:

能指是音乐,所指是舞曲,意义是欢快、节奏感强。

能指是画外音(唱歌),所指是"年""过节""礼""脑白金""健康""年轻"等,符号意义是老头老太代表的爸妈的心声——希望过年时能收到脑白金礼物。

能指是画外音,所指是脑白金,年轻态,健康品。建构意义为脑白金是使老年人年轻、健康的产品。

在整个广告叙事文本的构成中,特定符号——卡通老头和老太、跳舞的动作、舞曲,广告语中的"过年""收礼""还收""脑白金"等的使用意味着:时尚、健康、快乐、可爱的老人形象,儿女节日时要表现孝敬,脑白金是让老人有年轻状态、健康身体的礼品等。这些意义的传达就是通过老头、老太欢乐跳舞的样子和广告语来完成的。其意义的形成则是由特定符号所编码出的叙事文本完成的:

卡通——可爱、动感、特色

老头、老太——上年纪的父母

跳舞——时尚、动感、健康、快乐等

服装——时尚

过年——重要的团圆和孝敬父母的日子

收礼——节日的重要活动方式

脑白金——产品

脑白金品牌意义——"过年孝敬父母的礼物"

可以说,正是利用了中国传统文化中人们对"孝"和"礼"的关注,创意主题——脑白金是能够使老年人保持年轻态的健康品这个符号的能指、所指及意义都集中表现了出来。同时,广告干净、时尚、幽默的特点不仅使广告主题一目了然,印象深刻,其幽默、可爱的人物形象和广告风格也区别于其他同类产品。此外,广告抓住了传统文化诉求的重点,其审美价值与市场效果都很显著。

当然,符号的能指、所指和意义所构成的系统,是在特定的社会文化中约定俗成的,特别是语言符号已经形成一套严密的规范。一些特色文化、传统文化的符号更是要在特定的背景下去理解,否则会难以解读,就像我们常常看不懂国外的广告一样。

(二)结构主义的解构

20世纪中叶结构主义符号学发展兴盛,从巴特的符号学原理到符号学分析实践,到列维·斯特劳斯的神话结构分析,到格雷马斯的符号学方阵,都没有突破结构主义的框架。巴特曾指出:"符号学研究在于,按照全部结构主义活动的方案(其目的是建立一个研究对象的模拟物),建立不同于天然语言的意指系统的功能作用。为了进行这种研究,必须一开始(特别是在开始时)就公然接受一种限制性原则。这个原则即相关性原则,它也是取自语言学的。我们只按照某一观点来描述所收集的资料,因此在这些多种多样的资料中我们只注意从这个观点看是重要的那些特征,而排除所有其他特征(这些重要的特征即——pertinents)。例如,音乐学家只从声音产生意义的角度来研究声音,对声音的物理性质与发音性质并不关心。符号学研究所采用的相关性,按定义来说涉及的是研究对象的意指作用。人们只按对象具有的意义关系来研究对象,而不涉及,至少不过早地(即在系统被尽可能充分地建立起来之前)涉及对象的其他决定因素(如心理学、社会学、物理学等因素)。我们自然不能否认这些其他的决定因素,它们每一个都可成为另一种相关性,但我们应当用符号学方式研究它们,就是说,把它们的位置和功能置于意义系统之内。"[1]

实际上,每个广告都可以当作叙述完整的省略片段来阅读,当作能被推断的神秘事物的一部分。叙述逻辑的动态方向,也是我们阅读的,在符号中表现为叙述模式。大量关于神话、传说等古代叙事文本的研究表明,叙事模式包含了四个阶段,按时间联系(---→)和逻辑预设(←---)如下:

契约⇄限制⇄行动⇄认可

这个叙述模式不仅是假设的,而且是理论的,换言之,任何文本的话语组织只能实现其中一个阶段,或只能使用一个片段,但这样的片段又只能通过逻辑预设的全体才能产生意义,这些预设起预言的作用。在更深、更抽象的层次上,符号学理论使叙事顺序与两个主要的话语群相联系,这两个话语群表现在不同的模式中,构成叙事基本要素之外的亚层。表现"做"的话语群和表现"是"的话语群以及这两种话语群的连接话语,按照一种直接向前的原则进行:"是$_1$"(初始状态)——"做"(转换)——"是$_2$"(最终状态)。叙事模式,包括复杂性层次的增加,只有通过基本转换系统才起作用。[2]

---

[1] 〔法〕罗兰·巴特:《符号学原理》,李幼蒸译,北京三联出版社1988年版,第173页。
[2] 李思屈:《广告符号学》,四川大学出版社2004年版,第24页。

案例分析 3—1：

新汰渍电视广告·海青篇

主要叙事情节：

1. 妈妈展示和说明孩子衣服脏。（初始状态：是$_1$）
2. 海青拿出产品，妈妈进行搓洗实验。（行为：做）
3. 衣服干净。（最终状态：是$_2$）

在这则最常见的实验型广告中，画面与话语表达"做"与"是"的组群符号基本系统，不管这个系统中出现什么样的变化或多加几个层次，其叙事最终还是通过基本的转换系统来完成。

符号学家格雷马斯结合几种符号系统总结了符号的一般模态理论，他认为符号拥有不同的存在方式，可分为潜在性、现实性和实现性。符号的深层结构是潜在的，语符—叙述结构是被现实化的，而话语结构是起实现化作用的，其中有两个决然不同的机制——确立主体的机制（以应做和/或欲做之动力因模态的出现为标志）与赋予主体资格的机制（能做和/或知做模态决定以后的行为方式）。

模态理论揭示了广告符号系统构成的深层逻辑，从能力到行为，可以划分为潜在化模态、现实化模态和使之实现的模态，其中，应做—应是模态代表符号的必须性和义务性结构，欲做—欲是模态代表想要达到的趋势性结构，能做—能是模态代表符号的能力和支配性结构，知做—知是模态代表符号的知识与信息性结构。①

案例分析 3—2：

模态理论分析电视广告示例

广告产品	叙事主题	主要叙事视听内容	模态分析
1.舒肤佳	新舒肤佳多一层的保护	1.画面中孩子拿着空瓶子，戴着纸帽子高兴地玩小纸船。（字幕：清晨，哥伦布起航了。）画外独白：无时无刻都有世界等孩子去发现。 2.画面中沙漠一片，上面有小蚂蚁拉着绿叶子排成一列，孩子认真地趴在地上观察着。（字幕：午后，发现新的沙漠。画外独白：细菌无时不在。 3.画面中下雨时孩子正在雨中嬉戏，玩雨水。（字幕：黄昏，听见雨的 Do Re Mi）	应做—应是 应该给孩子用舒肤佳，才能保证一天都在户外不同的地方玩耍的孩子抵御各种细菌的威胁，保护好孩子的健康成长。 画面能指：孩子、空瓶子、沙子、蚂蚁、雨水等。 话语（字幕）能指符号：清晨，哥伦布起航了；午后，发现新的沙漠；黄昏，听见雨的 Do Re Mi 所指和意义是：孩子活动的空间很广阔。

---

① 〔法〕A.J.格雷马斯：《论意义——符号学论文集》（下册），冯学俊等译，百花文艺出版社 2005 年版，第 83 页。

续表

广告产品	叙事主题	主要叙事视听内容	模态分析
2.丁桂儿脐贴	儿童健康专家	1.某名人推出产品并解说,卡通画面展示药效:丁桂儿脐贴,快速吸收,药效直达。 2.画面中妈妈在家中带着两个孩子在做体操。 3.名人解说,卡通画面产品图展示:拉肚子、不吃饭,我信赖丁桂儿脐贴。 4.品牌标识及广告语。	欲做—欲是 这个模态结构中,想要达到的效果是孩子拉肚子不吃饭时能及时治好,那就需要做到给孩子用丁桂儿脐贴。 画面能指:产品、名人、孩子、家里、动画等。 话语能指:丁桂儿脐贴,快速吸收,药效直达。拉肚子、不吃饭。产品品牌标识——卡通的小娃娃。 所指和意义是:名人推荐丁桂儿脐贴效果好,孩子拉肚子不吃饭时就给他贴这个药。
3.伊利奶粉	懂营养,更懂中国宝宝	1.动画表现:一株小苗破土而出,幻化成一个可爱的宝宝。画外解说(字幕):每一刻都是宝宝成长的关键时刻。 2.画面中妈妈在家里给宝宝量身高,高兴地抱着宝宝。画外解说(字幕):宝宝每天长高0.60毫米,体重20克,每个小营养都是成长的大关键。画面中孩子在喝伊利奶粉。 3.产品及品牌标识。画外解说:科学研究发现关键期的7大营养群,让适合的营养助力宝宝健康成长。动画画面中呈现产品成分及功效。 4.广告语:伊利奶粉,懂营养,更懂中国宝宝。	能做—能是 能做的是喝伊利产品来保证营养关键期内孩子的营养,这是孩子健康成长的关键。 能指:小苗出生、长大、小孩子、量身高、称体重、妈妈、喝伊利奶粉、产品的不同营养成分及字幕等。 所指和意义:孩子的成长像小苗的发育一样需要营养,产品含有关键期孩子需要的7大重要营养成分,家长购买产品(能做),从而保证孩子能够健康成长(能是)。
4.舍得酒	智慧人生,品味舍得	宏大雄壮的音乐背景下,电视画面上一片黑暗中间有一道红光,接着出现舍得酒品牌标识。天上云彩疾驰飞过,下面河流急驰。字幕:天下智慧皆舍得。广告语:智慧人生,品味舍得。	知做—知是 喝舍得酒(知做),是品味舍得智慧(知是),这是天下最大的智慧。 能指:气魄雄浑的音乐、天、地、光、大河及品牌、广告语等。 所指和意义:舍得是天下最大的智慧,舍得酒就是智慧的体现,喝舍得酒就是对智慧人生的品味。

由此而言,广告传播一般是说服——使受众接受信息的过程,根据不同的目标选择运用应做—应是、欲做—欲是、能做—能是和知做—知是的不同符号模态,并呈现为必需的、想要的、能够的或者知识的文本。广告文本拥有传者嵌入的模态标记,一定程度上提供了解读的可能性。除了广告传播者对符号模态的选择与操纵之外,受众本身也参与了广告文本中符号模态的生成与传播。但是,传受双方的不同位模态决定了意义阐释的差异性,这也是产生符号不对称的深层原因。

第二节 电视广告叙事中符号意义的建构

"广告的大众传播功能并非出自其内容、其传播模式……而是让一个符号参照另一个符号、一件物品参照另一件物品、一个消费者参照另一个消费者。"[1]电视广告叙事正是通过对不同符号的编码来建构信息和传达意义,从而完成促销目的。

一、电视广告叙事中文本符号意义建构概述

索绪尔认为:"语言符号联结的不是事物和名称,而是概念和音响形象。后者不是物质的声音,纯粹物理的东西,而是这声音的心理印迹,我们的感觉给我们证明的声音表象。""因此语言符号是一种两面的心理实体",但两者密切相关,能指是其中的声音部分,而所指就是概念部分。皮尔斯也提出,符号包括两个部分:能指(signifier)和所指(signified)。能指是符号的物质:纸上的墨水字(书面语言)、变化的声波(口头语言)、银幕上的光影(电影和电视)、闪动的灯光(交通信号)等,所指就是能指所代表的意义。所指可以是一个概念、一个物体或一个视野。所以,在电视屏幕上的一座楼房的视频图像就是一个能指,它直接所指的是那座房子的物理存在。这个表意过程的关键是所指是"缺席的",它必须通过能指来呈现给读者/观众。

符号学家强调,意义和表意的过程主要是通过符号的组合和对比完成的。在一个字放进一个句子之前,它常常代表不了什么意义。一个演员的单独图像或一个家具的图像在和其他镜头(符号)组成一个图像段落以前不能传达多少意义。这在象征性层面上更是如此。在符号学中,最小的故事片段和最小的叙事单元称作语义段或组合段(syntagm,通常和电影或电视中的一个场景 scene 相对应)。

同时,根据符号学理论,符号组合的第二种方式是通过联合(联想)组合起来,称作范式结构。如果说句式结构是线性的、水平的和时间性的,那么范式结构就是垂直的、非时间性的或空间性的。范式结构由我们对一个特定的能指所产生的关联(联想)组成,这种关联也会给那个能指以意义。

很显然,符号通过句式结构和范式结构的组合可以产生无穷无尽的意义,这就是符号学中的"编码规则"(code)概念占有重要地位的原因。编码规则统治着符号系统,它由以文化惯例为基础的"法则"组成。这些编码规则有时候非常精确,如控制着语言的语法规则,但是通常这些编码规则是模棱两可和可变化的,取决于历史和文化背景。[2]

---

[1] 〔法〕让·波德里亚:《消费社会》,刘成富、全志钢译,南京大学出版社2006年版,第95页。
[2] 陈犀禾、吴小丽编著:《影视批评:理论与实践》,上海大学出版社2003年版,第151~156页。

一则电视广告叙事文本的完成和传播其实就是从能指到所指再到意义,从表现符号元素到组合的整体再到联想的内容建构。

案例分析 3—3:

樱花牌电热水器电视广告

镜头号	叙事画面的主要内容	叙事声音的主要内容
1	墨蓝色背景下,远山脚下的水中,一个年轻人在一叶小舟中躺着,闭目休息,有几只水鸟在远处飞着。	每天让心灵度一次假,樱花电热水器创造安心境界。
2	年轻人躺在小舟里很享受的样子,身边放着一本翻开的书,小舟旁边清澈的水中游过一群鱼儿。	年轻人放松身心地叹了口气。
3	年轻人脸上露出了笑容,这时,一条鱼儿在水中跃起,溅出水花。	哗啦啦的水声。
4	一滴水溅到年轻人的脸上,年轻人坐起来擦了一下脸上的水,开心地笑了。	
5	一间屋里,年轻人正躺在洁白的浴盆中洗澡,用手擦了一下脸上的水滴,仿佛从梦中醒来,墙上挂着热水器。	年轻人的感叹声,醒悟般地笑了。
6	墨蓝色的背景下,年轻人躺在一叶小舟上,荡漾在水中,上方挂着产品。	画外音:樱花牌电热水器,创造安心境界。

这个广告中,运用诸如墨蓝色的背景、清澈的水、游动的鱼儿、飞翔的鸟儿、舒心的笑等符号来编码,创造产品消费的美好境界——就像在大自然中享受美景、放松心情一样,这种意义除了所指本身能传达的,还通过联想的方式展示出来,同时也带给受众无尽的遐想,使符号所建构的意义空间呈现为开放式,满足不同受众的心理需要,也使广告信息更有刺激性意义。

二、电视广告叙事中文本符号意义建构的方法

符号意义建构的方法有很多,合理灵活地运用这些方法对电视广告叙事文本中的符号意义进行建构是很重要的。

(一)横向组合与纵向组合的产生

在索绪尔那里,符号的横组合和纵聚合分别被称为"句段关系"和"联想关系"。所谓句段关系解决的是符号链的连接问题,"一方面,在话语中,各个词由于它们是连接在一起的,彼此结成了以语言的线条特征为基础的关系,排除了同时发出两个要素的可能性。

这些要素一个挨着一个排列在言语的链条上面。这些以长度为支柱的结合可以成为句段。"①这里的句段是指符号的线性组合,如一部电影、一部小说、一台歌舞剧或一首乐曲从开端到结束的全过程。在句段关系里,构成整体的成分或要素不能同时出现,句段关系的分析程序是切分。对于这种关系,我们考虑的是一个句段各部分之间的相互关系和整体与部分之间的关系。

所谓联想关系是指"在话语(组合段平面)之外,彼此具有某些共同性的单元在人的记忆中联想起来,并形成了由各种关系支配的词组"②。联想关系的各词项是以潜在的形式结合在一起的。由于联想关系能够使人联想到所有存在心理关联的词,因此联想系列没有确定的顺序,也没有一定的数目。雅克布森把组合关系称为"结合轴",而把联想关系称为"选择轴"。③

在广告实践中,这是一对非常有用的概念,任何符号系列的意义都是沿"横向组合"与"纵向聚合"两个方向产生的。"横向组合"是指符号构成在水平方向上的意义延伸,在"横向组合"的方向上,产生了广告传达的逻辑意义。正是由于这种功能,它可以充当"叫卖式"广告。如小贩在大街上叫卖:"香蕉!香蕉!"这个符号的能指是声音"香蕉",所指是水果香蕉,在这个意义的传达中,广告不过履行了一般的话语功能。

在广告的编码过程中,制作者从无边无际的文化参考资料中提取物质素材与影像内容,通过对所选取的符号进行重新排列和全新演绎,广告颠覆了原有要素的秩序,生产出一个广告文本。用索绪尔的话说,生产的是一个"语段"——即我们所称的"横组合";而这个语段的生产,是制作者"遴选"的——即从无边无际的符号中选择的结果;选择的来源,就是我们所称的"纵聚合"。可见,广告的编码过程是由纵聚合到横组合的。借用雅克布森的概念,制作者的头脑里要先有一个选择轴,这样,商品就被编织进了社会生活与文化意义的领域。④

在广告解码过程中,受众通过感官可以感受到的一切信息,比如色彩、构图、广告文案字面含义、故事情节、产品细节以及它们的完整性和相互间的协调感、平衡感、动感、力度感等,实际上是一个横组合。这个外显的横组合通过隐喻、象征、暗示等手法充分调动受众的文化经验预设(即藏在广告文本背后的纵聚合关系),让受众领悟广告文本的"潜台词"。可见,广告文本的解码与编码正好相反,是由横组合到纵聚合的过程,借用索绪尔的话说,解码是受众依赖广告文本联想的结果。这样,广告意义得以建构和深化。⑤

尼克·史蒂文森在《认识媒介文化》中借鉴斯图亚特·霍尔的编码解码理论分析意义产生的过程,他指出,在业已编码的文本的层面上,人们需要应对的既有明显的内容又

---

① 〔瑞士〕费尔迪南·德·索绪尔:《普通语言学教程》,高名凯译,商务印书馆1980年版,第170页。
② 同上,第147页。
③ 赵毅衡:《文学符号学》,中国文联出版社1990年版,第53页。
④ 杨晓强:《试析从符号的双轴关系看广告传播中的意义增值》,《当代传播》2008年第3期。
⑤ 同上。

有各种"看不见的"并且被想当然的意义。① 对广告文本来说,"明显的内容"就是文本的横组合,"看不见的"意义就是文本的纵聚合,任何广告符号的意义都是沿"横向组合"与"纵向聚合"两个方向产生的。②

朱迪思·威廉森也认为广告讯息意义的建构,手法之一是将一个符号的意义转移给另一个符号。这种广告文本中符号的跳跃与意义的转移很少是直白而外显的,而是借助于符号双轴的内在机制来实现的。2003 年蒙牛牛奶借当年最具社会轰动效应的事件神舟 5 号飞船发射成功的东风,制作了"蒙牛神五篇"广告,广告词"蒙牛牛奶,中国航天员专用牛奶",把中国载人航天飞船的成功发射与牛奶这两件毫不相关的事情制作为一个广告文本。这一符号链的横组合是"蒙牛牛奶,中国航天员专用牛奶",隐藏的纵聚合是"航天事件＝中华民族强大＝牛奶"。在"蒙牛为中国人喝彩,蒙牛强壮中国人"的呐喊声中,广告文本也就增值为"蒙牛牛奶可以强壮中国人,是中国人的骄傲"这样的意义。③

"纵向聚合"则是指符号构成有垂直方向上的意义拓展。在"纵向聚合"方向上,产生了广告传达的联想、隐喻、象征意义。在此意义中,广告履行了一种意识形态功能。从消极的方面看,现代广告作为一种新型的意识形态符号,使人丧失批判能力,把情感"欲"化为"造梦"机制。"广告包装了情感上最赤裸裸的欲望,广告厂家十分理性地把'欲'纳入精确的技术工具中,再为文造情地把它裹上一层情感的糖衣。而广告受众与艺术受众的最大区别,就在于他们本质上不是'理解者',而是商品的'消费者'。当然,随着广告进入生活的每一个角落,广告文化所特有的高技术的'欲'和表层化、包装化的'情'就成了人们基本的生活状态。当代美学面临的'高技术与低情感'之间的矛盾,也就日益成为社会生活中到处可见的基本矛盾。"这也是客观存在的一种必然现象。④

如上面提到的"脑白金"广告,广告语:"脑白金,年轻态,健康品。"其中"脑白金"是产品的品牌,"年轻态,健康品"是指产品的功效,即消费这个品牌的产品会得到年轻状态和健康品质,这是在横向层面上的组合意义表达。而在纵向上,通过卡通、跳舞、服装、音乐等符号,使整个广告文本呈现出欢快、年轻、时尚、健康等纵向意义,传递出让老人保持年轻、健康、时尚的状态才是儿女们孝敬老人应该做的事的理念,即过年给老人送礼品＝送健康、送年轻＝送脑白金,也就是说通过广告让儿女们树立起帮老年人追求年轻心态、健康身体、快乐心情的意识,这是广告文本向更广阔的意义方向的发展,并产生"纵向聚合"意义上的增值,由此,实现促销产品的目的。

(二)"换挡加速"的完成

符号的意义作用基本上是由符号形式(能指)和符号内容(所指)之间的相互关系构

---

① 〔英〕尼克·史蒂文森:《认识媒介文化》,王文斌译,商务印书馆 2003 年版,第 127 页。
② 杨晓强:《试析从符号的双轴关系看广告传播中的意义增值》,《当代传播》2008 年第 3 期。
③ 同上。
④ 李思屈:《广告符号学》,四川大学出版社 2004 年版,第 41 页。

成的,但是意义表现的过程并没有至此结束。比如一只白鸽,可以表现和平,这样,一只白鸽就是能指,和平就是所指,二者的关系产生一个符号——白鸽。但是,作为符号的白鸽并不同于作为能指的白鸽,它已经超越了物质的实体,由社会常规和自身的意图转变为一个充实的具有意义的符号。一定条件下,已形成的符号整体可作为符号形式与新的符号内容相对应,在更高一级层次上产生意指作用。符号的这种由表现系统向深层发展的过程,可以看作"外延"和"内涵"的指示过程。①

所谓"外延",通常是指使用语言来表明语言说了些什么,"内涵"则意味着使用语言来表明语言所说的东西之外的其他东西。"于是第一系统成为外延层次,第二系统则是内涵层次。""在巴特看来,内涵代表外延的'换挡加速。'"其实,"换挡加速"即典型是不稳定的,它随时可能被新的内涵所替代,但是如果经过多方面有意强化,也是可以固定的。这时它完全排除原有的指示义并取代其位置,这就是符号的惯用语化现象。而且,由于内涵义的固定,人们已经忘了符号原来的指示义,而将其直接与内涵义相联系。因此,内涵义往往是特定的,或者是具有一种直接的、让人一望即知的意义。②

罗兰·巴特分析符号的表意系统,指出能指和所指构成符号的本义表意系统后,作为整体的符号可延伸出能指与新的所指构成转义的表意层面。本义的层面包括现实和符号,而转义的层面则包括符号的文化。本义的符号系统与文化的价值系统整合对应,形成符号表意的"换挡加速"。这里,符号不再仅仅作为一个独立的实体存在,而应把它纳入主观反应的范畴来研究。文化价值的凸显需要文化成员的积极参与和相互认同,因此,对于现实性影像的消费,应当是对符号文化意义的组织和阐释的消费。③

案例分析3—4:

电视广告符号中的"换挡加速"示例

广告名称及符号	符号能指	符号所指	换挡加速	意义
1.平安保险公司 符号:平安、保险	1.(字幕)全国各地用"平安"命名的地名。 2.(影像)各地人们幸福、平安的生活情景。 3.广告语:平安中国,中国平安。	1."平安"早为各地人们所喜爱,无处不在。 2."平安"即是百姓安定、幸福的生活。 3.平安与中国连为一体,中国平安公司与中国平安连为一体。	"平安"的意义等于"平安保险公司"(新符号)的意义。	平安保险公司要保的就是全国各地百姓的平安、幸福生活。

---

① 李思屈:《广告符号学》,四川大学出版社2004年版,第89页。
② 同上,第89~90页。
③ 同上,第241页。

续表

广告名称及符号	符号能指	符号所指	换挡加速	意义
2.特仑苏广告 符号:金牌、牛奶、特仑苏	1.(影像)阳光下,草场上,两位贵族打扮的年轻男女各拿一盒特仑苏,开心地说笑。各拉着一匹骏马在草场上休闲。男子拔起一根牧草欣赏着。牧场上,干净的奶牛正在吃着草……地图上显示产品及生产基地。 2.(声音)轻快的音乐。画外音:我只追寻这样的境界,就像我只喝特仑苏。 3.(声音及字幕)海拔纬度、阳光水土,精挑高质牧场,优选良种乳牛,造就优质蛋白的特仑苏。金牌牛奶特仑苏。	1.绿色、天然牧场。 2.阳光明媚,日照充分,保证草场的高品质。 3.贵族的享受和追求。 4.高质量的管理和饲养。	绿色、天然、贵族气质等于特仑苏(新符号)。	特仑苏是高质量管理和高品质奶源基地生产的金牌产品,是贵族生活品质的象征。
3.柯达广告 符号:柯达、相机	(影像)早晨一个小孩子自己挤牙膏,一使劲把一大截牙膏挤到鼻子和嘴上,孩子表情十分惊慌的样子。相机"咔"的一声记录下这一刻。 一群年轻男孩在路上滑轮滑,转弯时一下子跌倒在一个穿轮滑鞋的女生面前。相机"咔"的一声记录下这一刻。 两个小朋友在舞台上演出,一个扮演老虎的小朋友蹦跳时裤子一下子掉了下来,他赶紧提起裤子,表情快要哭了。相机"咔"的一声记录下这一刻。	1.生活中难得的瞬间、开心的一刻,充满了生活的乐趣。 2.这一刻值得记录,值得回忆和留恋。	记录这一刻就等于要拥有柯达相机。	柯达就是要记录生活中的平凡快乐、美好的瞬间和难忘的时间。

在上述广告符号的分析中,符号的能指是影像所表现的情景、人物和情节,而它的所指则是借能指所表达的第一层意义(指示义),在这层意义上又形成符号的第二层意义(内涵义),它使用第一序列符号(能指和所指)作为它的能指,并在此基础上附加另外的意义,即新的所指,由此形成新的符号。这就是符号的"换挡加速"过程,这个过程可以持续进行下去,不断形成新的符号系统。①

以上表中平安保险公司的广告为例,画面与话语符号,如各地的"平安"名称、人们平安而幸福的生活状态、"平安中国、中国平安"等,其能指由"平安"的画面和话语两部分构成,而所指即平安是全国各地百姓最常见、最简单的幸福状态,广告语则在这种百姓所拥有的"平安"与中国平安保险公司的企业理念之间建立起联系,把生活中的"平安"符号等同于平安保险公司的符号,在此意义上建构了公司的"平安"符号(新的)能指,其所指即是中国平安保险要保的就是中国百姓最简单、最常见的平安幸福生活。

可以说,正是大量社会生活的积累使得本义向转义的演进成为可能。观众借助于共享的文化代码,实现了对影像符号转义的消化。如罗兰·巴特指出的:"阅读在很大程度上取决于我的文化,取决于我对世界的认识,而且很可能一张优秀的新闻照片(而且它们

---

① 李思屈:《广告符号学》,四川大学出版社2004年版,第89~90页。

都是经过精挑细选的好照片)随时能检验假定读者的知识面,从而使得阅读能够完全令人满意。"①

三、电视广告叙事中符号的意义与"神话"的建构

神话"不是指'古典'的神话学,而是指一个社会构造出来以维持和证实自身存在的各种意象和信仰的复杂系统:即它的'意义'系统的结构。"巴特的符号理论深受索绪尔语言学理论的影响,他的"神话说"则是直接脱胎于索绪尔的语言学模式。巴特认为:"就神话来说,我们又一次发现上述那种鼎立的指示活动:能指、所指,以及它们的产物:符号。"他的方法采用了公式"能指/所指=符号",然后补充了词义的第二层次。词义的第一层次他称之为"初级词义",第二层次则被他称为"第二级词义"或"隐含之义"。然后他指出,正是在词义的第二层次,他称为"神话"的东西被生产和消费。②

"然而,神话非同一般,因为它必定作为第二级符号系统发生作用。它建立在它之前就存在的符号链上。在第一系统中具有符号(即能指和所指的'联想式的整体')地位的东西在第二系统中变成了纯粹的能指"。③

如图3—1所示:

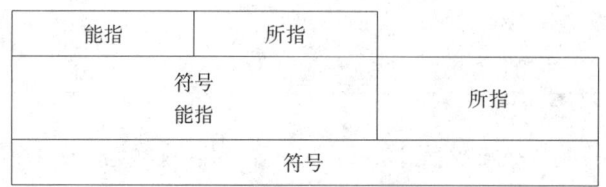

图3—1 "神话"的建构

巴特在《现代神话》中写道:"什么是现代神话?我一开始就要提出一个初步的、非常简单的解答。它和语源学非常一致:神话是一种言谈。任何事情只要以言谈方式传达,就都可以是神话了。世界上的每一种物体,都可以从一个封闭、寂静的存在,衍生到一个口头说明的状态。这种言谈是一个讯息,因此绝不限于口头发言。它可以包括写作或者描绘;不只是写出来的论文,还有照片、电影、报告、运动、表演和宣传,这些都可以作为神话言谈的支援。"④

"但神话是一个奇特的系统,它从一个比它早存在的符号学链上被建构:它是一个第二秩序的符号学系统。那是在第一个系统中的一个符号(也就是一个概念和一个意象相连的整体),在第二个系统中变成一个能指。我们在这儿必须回想神话言谈的素材(语言本身、照片、图画、海报、仪式、物体等),无论刚开始差异多大,只要它们看到同

---

① 李思屈:《广告符号学》,四川大学出版社2004年版,第165页。
②③ 同上,第93页。
④ 〔法〕罗兰·巴特:《神话——大众文化诠释》,许蔷蔷、许绮玲译,上海人民出版社1999年版,第173页。

样的原料,它们的单一性在于它们都降为单纯语言的地位。无论它处理的是字母的还是图像的写作,神话只想在其中见到整体符号,一个全面的符号,第一个符号学链的最终名词。也正是这最终名词,变成它所建立较大系统中的第一个名词,它只是较大系统中的一部分。"①

可以看到,在符号"换挡加速"的过程中,转义层面最终提供的是概念化的神话,"神话是一种传播的体系,它是一种讯息……一种意指作用的方式、一种形式",文化通过这种方式来解释或理解社会现实或者自然的东西,如原始神话涉及是生与死、善与恶,而现代神话则涉及社会、政治、家庭、成功与失败等。在巴特看来,神话是以文化的方式来思考事物的,它既是概念文化,又是理解概念的方式。他把神话看作一个相互咬合着的概念的链条,如一幅汽车照片最终传达出的是工业化、实利主义和人类征服自然的神话。巴特称,意指作用就是神话本身,"神话是一种纯粹的表意符号系统,形式仍由概念激发……"②

案例分析 3—5:

脑白金电视广告的"神话"建构

第一个层面的能指:脑白金产品和品牌、老年父母、跳舞、时装、广告语"收礼就收脑白金""年轻态、健康品"。

第一个层面的所指:过年要给父母送脑白金,它会使父母健康、年轻、有活力、更时尚。

在这个意义上,生成一个新的符号能指,即能够使老年人"年轻态、健康品"的脑白金。而这个新符号的所指意义是:脑白金是年轻人过年时送给父母的礼物。这是一个更高层面上的所指意义,即"神话"层面,它揭示了一种节日文化、礼品文化和"孝"文化相结合的人文价值——过年要给父母送脑白金,这是"孝"的要求,也是父母能够年轻、快乐、健康的保证。脑白金产品从而具有了"神话"意义。

四、电视广告叙事文本中影像符号的消费

电视广告叙事文本中影像符号的转义过程体现出一个概念、一种价值观,这便是电视广告的神话。考察商品生产、流通、消费的流程便会发现,这是一个具有自然本性的物被置换成具有各种价值观念的意义符号,再通过电视还原、再现物的形式的过程,这是一种以表象的形式把抽象的概念呈现给这个外在世界的行为,在人类学上称作"仪式的凝聚"。电视广告的神话就是通过"仪式的凝聚",将"思维的产物通过观念转变成为外在物

---

① 〔法〕罗兰·巴特:《神话——大众文化诠释》,许蔷蔷、许绮玲译,上海人民出版社1999年版,第200页。
② 李思屈:《广告符号学》,四川大学出版社2004年版,第243页。

质实体,我们赋予了它们相对的持久性,而且在这种永久的物质形式中,我们还可以把它们转化为技术操作,这种技术操作超过了心智自我活动的能力……"①

借助电视广告具体直观的影像,广告主无不在演绎一种观念和价值取向。电视影像围绕着所要传达的抽象概念,在"仪式的凝聚"下遵循着自身的逻辑。表面上价值观消费的是现实性的影像,实际上则是在消费一种观念或概念。

英国学者钱伯斯曾做过这样的描述:"我们每天穿梭在广告和报纸、摄影和杂志、电影和电视的视觉世界中。这个人视觉帝国因其影响和塑造我们生活的力量而受到批判……各种形象是我们日常生活的一部分,我们不断地从电影、时装、杂志、广告和电视中选择形象;它们代表了现实,并成为现实,成为经验的符号和自我的符号。"②因此,影像的力量并不仅仅在于它是一个仿象的空间,更重要的是它已经构成一个超现实的世界,成为我们现实生活的一部分。鲍德里亚认为,当代媒介社会是一个模拟的符号世界,形象不仅构成了对现实的反映,同时还构成了现实本身。就符号与现实的关系而言,符号一步步脱离现实并反过来塑造现实。这一点在影像符号中表现尤为突出。③

符号本身的超现实性直接导致了观众消费影像的自然化。罗兰·巴特解释道:"能让读者信以为真地消费神话的原因是,他没有将神话当作是一种符号学系统来看待,而是将其看作是一种归纳法系统。一旦出现对等的含义时,他看到的是一个因果过程:在他的眼中,能指和所指之间有一种很自然的关系。另外,对这种混淆不清的情况还可以这样来进行表述:任何符号学系统都是一种价值系统;现在,神话消费者将表意看成是一种事实系统:神话被当作是一种事实系统来阅读,而它实际上只有一种符号学系统。"④影像符号能指的本身便形成了一个自足的系统,一个超现实的空间。将虚幻的影像符号当作现实本身正是现代人真实的生存状态。人造的视觉符号改造着我们对影像的经验,也影响着我们对日常生活的感受。

在这个背景下,影像与欲望的关系意味深长。许多时候,影像让人们意识到了欲望的存在,欲望表现为一种汹涌不歇的冲动,欲望的存在反而证明了现实的乏味和异化,表明了感性与理性的脱节。豪华的生活景象与绚丽多姿的经历是影像为欲望定制的一个模型。为什么那么多情节冗长、内涵空虚的电视剧大行其道?这是因为电视剧中的情调以及人物身份乃是大众梦寐以求的。名门望族,周游列国的富商大贾,意想不到的巨额遗产,这一切是挣扎在温饱水平线上的人们所神往的;白领丽人、成功人士驾驶小轿车穿梭于高档宾馆、酒楼,或者在保龄球馆、高尔夫球场、海滩度假村进行一系列高雅的活动,

---

① 张讴:《电视符号与电视文化》,北京广播学院出版社 1994 年版,第 83 页。
② 转引自周宪:《视觉文化与现代性》,《文化研究》第一辑,天津社会科学出版社 2000 年版,第 143 页。
③ 李思屈:《广告符号学》,四川大学出版社 2004 年版,第 244~245 页。
④ 转引自〔英〕约翰·斯道雷:《文化理论与通俗文化导论》,杨竹山、郭发勇、周辉译,南京大学出版社 2001 年版,第 116 页。

这是另一种梦幻的基本意象。这些影像已成为当代人的人生理想的注解。同时,电视广告影像制造的物质商品极大丰富,感官刺激不断满足成为另一个当代神话。20世纪的电子技术终于给人们带来了与梦境最为相似的形式——影像。影像不仅是梦幻,同时还是商品,影像造梦产业的形成意味着人们可以自由地购买甚至预订欲望之梦。它鼓励人们去追求物质感官的享受,为茫然无序的现代生活开辟了一条虚幻的金光大道。另一方面,影像生产的"压缩"或者"转移"机制又有效地操纵以至解构了欲望,影像即是社会的一部分,于是,影像填补了现实的匮乏并在一定程度上缓解了欲望的冲动。电视影像消费的过程即是一个不断满足的过程,正如鲍德里亚所说,人们的影像消费背后"隐约显示着解读系统的帝国主义:有一种越来越明显的趋势,即只有可以被阅读的东西才存在"。在这个意义上,海市蜃楼的影像不仅仅是幻象,它就是实在世界。①

总之,在这个影像符号消费时代,电视广告叙事文本是人们各种需求欲望符号化、视觉化呈现的平台,也是用产品、品牌符号建构出的梦境,它引领着人们在消费社会中不懈追求。

第三节　电视广告叙事中品牌符号的建构与传播

现代神话"是一种言谈,是一种传播的体系,它是一种讯息,是一种意指作用的方式。它是符号学的……。"②而品牌是广告传播的终极讯息,是广告符号制造的神话。

一、品牌符号概述

当品牌成为符号,品牌的价值和意义就远远超出它的商标或标识能表达的范围。品牌符号可以直接引起消费欲望,促使消费对象作出选择,它也是营销中最理想、最节省成本的品牌传播境界。

(一)品牌与符号的关系

品牌是一个与符号密切相关的概念,如美国市场营销协会对品牌的定义:"品牌是一种名称、术语、标记、符号或设计,或是它们的组合运用,其目的是借以辨认某个销售者或某群销售者的产品或服务,并使之同竞争对手的产品和服务区别开来。"美国营销学专家菲利普·科特勒认为:"品牌是一个名字、名词、符号或设计,或是上述的总和。"品牌专家

---

① 李思屈:《广告符号学》,四川大学出版社2004年版,第243～247页。
② 〔法〕罗兰·巴特著:《神话——大众文化诠释》,许蔷蔷、许绮玲译,上海人民出版社1999年版,第167～173页。

大卫·艾克则认为:"品牌就是产品、符号、人、企业与消费者之间的联结和沟通。"另一位学者莱威则认为:"品牌不仅是用以区别不同制造商品的标签,它还是一个复杂的符号,代表了不同的意义和特征,最后的结果是变成商品的公众形象、名声或个性。"学者麦克威廉等人在相关品牌的论著中更明确地指出:"品牌是区分标志,用以识别。同时品牌是速记符号,是更有效沟通的代码。"[1]可以说,品牌本身就是符号。今天,当提到百事可乐、耐克、万宝路、海尔等品牌时,人们头脑中更多地是联想其特性和价值,如可乐的活力与快乐、耐克的"Just do it"、万宝路的西部牛仔、海尔的服务意识等,这些价值意义的形成与传播都要借助于符号来表达,即附加在品牌上的价值是品牌的核心,而这种附加值的载体与基础,就是符号。正是通过符号元素,给予品牌不同的价值、意义和内涵。

(二)符号对品牌意义的建构

符号怎样建构出品牌意义呢?是通过符号的"横向组合"和"纵向聚合"。如前文所述,所谓"横向组合"是符号直接呈现的意义,它是显性的、现成的;而"纵向聚合"是经过人而产生的意义,它是潜藏的、隐性的。从结构关系上看,品牌的意义是沿"横向组合"与"纵向聚合"两个方向产生的。横向上仅传达品牌的表层、叫卖式和"强销"的意义,而在纵向上才会有深层、隐喻、文化和深刻的意义。同样,品牌创意是"旧元素、新组合",即是符号的重新排列组合、横纵二轴交叉游戏的万花筒。正是依赖于现成的符号系统与潜藏在文本背后影影绰绰、引人遐想的多个聚合因子的相互阐释,所谓言外之意、想象空间和话语张力才得以产生。文本底蕴的无限丰富性和意义的衍生皆出于横组合关系和纵聚合关系一显一隐的相互对照。横纵二轴的综合作用始见于品牌所有者对品牌符号的编码过程,继而作用于受众对符号的解码过程。在前一阶段,文本得以建构;在后一阶段,它为接受者敞开无限丰富的意义空间。

品牌符号的建构目的一定是为了减少消费者的选择成本、减少品牌的传播成本、减少销售成本,这是其最关键的意义。[2]

二、电视广告叙事在品牌符号建构中的分类

通过电视广告的传播来建构品牌的市场符号意义是很重要的,而在电视广告叙事文本中如何运用有意义的符号去建构品牌,是电视广告叙事品牌诉求符号运用的主要问题,下面依据品牌诉求的两大类,即理性诉求和感性诉求,来加以说明。

(一)品牌的理性诉求广告

理性诉求是通过品牌的功能、特性、理念等来与受众沟通的。

---

[1] 余明阳等:《品牌传播学》,上海交通大学出版社2005年版,第3~4页。
[2] 同上,第27页。

1. 品牌的功能型诉求广告

功能型诉求对品牌符号的建构意义是为消费者提供功能性的利益点,有刺激消费欲望的符号效果。

案例分析 3－6：

品牌的功能型诉求电视广告示例

广告产品	品牌符号的意义	主要叙事影像符号		主要叙事声音符号	
		能指	所指	能指	所指
1.海飞丝	头屑去无踪,秀发更出众专业的研究(去屑专业品牌)	1.人物:穿白大褂的中年女士。2.背景:在实验室中。3.情节:做实验、看报告、讲解产品的调研结果。在头发上检查去屑的效果。	1.女专家在介绍产品的优势。2.专业的研究报告。	市面上的去屑品牌很多,效果都差不多吗?差很多。像海飞丝就拥有 90%参试专业人士的信任。(重复)海飞丝去屑真有效。	1.信任度高。2.不同产品去屑效果差别大。3.专业人士信任的产品更有说服力。
2.舒肤佳	清除细菌,十全保护	1.人物:穿白大褂的男士讲解 2.屏幕中显示孩子手上有很多细菌。3.用产品洗去十大细菌。	1.专业的介绍。2.细菌很多,用产品可以清洗干净。3.保护家人健康,消除细菌,用舒肤佳。	旁白:孩子的健康问题很多是由十大细菌引起的。保护家人健康依赖舒肤佳的十全保护,洗去高达 99%的十大细菌。十大细菌威胁,一个对策。	1.孩子经常会带上很多细菌。2.要用产品清洗才能洗干净。3.保护孩子健康就用舒肤佳。
3.潘婷	损伤修复领导品牌	1.人物:汤唯。2.人物旁白、产品、受损头发得到修复的画面效果。3.人物面对受损头发时发愁和面对新头发时的开心。	1.名人代言。2.经常会遇到的问题,带给人们烦恼。3.产品修复功效明显。	独白:发梢怎么老是开叉呢?有一头漂亮的头发怎么就这么难!让我们一起说受够了。(画外音)潘婷发现开叉源自损伤,潘婷乳液修复,三倍浓稠维生命原配方,第一次使用开始就能明显帮助防止开叉,令秀发完美直到发梢。(独白)哇,好喜欢这样的头发,别光听我说,去问问爱上潘婷的万千女性。	1.名人代言。2.头发开叉常给人带来烦恼,是因为发质受损。3.用潘婷专业修复,秀发恢复如新。4.许多女性都喜欢使用。

2. 品牌的个性型诉求广告

严格地说,所有的品牌符号建构都是在某种意义上打造个性的符号特征。在此,为了突出个性品牌的特色,单独列出这一类的广告进行分析。这类个性型品牌是通过电视广告叙事将产品的个性表现为消费者的个性,也可以理解为消费者的消费个性追求。这类广告也可归于理性与感性综合型广告。

案例分析 3—7:

品牌的个性型诉求电视广告示例

广告产品	品牌符号的意义	主要叙事影像符号		主要叙事声音符号	
		能指	所指	能指	所指
1.衡水老白干	喝出男人味	1.衡水老白干酒瓶、在缥缈的云雾中胡军穿风衣大步向前去。 2.胡军走在沙漠中。一只半埋在沙中的表。 3.渺茫的大海中,胡军直视远方,掌舵行船,扬帆向前。 4.产品及LOGO。字幕:行多久,方为执着;思多久,方为远见。时间给了男人味道。衡水老白干喝出男人味。	1.胡军,名人形象,帅气而又有力量,执着而有思想的代表。 2.在沙漠、大海等各种环境下都不失勇气、信念和坚持。 3.产品、商标、广告语。	1.铿锵的背景音乐。 2.(画外音)行多久,方为执着;思多久,方为远见。时间给了男人味道。衡水老白干喝出男人味。	1.音乐:力量、有序、男性的体现。 2.思与行、时间与坚持、力量与勇气体现在广告语中。 3.体现对主题的诠释:男人味就是男人的力量、坚持和思想。
2.海澜之家	男人的衣柜	画面: 1.一对恋人走进海澜之家。 2.各种男士的服装。女孩开心地欣赏着这些衣服。 3.男孩穿着各种时尚服装,跳着动感的舞步。女孩欣喜地看着。 4.男孩身上的衣服不断变换着,或时尚,或庄重。 5.品牌标识。 字幕:发现时尚动感的他,发现率性洒脱的他,发现睿智进取的他。	1.品牌标识及店铺标识。 2.丰富多样的男士服装,表明在这个店铺里,从样式、颜色、格调上,男士的衣服都很全,可满足多种需求和选择。 3.女孩作为一个陪衬的符号也表明了异性的欣赏眼光对这个品牌的肯定。	1.轻松、愉悦的背景音乐。 2.解说词:一年逛两次海澜之家,每次都有新发现。海澜之家,男人的衣柜。	1.轻松愉快的购物心情。 2.一年只去两次就会满足各种对服装的需要,省时省力省心。 3.新的发现是暗示这里的服装会不断更新、升级,以适应人们对时尚的追求。 4.广告语突出品牌个性,强化记忆效果。

3.品牌的理念型诉求广告

理念型诉求广告是通过向消费者传达一种理念,建构品牌的符号,体现自身的符号意义和特性。

案例分析 3－8：

品牌的理念型诉求电视广告示例

广告产品	品牌符号的意义	主要叙事影像符号		主要叙事声音符号	
		能指	所指	能指	所指
1.安踏	我们都是冠军	主要字幕： 1.品牌。 2.你没有他的天赋。你没有他的条件。你无人喝彩。世界,不公平？但你有梦想的权利。让心跳成为你的宣言,让疤痕成为你的勋章,让世界的不公平在你面前低头！ 3.安踏,永不止步！ 画面： 1.国外篮球名将及篮球场。 2.标准化的训练场地与田野、家里的院子、破旧的篮球场等各种练习场地的对比画面。 3.品牌标识。	1.品牌:安踏。 2.优越与劣势、先进与落后、标准与非标准等形成对比,暗示出优异成绩的取得是由许多优越性因素成就的。 3.各种艰苦的训练代表付出努力、克服各种困难、为创造奇迹不懈奋斗。	声音： 1.背景广告歌：皇后乐队的 We Are The Champions。我们是冠军。 2.广告语：安踏,永不止步。	只要付出,就能克服困难,创造自我价值。在不如人的客观条件下,一样能凭借自己的不懈努力取得冠军。也可以理解为只要付出了,就是冠军,因为付出本身体现出一种冠军的精神价值。
2.361度	我愿意,多一度热爱	黑色背景下,突出的字幕："这一度是远,这一度是近;这一度是神,这一度是魔;这一度是盲;这一度是明;这一度是夜,这一度是光,这一度是对运动的热爱,为了这一度付出一切。" 画面： 1.各种运动员训练的场景。 2.品牌标识。	1.品牌标识。 2.运动员的热情体现出对于体育本身的一种热爱,表达了对运动多一度的爱。	声音：激昂、澎湃的音乐。	运动员每天都在努力训练,这源于对体育运动事业的一份热爱和激情。暗喻企业豪迈、大气的价值观和追求源于对事业的热爱,所以要不懈奋斗,勇往直前。

(二)品牌的情感诉求广告

人类的情感很丰富,品牌的价值与之关联会使其具有人性化的内涵,并成为一种精神化、人文化的品牌符号。情感诉求是运用人的情感来诉求的品牌价值,通过这类广告叙事,将消费者的心理感受和消费体验变换为品牌符号传达出来,以此赋予品牌情感价值。

案例分析 3—9：

品牌的情感型诉求电视广告示例

广告名称	品牌符号的意义	叙事影像符号		叙事声音符号	
		能指	所指	能指	所指
德芙巧克力心声篇	全新德芙心声，触到身心愉悦。"此刻尽丝滑"	1.女孩悠闲地起床，走到窗前，又在屋中轻抚钢琴，然后拿出德芙巧克力，轻轻地放入口中，看了看包装纸上的品牌，脸上洋溢出愉悦的表情，身体随着轻快的背景音乐舞动，这时，丝绸一样的巧克力色飘带围绕着她舞动起来。2.产品及广告语（字幕）："此刻尽丝滑"。	高雅、成熟的女孩品味德芙有丝一般柔滑的感受和愉悦的心情体验。德芙巧克力丝滑柔顺的口感让人可以惬意地放松心灵，体验美味和高档的巧克力品质。	1.柔和、舒缓、愉悦的背景音乐。2.广告语：全新德芙心声，触到身心愉悦。"此刻尽丝滑"。	柔顺、丝滑、随心而动，随身而行的产品，是高品质、高品位的享受，是心灵愉悦的体验。

总之，不同类型的品牌符号会通过长期的电视广告诉求，在传播和记忆积累中形成消费者心中的品牌形象符号，它们都会具有自身的特点和价值，并达到很好的市场效果。

三、电视广告叙事中品牌符号建构的原则与问题

品牌符号建构对企业、产品和品牌的意义重大，其建构方法也很多，但要坚持以下原则，以确保品牌符号建构的"神话"效应。同时，对建构品牌符号时存在的问题要有一定的认识，以求更好地为品牌创建服务。

(一)原则

在以电视广告叙事文本为主要媒介来建构与传播品牌时，符号的选择和使用是一个关乎创意与表现的重要问题，如果这个文本出现问题，就会直接影响品牌的形象和意义。① 因此，在创建电视广告叙事文本时，对品牌建构要坚持以下原则：

1.品牌建构中要使用"超级符号"和"超级话语"

一个超级品牌就是一个伟大的符号系统，品牌要么始于符号，要么成为符号，通常两者都是。

超级符号是人们本来就懂得、熟悉、喜欢的符号，并且还会听它的指挥；超级符号是蕴藏在人类文化里的"原力"，是隐藏在人类大脑深处的集体潜意识。超级话语是嫁接了人类文化的符号。超级符号要一目了然、一见如故、不胫而走，必定是口语，因为传播是

---

① 华杉、华楠：《超级符号就是超级创意》，天津人民出版社2013年版，第1页。

一种口语现象,还要用套话。超级话语要么始于俗语,要么进化成俗语。

使用超级符号,把它与原本陌生的符号(如新产品及品牌)联系在一起,引发受众的联想,实现"换挡加速"的效应,可让陌生符号立即变得亲切、熟悉和有价值。①

案例分析 3—10:

飞科剃须刀电视广告

叙事主题:飞科剃须刀品质优异

主要的叙事视觉内容:

1. 产品特效画面:深色的背景下,黑色的飞科剃须刀在空中穿梭。
2. 三个剃须刀头旋转。
3. 刀网在光的作用下光鲜明快。
4. 产品全身掉入水中,水中冒出泡泡。

字幕:飞科剃须刀,全方位浮动剃须,三环弧面刀网,全身水洗。飞科剃须刀,中国驰名商标。

主要的叙事听觉内容:

1. 产品飞翔的声音。
2. 画外解说:飞科剃须刀,全方位浮动剃须,三环弧面刀网,全身水洗。飞科剃须刀。
3. 节奏感强的背景音乐。
4. 产品掉入水中的声音。

这则广告突出的是产品的优势特色,语言精练,声音浑厚,赋予品牌符号鲜明的记忆元素。在广告叙事表现中,品牌被重复提到,强化了记忆的效果。同时产品的三大优势特色建构了品牌的价值,针对消费者的心理,使用他们熟悉的语言和关心的话题来诉求,引发其联想,很顺畅地完成了"换挡加速"的过程。广告能够使品牌及其优势与广告叙事主题建立密切的关系,起到了品牌符号建构的功能。

2. 突出视觉符号和听觉符号的叙事意义

在电视广告叙事文本的创建中,无论是从电视媒体的特色,还是从受众的心理、感性消费时代的特点等方面分析,视听叙事符号的充分运用是必需的。当今感性的满足正逐渐成为消费的主要理由,感官的刺激逐渐成为消费的需要,而对感官的刺激是成功广告最重要的原则:强大的场面、突出的产品、靓丽的色彩、奇妙的声音等形象化的视听叙事符号有可能成为消费的由头,或发展成品牌的符号象征。所以在电视广告叙事创意和表现时,这些符号不仅要充分运用,而且要强调个性特色。如果同类产品都用几乎一样的

---

① 华杉、华楠:《超级符号就是超级创意》,天津人民出版社 2013 年版,第 41 页。

视听符号,广告也就失去了它的意义。

案例分析 3—11：

蓝月亮洗衣液电视广告·杨澜篇

叙事主题：蓝月亮洗衣液,您的专业选择

主要视觉内容：

人物：杨澜

道具：白色、红色、蓝色的衣服

背景：蓝色

情节：一滴蓝色的液体旋转后融入清水中

产品：蓝色的产品包装

字幕：(杨澜)做更专业的女性,不论工作还是生活。所以,我选择全新蓝月亮洗衣液。高浓度液态配方,凝聚非凡洁净能量,遇水瞬间溶解,爆发超强洁净力,让衣物亮丽如新。专业,让洁净更出众。专业,让女性更出众。蓝月亮洗衣液,您的专业选择。

主要听觉内容：

(杨澜画外解说)做更专业的女性,不论工作还是生活。所以,我选择全新蓝月亮洗衣液。高浓度液态配方,凝聚非凡洁净能量,遇水瞬间溶解,爆发超强洁净力,让衣物亮丽如新。专业,让洁净更出众。专业,让女性更出众。蓝月亮洗衣液,您的专业选择。

这则广告中整个色彩符号以蓝色为主,衬以白色,对比效果明显,给人以清晰、靓丽的感觉,同时也符合产品品牌中"蓝"字的特色,并和包装保持了一致。此外,在听觉上,突出的符号是"专业",它既表明了名人(杨澜)的特点——专业女性、专业主持人的公众形象,也将这一符号与产品联结,让人们对产品产生"专业"消除污渍的印象,从而使品牌价值得到体现,并令人印象深刻。

3.品牌战略性建设的意识

战略是什么？在普鲁士军事理论家克劳塞维茨的《战争论》中是这样定义的：战略是为达到战争目的而对战术的运用。所以,战略是一个大的战争计划,它的目的绝不是一两次的战役,而是通过一系列的战术,来赢得战役的胜利,从而达到最后的目的。即"战略是在任何时刻都不能停止的工作。""战略必须为整个军事行动规定一个适应战争目的的目标。"那么,基于品牌战略的建设,在电视广告的创意和策划中,对品牌建构就应该是一个战略性的思考而不是战术性的,即非一次性的成与败。每一个电视广告都要为这个品牌战略长远的目标服务,所以要有一个战略性的计划,包括电视广告叙事符号的选择和使用都必须有长远性的考虑,要为整体战略服务。[①] 如可口可乐一直是坚持"快乐"的

---

① 华杉、华楠：《超级符号就是超级创意》,天津人民出版社 2013 年版,第 35 页。

理念战略,所有的广告符号都是"快乐"的,上百年不变的核心理念符号,已经演变成为"快乐"的符号。

案例分析 3—12:

可口可乐电视广告系列

广告名称	产品定位	广告主题	主要叙事内容
1.2014年贺岁广告魔术篇	欢乐与团聚的魔幻饮料	团聚畅饮	过年的团聚时节,大家都在一起,但各自忙着自己的事。这时,有人打开了可乐,随着"刺"的一声,在欢快的背景音乐中,大家瞬间开心起来,他们用手机和一瓶可乐一起变魔术,让在场的孩子们开心极了。
2.可乐奥运广告篇	可乐与奥运同在,运动与畅爽快乐同在	可口可乐畅爽开始	一瓶可乐液体幻化成红色的奥运背景,激情的背景音乐下,奔跑的奥运火炬手、大声欢呼的人们汇成一股浓浓的、流动的红色液体,注入可乐瓶中。
3.创造快乐篇	可乐——创造个性昵称的快乐产品	创造昵称,创造快乐,一起分享	露天演唱会上,随着演员快乐的弹唱,两个美女手中拿到了一瓶有昵称的可乐,她们开心极了。一瓶可乐在欢快的人群中传递着,演唱者拿到后发现可乐瓶上也有昵称,大家一起举起可乐,快乐地欢呼着。

在上表中的几则广告中,快乐是永恒的叙事主题,不管是怎样的叙事情节,都是从不同的角度来演绎和传递快乐的情感。这就是品牌战略的表达,也是目前我国品牌建构中最缺失的内容。

(二)存在的主要问题

品牌符号建构是一个具有长期性、战略性、前瞻性和系统性的工程,在我国,虽然品牌符号也不少,但很多难以起到指导消费、赢得市场、提升形象的符号功效,具体问题主要涉及以下几个方面:

1. 生僻化问题

品牌形象清晰是品牌符号建构的重要意义,所以一定要在建构和传播品牌形象的电视广告文本中选择能够清晰表达其特色的符号,而这一个符号一定也是要通过受众的解码才能实现对品牌的认知,而受众是否能按照创意者所编码的符号来清楚地认识品牌还受许多因素的制约,特别是受众自身的文化背景、生活经验、认知情景等因素,如果不能充分考虑这些影响因素,就会出现品牌认知不清晰的结果。

案例分析 3—13:

兴业银行电视广告·赤道篇

叙事主题:中国首家赤道银行

主要叙事视觉符号：

1. 墨绿色的山水和蓝天。字幕：绿色的和谐。

2. 绿色的树木，阳光从树顶上洒下。字幕：绿色的和谐。

3. 一簇水柱从碧绿的树叶中间划过。字幕：绿色的和谐。

4. 一群洁白的鸽子在蓝天下的绿草地上走过。字幕：绿色的希望。

5. 绿地上一个穿白色西装的男士骑着自行车带着穿着白色婚纱的新娘，新娘打着一把白色的遮阳伞，开心地笑着。字幕：绿色的金融。

6. 蓝天下白色的风车在转动。字幕：绿色的金融。

7. 蓝天下，绿草地上一排白色的风车转动着。字幕：中国首家赤道银行——兴业银行。

主要叙事听觉符号：

1. 柔和的外文歌曲。

2. 画外解说：中国首家赤道银行——兴业银行。

在这则广告中，最核心的符号是兴业银行这个品牌符号，广告的叙事主题是使这个符号与"中国首家赤道银行"的符号直接等同。但"赤道银行"作为一个重要的符号，其能指在受众的心目中没有基本认识和理解，对大多数人来说，"赤道银行"是什么，根本没有概念，这就是个典型的"生僻词"。而把兴业银行等同于"赤道银行"，虽然强调了"中国首家"但仍不能完成与受众的顺畅的沟通，也无法得到认同和赢得好感。面对广告中的"生僻词"有多少人会专门去找资料来理解它呢？可想而知，这个广告不但没创造出"换挡加速"的神话效应，反而让人一头雾水。

实际上，"赤道银行"是指已宣布在项目融资中采纳赤道原则的银行。赤道原则（the Equator Principles，简称EPs)是由世界主要金融机构根据国际金融公司和世界银行的政策和指南建立的，旨在判断、评估和管理项目融资中的环境与社会风险的一个金融行业基准。

在这则广告中，绿色、自然是重要的主题叙事色彩，绿树、绿草地、蓝天等能指形象构成了表达"赤道银行"以环保服务社会的投资理念（所指意义）的要素，但受众对这些符号进行理解的前提是要知道"赤道银行"的概念。正是由于缺乏这种理解的认知前提，这些主题符号所建构的电视广告叙事文本成为无解的、空泛的符号集合，它的所指意义没能得到认同，品牌神话的建构是失败的。

案例分析 3—14：

中国农业银行电视广告·瑞雪篇

广告主题：大行德广，伴您成长

主要叙事视觉内容：

1. 大雪飘落在大地上,蓝天下一片白茫茫。字幕:厚积,不忧天地。

2. 地上厚厚的冰雪,一只小鸟从大树的枯枝上飞走。

3. 水面上的冰层慢慢地化开,浮冰随水流而下。字幕:蕴蓄,只为生机的内涵。

4. 厚厚的积雪覆盖着广袤的大地,慢慢化开,冰雪消融,河水湍流。

5. 一片绿色渐渐在冰雪大地上扩展开。溪水潺潺,枝丫长出新芽,转眼间一树碧绿,芳草满地……

6. 字幕及品牌标识:大行德广,伴您成长。中国农业银行。

主要叙事听觉内容:

1. 一声婉转清脆的鸟鸣,给冰封的大地带来了春的生机。

2. 片尾,深沉的(画外音)广告语"大行德广,伴你成长。中国农业银行。"

在这则广告中,主要表现的是由形象符号构成的画面叙事,整个叙事的内容是通过自然的变化来呈现的:不断降落的大雪厚厚地覆盖在大地上,河水结成洁白的冰层,随着天气的变化,冰雪渐渐融化,春回大地,万物复苏,一片绿色景象呈现出生机盎然。其隐喻意义是通过这些自然的符号能指来展示"厚积薄发、不断成长、生机无限"等所指意义,并把这些意义融入到中国农业银行品牌的价值中。最后通过"大行德广,伴您成长"的广告语,推进这些符号"换挡加速"生成一个更具有生机活力、逐渐成长、有社会责任感和使命感的品牌"神话"。但对于大众传媒的受众而言,有多少人能真正懂得这则广告叙事的主题意义?即使是明白画面意思,对广告语也不会很明白,因为这些符号对普通受众即中国农业银行的普通消费者来说,就是"生僻词",没有多少人能明白这个品牌意义到底是什么。

这两则银行广告的共性就是用了太"生僻"的符号,让本来存在于消费者身边、随时为他们提供服务的企业变成了让人无法理解和认识的陌生形象。电视广告叙事文本中的符号意义难以理解,更不易传播,呈现出虚、大、假的特点,远离了现实生活和现实消费者,这对自身的形象塑造、市场竞争、客户争取都很难起到积极的推进作用。

2. 层面化问题

符号的能指、所指和意义一定要建立密切的、顺畅的和无可替代的关系体系。电视广告叙事文本中的符号在建构这种意义系统时,也一定是遵循这样的原则,如五谷道场方便面广告就是将这个品牌符号与"非油炸"的定位联系在一起,这是别的品牌无法代替的品牌符号意义,也是消费者区别、选择和购买的重要依据。而许多品牌做不到这一点,广告中符号的能指、所指及意义之间常是层面化、牵强化、不顺畅的联系,无法达到很好的符号功效。

案例分析 3—15：

泸州老窖电视广告·登月篇

叙事主题：泸州老窖有百年传承

主要叙事内容：

1. 画面上，淡蓝色的月球表面，显示字幕并画外解说：我们中国人为什么去月球？因为38万公里不算很远。

2. 画面切换，星空背景下的一瓶泸州老窖。

3. 产品、品牌及中国探月标识，字幕：中国探月工程战略合作伙伴。画外解说："百年泸州老窖。"

这则广告中主要的符号有月球、探月、中国人、38万公里、百年泸州老窖等，广告的叙事主题是说明泸州老窖支持了中国探月工程，但除此之外也没有其他意义。而这个主题又过于层面化，无法形成深刻的符号关联，即产品与探月之间无特别联系，这让品牌符号显得牵强无力。

3. 形象化问题

太多的同质化、模板化广告都是重说理，就是一定要给消费者讲清楚为什么要购买产品，而忽视了对产品特色和品牌个性的宣传，也没能把电视媒体视听符号强烈刺激受众的作用发挥出来，它的叙事价值也只是个产品说明书的视觉版。忽视视听叙事符号的运用，偏重于理性诉求，这也是品牌建构中普遍存在的问题。其实，在电视广告极短的叙事时间里，几秒钟还听不到品牌、看不见产品，那基本上就等于浪费了广告费，所以要对这些感官符号进行强化运用。往往一个声音、一个色彩、一个词语就能成为一个品牌的标识，如英特尔"灯！等灯等灯（dēng dēng dēng dēng dēng）"的背景音乐声、可乐"刺"的开瓶声、肯德基的大红底色等，都是成功品牌的标识，通过在电视广告中不断传播，实现品牌符号化的"神话"效应。

4. 策略化问题

策略化指有长远的目光、全方位的考量、综合性权衡和系统化表述的思考方法。在品牌符号的建构中，国外很多品牌坚持使用这种方法，所以会有辉煌上百年的品牌，如可乐、耐克、宝洁等知名的国际大牌。而我国却很少有品牌能做得长远，这其中的原因很多，缺乏战略性、策略化思考是不可否认的重要因素。品牌符号的意义混乱、模板化、难认知等是最大问题。

案例分析 3—16：

伊利牛奶电视广告示例

广告名称	产品定位	广告叙事主题	主要叙事内容
1.李娜温情表白篇	新年，伊利是家人相约健康的保证	新年，和你爱的人相约健康	画面是在家中，李娜独白：有人问我，网球为你带来了什么？我说，带来了他。（画面出现比赛时的情景）我想这个世界上，也只有这个人能这么包容我。（画面又显示在家中）丈夫和她温馨地在一起的情景，她倒了两杯牛奶。这时窗外焰火满天，一片节日气氛。李娜把手中的一杯奶递给丈夫，说道："老公，新年健康！"丈夫说："干嘛？"她答道："你健康，我才能欺负你一辈子啊！"并独白："新年，和你爱的人相约健康，伊利。"
2.参观伊利工厂篇	生产管理严格，科学保证了产品品质好	态度，决定品质	一个小朋友参观伊利工厂，管理人员介绍牛奶在生产中都是密封的，以保证安全。从每一个细节实践健康承诺。
3.陈一冰篇	保证运动员训练和比赛的营养和力量	中国队唯一专用乳制品	画面中陈一冰正在训练的情景，独白：代表中国的力量，我们只用金牌说话，继续男子体操的王者风范。比赛与训练、力量与营养，我们必须面面俱到。画外解说：伊利符合中国体育代表团严格营养标准，连续八年提供专业营养支持，为中国骄傲贡献力量。独白：让世界看看中国的力量。画外音解说：伊利，中国队唯一专用乳制品。
4.母女篇	保持年轻身材与健康的产品	重新发现牛奶的价值	母女两人一起健身，身材一样苗条和健康，能共同做各种高难动作，母女一样年轻让人难以相信。
5.全新升级篇	产品全新升级，滋养生命活力	伊利促进孩子快乐成长、年轻人健康开心，大家能在一起享受生活	1.儿童在家中快乐地喝着牛奶，画外解说：我会快乐成长。 2.年轻人在海边打篮球，并喊道："年轻有活力，跳得更高。" 3.一群年轻人一齐划船，并喊道："更强壮。" 4.一个美女在草地上做各种健身运动，并喊道："身材健美，更柔韧。" 5.一群年轻人开着跑车在海边开心地游玩……并喊道："我们健康在一起。" 广告语：全新伊利。全新升级。滋养生命活力。

以上的几则伊利电视广告，定位、主题及表现都不一样，很难看出这个品牌有什么统一致的品牌策略，即伊利到底要让受众把它当成什么样的品牌符号来看，有什么样的品牌意义。几则广告中所运用的叙事符号也不相同，情节差距很大，符号在"横向组合"和"纵向聚合"上的延展空间都只限于广告本身，没有更宽广的创意空间，也无法激发受众潜在的想象力，这与国外大品牌有很大不同，也影响了品牌核心价值的传播。许多品牌通过符号建构核心价值后，不断推出各种互不相关的广告叙事文本，符号频频更换，根本不考虑品牌初建时的核心价值和定位是什么，常让人们处于疑惑状态，引起受众对品牌符号认知的混乱，以致于对品牌无法形成长久的忠诚度。

品牌策略应该在确定品牌核心价值后，充分发挥符号的作用，编码和建构表达同一核心价值的各种广告叙事文本进行传播，这也是国际品牌惯用的策略。如上文中提到的可乐广告即是如此。

第四节　电视广告叙事中的符号学批评

电视广告叙事文本是由各种符号建构而成，这些元素符号在每个广告中的运用都是依据广告创意的需要，但在这些符号的使用和传播中会出现一些问题，甚至会影响到整个广告叙事文本的表现和效力。其中主要有以下几个方面：

一、电视广告叙事创意本身对符号与产品关系理解的不准确

电视广告叙事创意本身就存在问题，当然在符号编码上也会出现表达不准确的地方。概括地说，创意思路不对，主要是在对产品定位、广告主题、受众心理的把握等方面，以及与所运用符号之间的关系的认识上存在问题。这样的文本自身就是错误的，必然导致广告出现问题。

案例分析3—17：

今麦郎方便面电视广告·大运会篇

叙事主题：

今麦郎方便面支持世界大学生运动会中国代表团参战

主要视觉叙事内容：

1. 在机场，大学生运动员告别送行的人们，即将登机去参加世界大运会。

字幕：今麦郎面随团出征土耳其。

2. 在机场，工人们正在往一辆今麦郎专用运输车上装产品，它将随运动员出征。

3. 与各国运动员一起欢聚的场面……各种运动的情景。在各地风景名胜的背景下，远远能看到今麦郎方便面的大幅户外广告。

4. 中国运动员和世界各地运动员一起欢快地争着吃方便面。

5. 大块的牛肉，鲜亮的浓汤、热气腾腾的面条……各国运动员都露出了垂涎欲滴的表情。

6. 运动员们很享受地吃面。

主要听觉叙事内容：

背景音乐：《只要有你》

歌词大意：

我们的心腾空而起/像阳光冲出地平线/心与心在交汇/让真情相连/海，会分享满天的蓝/让梦想卷起澎湃的帆/迎风呼啸/爆发全部动力/只要有你/力量永不停息/只要有你/让我们成就奇迹

广告语：美味无国界，经典拉面。第二十三届世界大学生运动会中国代表团专用面。

这则电视广告叙事中的符号最主要的就是方便面和大运会，主题就是将这两个符号联

系到一起。的确,今麦郎赞助了这一届世界大学生运动会,但也没必要做这样一个广告,让人觉得啼笑皆非。首先,创意本身就不真实,试想这么重要的运动会,运动员要消耗大量的体能,平时训练都要加强营养,比赛这么关键的时刻让运动员都吃方便面,真实吗?其次,全世界的运动员好像没见过方便面似的,又好像饿了很久一样,和中国大学生运动员一起争着吃方便面,这不是太可笑了吗?再次,在各地风景名胜背景下的产品大广告明显是假的。最后,主题歌还不错,但如果是歌唱方便面的,那就太离谱了。当然还有许多让人感到不舒服的地方,这些都让人们无法顺畅地将两个符号:产品和大运会,联系到一起。

二、电视广告叙事表现中的符号运用不当

商品就是符号,人们通过消费符号完成对自我角色的定义。符号定义商品,商品符号定义人。①

(一)电视广告叙事文本中的符号难解、无意

电视广告叙事文本中符号难解、无意是指符号本身不能被受众理解,或没有产生有意义的效果,或不够准确。心理学研究表明,对于熟悉的大众叙事的文本,人们更容易接受"俗符号",即他们已经对这个符号的能指和所指都相当熟悉,也就是"熟符号"。它们或源于日常生活,或源于文化俗成。广告中这样的符号对受众的视觉冲击、理解程度和记忆活动都有积极效果。"如果广告采用的是谁都语焉不详的符号表达,人们无法从符号的能指顺利地过渡到其所指,广告就成了自说自话。"②但电视广告的叙事文本中经常会用一些极不为人所熟知的符号,使整个广告让人无法理解,成为能指的"游戏"。

案例分析3—18:

金龙鱼油电视广告·1∶1∶1篇

叙事主题:金龙鱼油,1∶1∶1
主要叙事视觉符号及情节:
能指部分:
1.妈妈正在家里切菜,这时孩子和妈妈说话。
2.妈妈拿着一桶油,两个老头分别站在她的左边和右边,一个手拿报纸,一个手中端着菜盆。
3.八个不同的油桶合而为一。
4.红色的背景下,产品及字幕:"1∶1∶1,平衡营养更健康。"
所指部分:
1.妈妈、做饭、家庭等符号表明产品是普通人家常用产品。

---

① 华杉、华楠:《超级符号就是超级创意》,天津人民出版社2013年版,第7页。
② 李思屈:《广告符号学》,四川大学出版社2004年版,第106页。

2. 两位老者的出现表明生活经验丰富的老人也都信任产品。

3. 八桶合一,表明产品的营养比一般产品多很多。

4. 以黄色调为主,红色为陪衬,突出产品特色。

5. 强调平衡营养更健康的比例是:1:1:1。

主要叙事中的听觉符号:

1. 孩子喊道:"妈妈!老师说油要换着吃。"妈妈说:"金龙鱼调和油不用换。一桶金龙鱼调和油具有八种油的营养。"

2. 画外音:帮助人体达到1:1:1,膳食脂肪酸均衡。金龙鱼调和油,一瓶就有八种营养。

所指部分:

1. 老师告诉孩子要经常换油用。

2. 强调产品的特色:有八种营养。

3. 提出广告主题:1:1:1,膳食脂肪酸均衡。

问题分析:

1. 孩子、老师、"换油用"等能指符号让受众首先感觉到的就是假,一个小学生怎么上课能学到这么专业的知识?有这样的课堂为什么不专门给家长开设,而是给与做饭无关的小学生讲这方面的内容?

2. "1:1:1,膳食脂肪酸均衡",这个主题到底是与什么内容相比的结果?产品怎样做到的?什么叫膳食脂肪酸?这些对人们的健康有什么好处?都没说明,又都不是日常生活中的俗语,让人费解,符号在此使用无意义。

3. 老者的出现也是不恰当的能指符号,一个女人在家做饭,身边出现两个老头,这个符号的使用让受众困惑,降低了整个叙事文本的可信度。

据《北京晚报》(2004年9月11日)报道,这则广告播出不久便被叫停了,其中最主要的原因就是主题表述中出现问题。

据了解,目前正在播放的金龙鱼广告"醒目"地打出了1:1:1的旗号,而这一比例数字又并不代表调和油里3种脂肪酸的比例,真实的比例数字0.27:1:1以较小的字体"不显眼"地出现。市工商局广告处有关负责人表示,这种广告内容极易引起消费者的误解,容易使人认为该产品的脂肪酸比例是1:1:1。这位负责人说,广告应传递给消费者清晰的概念,其内容应真实合法,不应引起误解。因此工商部门要求这一品牌在中央台、北京台等媒体暂停播放广告,对广告内容进行修改。

此前,关于"1:1:1"的广告语,曾有消费者多次提出疑问,金龙鱼方面的解释是,1:1:1比例是一种概念,它是倡导一个人的饮食结构中饱和脂肪酸、单不饱和脂肪酸和多不饱和脂肪酸最好达到1:1:1的比例,而并不是说自己的油里这3种酸的比例能达到这样的标准。"我们已经标注了油里3种酸的比例是0.27:1:1。"另一方面,油只是饮食材料的一部分,按照中国人的饮食习惯,在食用金龙鱼调和油的基础上,还会再搭配其他的食品,人们通过摄取食物总体来说能够达到1:1:1的脂肪酸比例。金龙鱼倡导这种健康的生活方式,就在广告中进行了宣传,但细节没有说清楚。

(资料来源:百度网)

案例分析 3－19:

雅姿电视广告·8 分钟醒肤膜篇

叙事主题:雅姿 8 分钟醒肤膜,快速有效

主要视觉叙事符号:

能指部分:

黑色的背景下,出现品牌名称 ARTISTRY,动画效果表现蓝色数字 8 变化成一瓶产品,许多光束、光点不断变幻闪耀,背景中还不时出现几行密密的蓝色小字。最后特写是女性光滑的脸及品牌标识。

所指部分:

动画、黑色背景表现高科技和神秘感,同时突出产品和品牌。不断幻化的光影表现出产品的灵性和动感。女性光滑的脸部特写突出效果和产品价值。

主要听觉叙事符号:

能指部分:

1. 解说词:ARTISTRY 雅姿 8 分钟,相信肌肤潜能力,雅姿 pH 醒肤膜,智能识别肌肤 pH5.5。层层激发潜能,莹滑、年轻,唤醒肌肤全盛期。雅姿 8 分钟。

2. 轻松的背景音乐。

所指部分:

强调 8 分钟的醒肤记忆效果。

问题分析:

这是一则以功效诉求为主题的叙事广告。解说词中有许多模糊的概念,如智能识别肌肤、pH 值 5.5 等,这些叙事符号都是什么概念,广告文本中没有解释。这使符号无法完成叙事的功效,只能停留在能指的层面上,叙事文本在更多的意义上成了能指符号文本,它的所指无法表达,也就失去了与受众进行有效沟通的作用。也许广告本身是想通过这种神秘的表达方式来让受众感受到高科技的魅力,但事实上受众接收到的是一个基本上听不懂、看不明白的广告,没有什么实际意义。

可见,如果电视广告叙事文本在创意时就对它所宣传的广告信息是否是"熟符号"、能否让受众明白和认同,缺少认识和理解,就无法有效而准确地选择符号进行编码,从而导致创意失败。创意决定表现和功效,创意出了问题会直接使广告失去生命力。

(二)电视广告叙事文本中的符号误用

即文本中叙事符号的使用不当使受众在解读时产生歧义。

1. 背景和情节元素符号的不真实

案例分析 3－20：

背景和情节元素符号的不真实示例

广告名称	叙事文本的主要视觉符号		叙事文本的主要听觉符号		主要存在问题
	能指	所指	能指	所指	
1. 加多宝2013年贺岁广告	画面 1. 一罐加多宝。 2. 超市里一片红色，货架上全部都是加多宝。男女老少兴高采烈地从货架上拿下许多加多宝放在购物车里。 3. 红色的灯笼、大红柱子、红色的窗花。年轻人带着加多宝送给长者，大家都穿着红色的衣服。 4. 相聚的宴会上大家开心地拿着加多宝干杯，十分享受的样子。 5. 窗外烟花开放，打出加多宝字样。 6. 产品及品牌标识。 字幕：过吉祥年，喝加多宝。全国销量领先的红罐凉茶，改名加多宝，还是原来的配方，还是熟悉的味道。	1. 产品及品牌。 2. 红色表明过年，与产品的包装颜色一致，同时突出红罐的概念。 3. 过年的喜庆氛围中，吉祥的祝福与红色相对应。 4. 将吉祥年与产品联系在一起，把产品定位于中国重大节日的必备品以促进销售，提升产品和品牌的文化价值。 5. 人们在超市中热情地购买产品，表明其市场销售的旺盛，受众的消费欲望得到有效激发。 6. 宴会上开心和享受的感觉表达了产品可以给人们带来美好的情感体验。	1. 解说词：过吉祥年，喝加多宝。全国销量领先的红罐凉茶。改名加多宝，还是原来的配方，还是熟悉的味道。 2. 喜庆的背景音乐。	1. 强调产品及产品的正宗性。 2. 喜庆的背景音乐营造了过年气氛，传递了人们愉悦的心情。 3. 强化产品与过年、吉祥的一定联系。	1. 超市中全都是加多宝产品，人们也都在抢购产品，送给家人过年的礼品、宴会上的饮品都是加多宝，这些背景和情节符号明显是虚假的，让人对整个广告都产生质疑。 2. 广告语：有加多宝才叫过年。只是提出一个新概念，企图让两个没有任何关系的符号"加多宝"和"过年"产生联系。但这种关系明显牵强附会。
2. 汇源2007年贺岁广告	画面： 1. 在超市里，许多汇源礼品盒被人们抢购，超市所有货架上都是汇源。 2. 在到处都挂着大红灯笼的背景下，大家穿着过年的新衣服，手里都拿着汇源礼品盒，喜气洋洋的样子。产品代言人袁泉拿着一盒汇源。 3. 人们带着汇源礼盒回家送给家人。 4. 家里的人们手里都拿着汇源礼品盒。 5. 在家里的团圆宴上大家也都喝着汇源，用它干杯。袁泉很高兴地喝着汇源。 6. 孩子们高兴地拿着汇源。 字幕：买汇源，送汇源，红红火火过大年。幸福源泉喝汇源。有汇源才叫过年呢。产品代言人袁泉。	1. 过年的背景下，人们抢购汇源。 2. 名人代言。 3. 过年回家也带着汇源，表明家人也喜欢，产品定位为节日礼品和热销品。 4. 家宴上大家都喝汇源，暗示喜欢此产品的消费者很广泛。	1. 背景音乐：喜庆的锣鼓和乐曲。 2. 歌词、字幕：买汇源，送汇源，红红火火过大年。幸福源泉喝汇源。有汇源才叫过年呢。 3. 欢庆的乐曲和明快、押韵的歌词传递了过年的气息，强化了产品的附加价值，激发人们的购买欲望。	1. 歌词中反复唱着过年买汇源、红红火火、幸福有汇源才叫过年的广告语，突出了产品的定位和消费的喜悦心情。	背景符号不真实： 1. 超市没有别的产品全都是汇源。 2. 在家里聚会时大家全都喝汇源。 3. 过年给家里人送的礼品也全是汇源。 4. 广告语：有汇源才叫过年。只是提出一个新概念，企图让两个没有任何关系的符号"汇源"和"过年"产生联系。但这种关系明显牵强附会。

在上述两则广告中,符号的使用有很多相同的地方,创意和表现明显有同质的倾向,都是想通过对"过年"这个具有重要意义的符号进行挖掘,然后植入产品,从而建立起产品符号与"过年"符号的联系,并以此来表达产品是"过年消费品"这样的新符号所指意义。然而由于只注重塑造和阐述"过年"这个符号,对产品与"过年"之间的关系诠释不够,只是层面化的建立起所指关系,对受众来说没有利益关联,因此,无法产生新的所指意义。广告叙事中背景和情节符号使用的虚假就在于过分地夸大产品的消费情景,反而引起受众质疑,破坏了整个广告叙事的真实感。

2. 人物符号的不对应

人物符号在电视广告叙事文本中的使用意义很多,一方面他是整个叙事的一个角色;另一方面,作为符号,其所指意义能够对产品产生影响,引发受众的美好联想,从而明确产品的定位和价值等。因此,用名人代言时,如果人物符号使用不当,不但达不到宣传效果,反而会有损产品和名人的形象。

案例分析3—21:

立白洗衣液电视广告·孟非篇

叙事主题:洗护合一

主要叙事中的视觉符号内容:

能指画面:

1. 一位女士拿着一筐衣服。这时孟非接过来。
2. 女士一边不停地拿着衣服一边讲解着该怎么洗。
3. 孟非拿着小本子记录女士说的每句话,很认真的样子。
4. 孟非扔掉小本子,介绍着产品。
5. 衣物被洗黄、洗旧、洗硬的画面。
6. 产品及品牌。

字幕:"我来洗""衣服洗一次伤一次。要轻点儿搓,反过来洗,加柔顺剂""不用麻烦。有全新立白洗衣液。洗护合一,护色不伤衣。防止衣物变黄变旧变硬。洗护合一,立白洗衣液"

所指:

孟非,受众心理形象是一位幽默、睿智的主持人,也是家庭好男人。女士的唠叨表明洗衣服的过程很复杂,反衬出产品的优势。

主要叙事中的听觉符号内容:

能指:

1. 轻松的背景音乐。
2. 孟非对女士说:"我来洗。"

3. 女士说:"衣服洗一次伤一次。要轻点儿搓,反过来洗,加柔顺剂。"

孟非说:"不用麻烦。有全新立白洗衣液。洗护合一,护色不伤衣。防止衣物变黄变旧变硬。洗护合一,立白洗衣液。"

所指:全新立白能解决掉以往人们洗衣服的麻烦,改善洗衣服的效果。

存在问题:

仅从代言人物的形象分析,孟非主要是因为主持著名的婚恋节目《非诚勿扰》才出名的,他在受众心目中是一个睿智、幽默、可信的好男人形象。但在这则广告叙事中,广告主题与他的形象没有什么关系,他作为一个主要叙事符号,意义在于他叙述出了产品的优势,完成了叙事的情节。但这则广告最多是利用了他的好感度和知名度,明显地表明他是在"做广告",而且产品效果的展示过于虚假,无法与受众进行有效的沟通。

3. 功效和成分表达符号的夸大

功效和成分被夸大的符号表达,也同样会产生电视广告叙事虚假的效果。

案例分析 3—22:

涉嫌夸大功效和成分的电视广告示例

广告名称	主要视觉叙事符号		主要听觉叙事符号		主要存在问题
	能 指	所 指	能 指	所 指	
1.玉兰油·聚会篇	1.一张毕业照和一张三人合影。 2.一个年轻妈妈在哄两个孩子玩。 3.年轻妈妈在想象着。 4.一个产品:玉兰油多效修护霜。 5.脸部细纹、毛孔、肤色不均等问题被产品解决后的动画效果。 6.年轻妈妈很自信的样子。 7.聚会上,同学一眼认出了她,并说道:"你一点都没变咦!""跟刚毕业的时候一样。" 8.年轻妈妈看着毕业照笑了。	毕业很久了,已经是两个孩子的妈妈,但在同学聚会上依然像毕业时的25岁一样年轻。是因为使用了玉兰油多效修护霜,它有七层修护的功效,让岁月不再是问题。	人物独白:毕业后好久没见,明天同学会,大家变得什么样了呢?25岁开始,玉兰油多效修护霜,一瓶对抗七大岁月问题。肌肤细致嫩滑,总在年轻状态。过了25年,还像25岁,真的做到了。你也可以,多效修复系列。	毕业后岁月的流逝,生儿育女的辛苦并不会给自己留下肌肤问题,因为有玉兰油的多重修护功效,一直保持25岁时的年轻状态不是问题。	功效夸大 1.从常理上是不可能做到毕业多年后,结婚生子都没有带来肌肤的变化的。 2.在能指符号叙事上,一张毕业时的三人合影中,三个人都岁数不小了,根本就不像毕业的年龄,成熟程度和毕业后多年没区别。所以在产品功效的所指意义表达上,失去了对比的意义,两张照片原本就区别不大。 3.年轻妈妈本来就不是25岁的样子,这个代言人符号所指本身就是中年人的样子,所以毕业后多年依然是这样,就不难理解了。

续表

广告名称	主要视觉叙事符号 能指	主要视觉叙事符号 所指	主要听觉叙事符号 能指	主要听觉叙事符号 所指	主要存在问题
2.伊利·年轻妈妈篇	1.伊利商标。2.一位美女拿着杯子,刚喝完奶,嘴唇上留着奶沫。3.这位美女和另一位美女穿着健身服,一起在健身房练健美操。舞出各种姿势。很多训练的美女投来羡慕的目光。4.这位美女拿着一杯牛奶,陶醉地喝着。(字幕:维生素群)5.苗条身材。(字幕:乳钙)6.产品、品牌标识及字幕:重新发现牛奶价值。7.蓝色背景下,伊利品牌标识:滋养生命活力。	伊利产品,美女都爱天天喝伊利,所以能保持身材和健康体质。妈妈和女儿一样,身材苗条,气质好,能和女儿一起做出各种健身的动作。就是因为喝了伊利,才能不断补充乳钙,保持健康体质和理想身材。美女嘴唇上的牛奶沫说明奶质好。	1.独白:我爱牛奶。2.画外独白:"都说我俩是姐妹花,她是我妈。"3.画外解说:"想年轻天天喝伊利。气色好,更挺拔。"4.美女搂着妈妈调皮地说道:"妈,要不然我叫你姐好了。"5.画外解说:"重新发现牛奶价值。"6.画外解说:全新伊利。	美女之所以有美丽的身材和气质,是因为喜欢牛奶,妈妈和美女身材和体质一样也是牛奶的价值表现。美女调皮的样子和所说的话充满幽默。画外解说强化品牌的记忆效果。	功效夸大:牛奶能够使年龄都没有差别,这个效果明显夸大。两个美女一看就差不了多少岁,这两个符号在能指上看不出区别,怎么可能是一对母女呢?
3.康师傅红烧牛肉面·味道篇	1.一片片切好的牛肉余入水中,还有好多的葱。2.正在煮的肉上放了好多的佐料。字幕:入味。3.产品及品牌标识。4.沸腾的肉上,咕噜咕噜地冒着泡。字幕:够味。5.一个鸡蛋打破,和面粉融在一起,一会儿面粉上放着好多的鸡蛋。字幕:对味。6.面粉很快变成一排排的面条,好多的佐料浇在面上。品牌形象两次出现。7.分栏画面中人们都在吃康师傅红烧牛肉面。8.人们开心的样子。	1.牛肉很多,煮制时佐料丰富,面粉中添加了许多鸡蛋,这使产品入味、够味和对味。2.整齐的肉片、咕噜地冒着泡的煮肉、一大堆鸡蛋和面粉都是能引起人们食欲和激发人们对产品产生丰富联想的能指符号。	1.画外解说(男):康师傅红烧牛肉面,入味,够味,对味。就是这个味。康师傅红烧牛肉面。2.画外音(女):就是这个味。3.画外解说(男):对味。	声音突出了产品的成分和品质,咕噜声音更是表明产品制作时的美味。人们吃完后的赞美声表明对产品品质和品位的肯定。	成分夸大:即使是广告一开始就有字幕表明:产品以实物为准。但这种夸张的画面符号还是令人生厌,许多方便面广告中都有这样的画面,其实都知道这是不可能的。方便面本来也不是多么有品位的美食,也不是用来补充营养的食品,它只能做充饥的速食。这些符号叙事与主题都存在明显的夸张成分。

以上这几则广告,由于符号运用不当,表现出明显的夸张成分,易引起受众的质疑和反感,是电视广告中最容易产生负面影响的符号元素使用情况。

(三)叙事文本中符号组合形式化,深度与内涵不能充分表达主题

电视广告叙事文本中所使用的符号有时只停留在能指的表层,没有意义,所指没深度,很难完成对主题的表达,还易引起受众质疑,从而降低了广告本身的可信度。

案例分析3—23:

银鹭花生牛奶电视广告·王珞丹篇

叙事主题:爱的味道

主要叙事视觉内容:

能指部分:

1. 一位美女(王珞丹)手拿产品、很享受的样子。

2. 一位帅哥在蓝天白云、一片绿色的背景下唱着产品。

3. 美女亲吻帅哥,帅哥陶醉的样子。美女羞涩并欣喜的笑容。

4. 动画的牛奶和杏仁在蓝天白云下融为一体演变成产品。

5. 蓝天下绿地上一群人都拿着产品在喝,前面一个可爱的小女孩,指着自己的脸示意美女亲自己,美女含羞地笑了。

6. 美女亲吻的样子。

7. 产品及LOGO,字幕及广告语:一口香浓,一口幸福。画面中有一个唇形。

所指部分:

1. 王珞丹:美女、清纯、快乐。

2. 帅哥:幸福的恋人。

3. 蓝天白云、绿草和产品包装的红白相衬托,表现出一种干净、明快、清朗、绿色、天然的背景环境。

4. 牛奶与杏仁动感的融合体现出产品的成分天然、纯净、完美组合的佳品。

主要叙事文本中的听觉内容:

能指部分:

欢快的歌曲:给我一个吻,可以不可以。吻在我的脸上,香香浓浓的……银鹭,爱的味道。

画外音:一口香浓,一口幸福。银鹭,花生牛奶。

所指部分:

快乐、幸福的主题音乐,将吻与爱联结在一起,并把这份爱意转移到品牌上,使品牌产生附加值——爱的味道。

问题分析:

1. 广告中借用了邓丽君的名曲《给我一个吻》,歌曲表达的是年轻男女之间的美好爱情,吻作为一个爱的符号,在情人表达有特殊的意义。但这则广告中直接拿这个符号做

叙事元素,过于简单化。爱是一种有深度和内涵的情感,怎么能用一个吻就代表了?明显肤浅化了。

2. 王珞丹与男主人公的"吻"没有任何情节,而且两人还都拿着产品在喝,表情很享受,这些符号的意义就只有两个方面:一是对"吻"的感受,二是对产品的感受。这种牵强的表现只会使受众产生虚假感。试想,如果像这样就可以在吻→爱→产品之间建立"换挡加速"的神话效果,那就可以不只是银鹭而是任何一个产品了,这肯定不是广告想要达到的效果。

3. 最后的广告画面是很多人都在喝银鹭花生牛奶,这些符号明显是做广告的感觉,只是能指的游戏,所指意义难以产生,真实的感情无从谈起。

综上所述,符号学的理论对我们认识和理解广告叙事符号有重要的指导意义,从这一角度对现有电视广告叙事文本进行批评,有利于全面把握广告符号价值、品牌符号建构的方法和存在的问题,从而对广告实践活动产生积极意义。

第四章　电视广告叙事中的审美批评

对电视广告叙事文本进行审美批评,即从叙事文本自身出发,对其创意与表现的美学意义进行审视和分析,并对目前电视广告叙事中存在的审美问题进行批评和阐释,从而对广告美学的价值有更深入的解读。

第一节　审美及电视广告叙事审美概述

研究审美的前提是搞清楚美的界定,以及美感、审美、美与真、美与善之关系等问题。因此,笔者依据美学相关论述,对一些基本概念和理论进行了阐释。

一、美、美感和审美

美是什么?就其本质而言,可概括为:美是人的本质力量对象化中符合人的审美价值的那种形象。

美感则是人的审美感受,是对象事物作用于我们的感官,引起一系列的心理反应,让人在精神上或情感上获得一种愉悦感的直观审美感受。

美的最终根源在于人的自由创造。自由是对必然性的认识和对世界的改造。美的形象中蕴含着人类一种最珍贵的特性——自由创造。

美感作为审美主体对审美客体的感受,是一系列因素相互渗透、相互作用的综合运动。它们包括知觉、表象、情感、想象、通感、理解等诸多心理活动。

事物的审美价值是事物在与人发生审美关系、组成审美系列后产生的关系质和系统质,是能满足人们审美需要、符合人们审美理想、能使人产生愉悦美感的意义和价值。[①]

[①] 王世德:《影视审美学》,北京广播学院出版社1999年版,第9页。

二、美和真、善的关系

美是自由创造的形象体现,而自由创造又是合目的性与合规律性的统一,合乎规律性是真,合乎目的性(即合乎功利性,人的目的性都体现一定功利要求)是善。就对象体现规律看是真,就对象符合一定社会功利目的看是善,就体现人的自由创造的形象看就是美。[①]

(一)美与善

美引起人们愉悦情绪的特殊性在于直接性,即由生动鲜明的形象直接引起美感。在美所引起的愉快的根底里潜伏着人们的利益,所谓"潜伏"是指和功利的联系是间接的、隐晦的。鲁迅讲:"功用由理性而被认识,但美则凭直感地被认识。享乐着美的时候,虽然几乎并不想到功用,但可由科学地分析而被发现,所以美的享乐的特殊性,即在那直接性,然而美的愉乐的根底里,倘不伏着功用,那事物也就不见得美了。并非人为美而存在,乃是美为人而存在。"[②]"在一切人类所以为美的东西,就是于他有用——于为了生存而和自然以及别的社会人生的斗争有着意义的东西。"[③]这是就美的内容看,美的事物是一种肯定的、有积极意义的生活形象。[④]

从历史唯物主义的高度也可见物质生活需要与精神生活需要(包括审美需要)的关系。人类最初进行生产并不是为了创造美,也没有专门创造出美的对象。美和实用是结合的,有用的、有益的,往往也就是美。因为只有在有用的对象中,才能直观地看到人类创造活动的内容,才可以感到自由创造的喜悦。

所以,美是观赏的对象,能唤起情感的喜悦;善则是意志活动(目的、功利)的对象,[⑤] 它常与美同时存在并被人们所感知。

(二)美与真

真是指客观世界自身的变化、发展规律。真理是指对客观事物及其规律的正确反映。美的产生是以人在实践中对真的认识和掌握为前提的。美是通过实践,在认识客观规律的基础上,肯定人的自由创造的生动形象。

相对而言,丑则是对人的本质具有否定意义的东西,但并不等于恶,形式丑——畸形、毁坏、芜杂等,往往不直接与恶相关联,恶更多的是一种道德伦理上的界定。[⑥]

---

① 杨辛、甘霖:《美学原理新编》,北京大学出版社 1996 年版,第 26~27 页。
② 《鲁迅全集》第 4 卷,人民文学出版社 1980 年版,第 207~208 页。
③ 同上,第 207 页。
④ 杨辛、甘霖:《美学原理新编》,北京大学出版社 1996 年版,第 29~30 页。
⑤ 同上,第 31 页。
⑥ 同上,第 30~32 页。

三、美的主要特征

美的特征主要有以下几点：
1. 美是一种在情感上具有感染力的形象。
2. 人的自由创造赋予形象以美的生命。
3. 美具有潜在的功利性,美是社会实践的产物。
4. 形式对于美具有特殊的重要意义,形式对于形象是必不可少的。

对这些特征的充分认识,对我们研究审美对象有指导意义。[①]

四、影视作品中的审美内涵

影视审美学的探索与创建,即把美学(包括文艺美学和影视美学)与人类学融汇,以价值论为研究基础,不是把影视艺术仅仅看作认识世界的一种方式,而是把影视艺术看作审美的创造活动,看作是表现作者审美意识(理想、感情观点、兴趣),满足和引导观众的审美要求,通过对人类生存状态的情感体验性进行反思,体现对人类自由解放的真善美境界的追求,实现审美精神价值的活动。[②]

作为美学新基石的精神价值论,根本上要求具备有利于人类生命存在、幸福与发展的终极价值意义,而不是客观事物对主体的某种效用。好的影视艺术作品应该正确地反映出这种关系,并在最深的层次上、最高的宏观和表现中,表现人类对生命存在状态自由解放境界的追求,以及对这种追求的反思与展望,以激励人们追求更高的真善美境界。[③]

影视作品的审美创作具有运用有审美感染力的电视特有的声画形象语言,通过浸透了作者审美意识(核心是审美感情,其中渗透交织着作者的审美理想、趣味、观点、感受、直觉)的艺术形象,激起观众审美感情(愉悦心理)这样一种审美性质和审美特征。[④] 在这一概括中,第一个要点是有以电影特有的语言语法构成的艺术形象,它是作者运用精细技巧,即巧妙地使用电影艺术特有媒介、符号、表现手段,经选择、取舍,创造性地组织成的艺术形象体系。第二个要点是其中浸透了作者的审美情感,能刺激观众产生美感。第三个要点是它所引起的观众的美感,总的来说是艺术美引起的愉悦心理状态。

电视艺术总体的审美特征是:它作为显现在电视屏幕上、供人观赏的审美对象,能满足人们的审美要求,培养和提高人们的审美能力,美化人们的心灵、感情、情操、趣味、品质和精神境界,它是人对生活进行审美、掌握的最高形式之一,能满足和提升人们的审美要求。[⑤]

---

① 杨辛、甘霖:《美学原理新编》,北京大学出版社1996年版,第39~42页。
②③ 王世德:《影视审美学》,北京广播学院出版社1999年版,第9页。
④ 同上,第55页。
⑤ 同上,第90页。

五、电视美及电视广告的审美探寻

电视和广告都是社会发展和科技进步到一定阶段后产生的新艺术形式,它们自身有许多审美特点值得我们关注。

(一)电视美概说

电视美是人们经由电视这一"具有自然品质的客观现象",将人们"符合美的规律"的观念、意识渗透在其中的,并从这一"对象世界"里获得人们自我的"肯定性价值"的,从中感受到了"把握现实的自由"的一种特殊的美、一种特殊的客观社会现象。①

前苏联学者、美学家鲍列夫在其名著《美学》一书中,引用了作家斯特鲁加茨基兄弟的一段话来表达他对电视(当然包含电视美)功能的看法:"电视机很有可能成为新的特洛伊木马,它能钻进一般人的大脑和心灵,从内部瓦解他,将他变为市侩和卑劣的小人,变成强盗和杀人犯。电视将成为麻醉剂,这一合乎逻辑的趋势将把人变成自己的奴隶……但如果电视始终发挥自己的长处,它也能成为人的伟大导师。"对电视社会功能正反两方面的认识,使鲍列夫在本书的结语中,着眼于个人与人类整体的和谐,将美学(也应包括电视美学)的"最高宗旨和涵义"看作"人道主义"的"审美教育"。书中指出:"审美教育的最佳成果应当是造就一个完整而和谐、具有自身价值和社会价值、具有能动创造性的人。他具有高度的、富有个性的审美修养,这使他能够按照人道精神进行生活,使他的活动能够坚定,富有目的性、选择性、有效性、求实性,有益于整个人类……"鲍列夫认为,使个人的"自身价值与社会价值"都得以实现,对于美学——审美教育来讲,不仅是必要的,而且是可能的。他进一步指出:"……个人与人类的和谐从根本上说是可能的……"一个人的发展,他的不断完善需要社会来实现,并要为众人服务,而一个社会的发展则必须通过个人来实现,并以个人的幸福为目的。历史的意义和本质就在于个人和人间的和谐统一,这也是艺术的最高人道主义使命。②

(二)电视广告审美概说

电视广告审美要借鉴美学和广告学的理论,即可以从两个不同的视角对此审美对象进行研究。

1. 从艺术作品的视角关注电视广告审美

这主要是指批评家对艺术作品审美价值的鉴别、审美和判断。审美是艺术的重要特征,艺术作品作为一种以审美价值为核心并包含有其他多种价值的载体,既是艺术家美

---

① 胡智锋:《电视美的探寻》,华中理工大学出版社1998年版,第14页。
② 同上,第23~24页。

的创造活动的成果,又是读者审美鉴赏的对象,因此,文艺批评必须评价作品的审美价值,才能真正传播文艺信息。而且文艺批评的冲动也往往是在批评家对作品进行了审美感受的基础上产生的。优秀的文艺作品可供批评家"评价"的审美内涵常常是相当丰富的。通过对作品的审美评价,使人类的审美经验以逻辑的秩序从审美行为升华到自觉的理性层次,因此,评价功能不同于释义功能。释义是在理解的基础上,对作品意义作出说明和解释;而评价则是按照一定准则与尺度对作品所具有的审美价值作出评估和判断。在实践活动中,释义与评价这两者是不可分割的整体。[①]

文艺批评的评价活动承担着完成艺术现象向理性的抽象、审美直觉向逻辑过渡的任务,它要以审美规律和艺术原理为依据对文艺作品的审美表现和审美内蕴作出评价。这就要求批评家必须动员自己所有的审美能力去感受艺术作品,体验其中的审美境界和艺术特征,从而作出科学的评价。由于各种艺术是通过塑造主观具体的感性形象来反映社会生活和表现思想感情的,因此,文艺批评对作品的审美评价主要从两个方面入手:

首先,是对具体可感形式的审美评价。它以文艺创作过程中的构思及传达过程的感性形式为评价对象,考察艺术表现和艺术技巧是否完美地表现了艺术的内容,并达到了"传神"的审美效果。

其次,是对作品思想内蕴的审美评价。它以文艺作品内在的思想感情为评价对象,考察作品内容在表现生活本质和反映普遍人性等方面的真实性和完美程度。即批评家要在深切感受作品的基础上,不断去发现和评价深藏在艺术形象中的丰富深邃的内涵和多方面的价值和意义,并用明晰的逻辑语言阐释出来。

文艺批评在传播文艺信息的过程中,释义与评价是交融为一体的。释义中有评价,评价中有释义。释义是浅层的批评传播,而评价是深层的批评传播。[②]

当人们在电视屏幕上看到一部好的电视作品时,除了接收到一些有用信息外,同样会获得像读到一篇佳作,看到一幅名画,听到一首美妙的乐曲,观赏到一部优秀的电影一样的审美体验,并感到赏心悦目,产生审美的愉悦感,从而在思想上加深对社会、人生的理解和褒贬,在情感上得到陶冶和净化,这也正体现了电视这门视听艺术的美学价值所在。[③]

恩格斯当年在《致斐·拉萨尔》中指出的"美学观点和历史观点"是包括影视艺术批评在内的文艺批评的"最高的标准"。一部人类文艺批评史,雄辩地证明了只有坚持美学评析与历史评析的辩证统一,才能对批评对象即作品作出实事求是、深入透彻的科学评价,才能超越作品实现感性认识基础上更高层次的理性升华。以19世纪俄罗斯文学的辉煌历史为例,像列宁评析车尔尼雪夫斯基塑造的拉赫美托夫型的"真正革命者"形象,别林斯基评析果戈理笔下"熟识的陌生人"形象,杜勃罗留波夫评价冈察洛夫小说中的"奥勃洛莫夫性格"等,都为我们运用"美学观点和历史观点"评析作品树立了成功的范

---

① 森茂芳等:《美学传播学》,云南民族出版社2001年版,第353~354页。
② 同上,第355~357页。
③ 同上,第372页。

例。这些成功范例还启示我们:一部优秀文艺作品最佳社会效益的产生,不止凭借作品自身的思想精深和艺术精湛,还要靠作品问世后批评家们(包括专业的和业余的)的高明美学评析和历史评价。①

2.从广告审美的视角关注电视广告审美

广告是一种审美活动,从根本上说,广告的作用产生于商品可选择的商业环境。人们常把自己幻想成另外一种更理想化的人物,以为用了广告中理想化人物所用的商品就会身价倍增,这也是广告商习惯用名人明星、俊男美女做广告模特的原因。广告常常利用人们的这种心理使受众个人从现实的情境中脱离出来,进入一种超越现实的美学幻觉中去。于是,人们就产生了这样的消费趋向,那就是在购买商品时,不仅仅购买商品的使用价值,还购买商品的附加价值,即能满足消费者感情需求的附加功能。这种附加功能则是商品本身延伸出的一种美学观念。②

如果把广告作品视为一种产品,劳动创造了产品,同时也创造了美,这是因为人的劳动及其产品符合"美的规律",即两个"尺度"。人的劳动有两个显著特征:一个是目的和需要,它表现为劳动前人的构思、计划、蓝图和劳动后这种构思、计划、蓝图的实现,亦即使对象符合"内在的尺度";一个是由需要和目的决定的方式和方法,它是指按参与劳动过程的一切物种各自的特征、性能、规律对其进行加工改造的技术规范和要求,亦即符合"任何一种的尺度"。对象符合两个"尺度"就美,广告作品亦是如此。③

进一步可理解为,广告是人的本质力量物化的产物,是人通过体力和脑力劳动创造出来的。根据马克思"劳动创造了美"的美学观点,广告的确是一种美。而且,无论是从广告活动的整体实施过程还是从创意、文案、设计、制作、发布等具体操作过程来看,它们均符合"内在的尺度"和"任何一种的尺度"这一美的规律。另一方面,广告属于人的对象,在它上面有着人的意志和印记,它蕴含着人的本质力量,人们可以体味到自己创造的业绩,从而获得乐趣,产生美感。④

社会美也体现在劳动产品的美上,即实用和美的结合、功能与形式的结合。社会关系中的美学意义,主要从创意、表现和效应三个方面来考量。广告在社会传播中所产生的美学价值,这就是广告的社会美。⑤

电视广告审美的获得,首先,是产品自身的性能、质量与价格的真实可靠,表现为商品信誉;其次,它不能仅仅停留在商品信息的传播之上,而应该将产品与人们对更高层次的、更好的生活的追求联系在一起,从而使观众产生审美的联想与想象。⑥ 如威力洗衣机

---

① 胡智锋:《影视文化前沿——转型期大众审美文化透视》,中国传媒大学出版社2004年版,第19页。
② 祁聿民、苏扬、李青:《广告美学:原理与案例》,中国人民大学出版社2003年版,第58页。
③ 同上,第59页。
④ 同上,第58页。
⑤ 刘泓主编:《广告美学》,中央广播电视大学出版社2011年版,第37页。
⑥ 胡智锋:《电视美的探寻》,华中理工大学出版社1998年版,第33页。

献给母亲的爱——中华民族传统美德的渗透,就给了产品另一种意义——和谐、温馨、充满爱意的家庭生活,一种中国人所追求和欣赏的生活理想。

电视广告美学研究的是电视广告的审美价值,许多成功的电视广告表明:电视广告如要实现其审美价值,就应该把产品的商业价值与其所带来的一种让人轻松、愉悦、赏心悦目的生活理想、生活境界、生活意味结合起来,否则不仅没有审美价值,市场功效也不会太乐观。

第二节　电视广告叙事中的审美

今天,电视广告已成为大众传播的重要形式,它以促销商品的功利为目的,以电视艺术表现的形式为载体,表现出深厚的文化底蕴和艺术魅力,具有鲜明的审美价值和美学意义。正如杰姆逊所说,"广告艺术的发展也是多样化的,完全可以和文艺复兴时期的艺术、19 世纪的小说相媲美。"①而电视广告的审美有其自身的特点和多维度的视角,也存在着一些让人困惑的问题,这都值得广告人去关注和思考。

一、电视广告审美的内涵

电视创作是创作主体按照审美的规律对客观世界予以艺术的把握,即艺术地通过充满动感、充满活力的美学形态对物质世界和感情世界进行审美观照。电视将声音和画面融为一体,构成交相扶持、互为补充的符号系统,电视广告正是充分运用了这一媒体优势,将广告信息融入其中,从而创意出艺术审美与功利实用相结合的传播方式。要对电视广告进行审美需要从多维度、多视角去考量。

(一) 电视广告的真实美

真实性是指广告无论以什么方式来宣传内容、传达信息、塑造形象都必须真实可靠,准确无误,不能弄虚作假,吹嘘夸大。对于商品的品质、功能、质材、加工以及造型、装饰等都必须实事求是地介绍和说明,绝不允许以次充好、以假乱真,欺骗和误导消费者。真实性是一切事物美的基础和广告美的基础,有了真——对世界性质规律的准确认识、科学把握,才能谈到创造出的功利物品给人类带来善和美。②西方学者博尔斯坦曾说:"成功的广告商是一门新艺术的大师,这一艺术是通过对真实事物本身进行确认并表现它们。他是一位自我实现语言技术的行家。"③

---

① 转引自鞠惠冰:《广告的审美特质》,《中国广告》2003 年第 9 期。
② 刘泓主编:《广告美学》,中央广播电视大学出版社 2011 年版,第 78 页。
③ 同上,第 62 页。

广告的艺术真实性和生活真实是密切相关的。艺术真实是指作者在生活真实的影响感召下所产生的情感和思想的形象表现,即作者根据自己的体验对生活真实的提炼和再创造。艺术真实不能凭主观臆造,要来源于生活真实,同时又必须符合艺术的规律,才能有感人的魅力,易于引发人的心理和情感共鸣,从而使人获得真实感。广告作品要给人一种意念启发和情绪感染,它的直接物质功利目的表现为封闭式的,这使得广告艺术手段必须集中表现指称对象的某一特征或某几个主要特征,并使受众在感受广告艺术表现时认知产品的某一个或几个主要特征。①

(二)电视广告的实用美

电视广告的目的和存在意义就在于它具有促销商品的经济实用价值,这也是它不同于一般艺术作品的重要特点。它的美学意义最突出的特色就是区别于纯艺术性的实用艺术性,这可能就是它的审美意义往往被忽视的重要原因。因此,电视广告的审美首先要考虑的就是它本身所具备的实用价值美,即它是"为了满足人的物质实用需要,是以直接功利目的为特征的,但又是技术和艺术相结合、有着明显审美功能的产品。"②特别是朴素表现类的电视广告,即没有太多艺术粉饰的电视广告,它本身的艺术色彩少一些,更注重表现产品和传递促销信息。如早年的严迪广告中,一位穿白大褂的医生通过给人们讲述病理和药理知识,强调产品的特色和疗效,以引起消费者的关注。这样的电视广告虽然画面、语言、技术手段中也含有不少艺术创作成分,但更多地表现出它的实用价值。从审美意义上讲,它更多体现出实用美的特色。

案例分析 4—1:

电视广告叙事中实用美的示例

广告产品及名称	主要叙事内容	实用美
1. 康恩贝元邦胶囊	一位40岁的男士因为熬夜,在办公室显得很疲惫;在晚上应酬后,很累;在开车回家的路上很困。解说:"您已陷入40岁疲劳期,当然越来越累。元邦专门针对40岁疲劳,提精力,抗疲劳。"广告语:"40岁用元邦,不累。康恩贝元邦胶囊。""40岁后,好生活,刚开始。"	用一组三个画面说明40岁易疲劳的状况,提出产品的用途在于提升精力,抵抗疲劳,从而达到"40岁时,好生活刚开始"的美好境界。
2. 新清扬男士劲爽系列	"酷热、出油、出汗,容易产生头屑,新清扬男士劲爽系列含冰爽、人参、茶树精华,有效去屑,劲爽无限到底。全新劲爽感受,无屑可击。"	通过叙述各种头屑产生的特征、产品的材质及用后的效果来表达实用性的信息。
3. 云南白药	产品画面并解说:先喷红瓶,后喷白瓶。	很细致地叙述使用药品的方法,说明药品的实用性。
4. 美的·一度电篇	产品画面并解说:一度电一个突破,美的空调,一晚上只需一度电。	针对受众节能、实惠的心理进行功能叙述,表明产品的实用性。

---

① 刘泓主编:《广告美学》,中央广播电视大学出版社2011年版,第80~82页。
② 祁津民、苏扬、李青:《广告美学:原理与案例》,中国人民大学出版社2003年版,第61页。

(三)电视广告的实效美

实效美是指广告审美具有强烈而实际的直接功利特征,即广告无论采取何种艺术手段,都要为经营思想和直接销售目标服务。广告艺术形象的塑造和艺术表现方法的运用都是为了实现经济利益和物质功利,脱离了直接功利目的的纯粹艺术表现广告绝对是失败的广告。

广告是科学,也是艺术,但广告从本质上是功利性的,这决定了其实用价值是第一位的,审美价值是第二位的,并且审美价值必须为实用价值服务,从属于实用价值。功利性是广告审美价值的实质性规律。①

需要说明的是,在分析一则电视广告的实效性时,的确存在很大的困难。一方面由于涉及商业机密,无法得到很直接可靠的数据材料;另一方面,广告本身只是营销中的一个环节,市场效果与广告效果不是完全一致的概念,即市场效果中虽包括广告的效果,但其他诸如促销、公关、消费心理等因素都会直接参与到市场中影响其效果。因此,广告的效果常常无法直接被测量出来,只能专门通过对电视广告作品给受众心理及消费行为带来的影响进行分析给予间接的评价。

广告属于实用性艺术,对这种实用性艺术的审美就是通过在对对象合理的美的形式进行观照的过程中,使性情获得陶冶,进一步转化为情感和意识,最后产生美感来实现的。因此,它是一种间接的审美活动。

(四)电视广告的创意美

创意是电视广告的生命,而"广告的审美魅力在于广告的创意。具有鲜明风格而优秀的作品,不仅仅提供商品的信息,更重要的是给人以愉悦的心情,甚至是审美的享受。"②所谓电视广告创意审美,可以从两个方面考量:一是创意思路本身的审美价值,即电视广告中所设计的激动人心的场面、跌宕起伏的悬念、震撼受众的情节、幽默搞笑的噱头等,都体现出创意之美。二是创意文化的审美价值,即电视广告中创意所表现的传统文化精华、西方文化的先进、时尚文化的前卫等,这也是创意之美。如在一则三凌汽车广告中,基本上没有汽车本身的商业信息,而是通过父女之间最平常而又最感人的情感故事来表现广告倡导人性化的主题。目前,这类情感电视广告很普遍,它的创意之美就在于对这些美好情感的表达和传播。

---

① 刘泓主编:《广告美学》,中央广播电视大学出版社2011年版,第85页。
② 同上,第63页。

案例分析 4—2：

电视广告叙事中的创意美示例

广告产品及名称	主要叙事内容	创意美
1.劲酒	一群朋友在一起欢快饮酒的场景,解说:"朋友不在酒量,在体谅。""少喝一点有益健康,劲酒虽好可不要贪杯哟。"	叙述一个新的、充满情感关怀的饮酒理念:朋友要想到互相体谅,少喝有益健康。
2.美的蒸汽洗油烟机	洁白敞亮的大厅里,专家针对挂着的冷水清洗、热水清洗和热电清洗等各种油烟机,对身边的女士介绍道:"不彻底的清洗就是彻底的失败。美的蒸汽洗油烟机,蒸汽喷洗深入内部角落,清洗更彻底。"	叙述一个新的清洗概念:不彻底的清洗就是失败。

(五)电视广告的形式美

形式美是指生活、自然中各种形式因素(色彩、线条、形体、声音等)有规律的组合。美的形式是美的内容显现为具体形象的内容结构和外部形态,也就是美的内容的存在方式。形式美是指美的形式的某些共同特征,形式美所体现的内容是朦胧的、间接的,即人们对美的感受都是间接由形式引起的,因为人们在长期的审美活动中反复地直接接触这些美的形式,从而使这些形式具有了相对独立的审美意义。也就是说,人们接触这些形式便能产生美感,而不用考虑这些形式所表现的内容,仿佛美就在形式本身,而忘记了它的来源。①

电视广告的形式之美主要通过它的表现因素体现出来,即视听艺术之美、蒙太奇技巧之美、时空艺术之美、动态表现之美等。即使是朴素表现类型的电视广告,它的画面、声音、动态等都体现出艺术的魅力。如杨澜代言的蓝月亮洗衣液广告,杨澜本人的魅力(成功、美丽、主持能力等)、"蓝"色的凸显、动画技术的奇妙效果,无一不让人感受到艺术的美感。

案例分析 4—3：

ARISTON 海量洗衣机广告

画面从人们把脏衣服放入洗衣机开始,柔美轻缓的音乐声中,各种衣物在洗衣机中就像是大海中的各类生物:自由飘动的海藻、四处漫游的海鱼、各色各样的海洋生物,让人目不暇接。

这则广告充分运用类比的手法,将洗衣机的海量特色逼真地展示出来,给人以形象化的印象和审美的体验,从而也强化了广告的叙事主题和记忆效果。

---

① 刘泓主编:《广告美学》,中央广播电视大学出版社 2011 年版,第 190 页。

(六)电视广告的休闲美

休闲已成为我们这个时代重要的特征之一和社会文化活动的重要组成部分。

休闲是人的生命的一种状态,是一种"成为人"的过程,是一个人完成个人与社会发展任务的主要生存空间,它不仅在于寻找快乐,而且在于寻找生命的意义。休闲文化改变了我们的生活观念。

电视展现的世界,在某种意义上看,"是一个无限制的社会,能让人们对真实自我的追求有重要的作用。"托马斯·古德尔说:"电视广告向观众展示出具有诱惑力、令人眼花缭乱的物质商品。电视还使我们成为观察家,而不是参与者,我们用不着担心自己的自由时间,一旦打开电视机,你就能过上一种被动的、替代性的生活"。所以,曾有那么一个时期,电视和豪华汽车、交流一起被看作"美好生活"的象征,是能给人带来无穷无尽娱乐的休闲发生器。①

休闲美是在休闲的基础上形成的令人愉悦的生命状态。美国当代休闲文化学家托马斯·古德尔和杰弗瑞·戈比就认为:"工作是空闲时间的反义词,但却不能作为休闲的反义词……休闲和空闲时间是两个截然不同的概念……人人都会拥有空闲时间,但并非人人都能够拥有休闲。空闲时间是一种人人拥有的并可以实现的观念,而休闲却并非是每个人都可以真正达到的人生状态……"②戈比则将休闲产生的美理解为"畅",指休闲时产生的一种最佳体验——人们进入自我实现状态时感受到的极度兴奋的喜悦之情,类似于马斯洛的高峰体验。可见,休闲美是一种在休闲基础上形成的人的一种完善性与美好感相作用的生命状态,是综合性和整合性很强的当代应用性美学概念。③

从叙事理论来看,电视是精明的讲故事机器,有叙述的快感,几乎所有的电视节目都在讲故事;广告通过精练的故事,解释产品的优良,打动受众的心……电视"巧妙的中断"也在于广告,本来每一集都是为故事外的广告设计的,观众却把广告看作节目本身;广告也提供了新的中断、约好的空白,让观众可以重新评价前面的信息,并构想未来的发展。广告只是含蓄提示、包装礼品的丝带。④ 而电视前的观众往往是处于一种休闲状态,通过电视他们感受到了休闲美的心理体验。

---

① 蔡贻象:《影视文化美研究》,中国广播电视出版社2004年版,第136~197页。
② 〔美〕托马斯·古德尔、杰弗瑞·戈比:《人类思想史中的休闲》,成素梅等译,云南人民出版社2000年版,第1页。
③ 蔡贻象:《影视文化美研究》,中国广播电视出版社2004年版,第162页。
④ 同上,第167页。

案例分析 4—4：

电视广告叙事中的休闲美示例

广告产品及名称	主要叙事内容	休闲美
1.哈尔滨啤酒广告·冰爽篇	画面中一足球飞过，冰块飞扬，激情四溢的赛场上，热烈的欢呼声和音乐声中，湛蓝的背景下，一身着绣有中国龙衣服的外国人手拿一黄色啤酒瓶，开怀大笑。广告语："冰爽来袭，哈尔滨啤酒。"	激情的画面、欢喜的人物、高涨的热情、湛蓝的色彩、悦目的黄色、冷气四溢的冰块让正感受夏日炎热的观众真正受到"冰爽来袭"的视觉冲击。清冷、轻松和愉悦的心境油然而生。
2.六神沐浴露广告·清凉篇	一群年轻人嬉戏的场景，海水四溅、海浪中出现产品。模特用产品清洗肌肤，解说："只有夏天才笑着挥洒汗水……彻底释放激情。尽情畅享清凉，让夏日来得更火热些吧！夏日清凉就选六神。"	淡蓝色的海水、飞扬起的浪花、清新的绿叶、光滑的皮肤及人们在海边、在海水中尽情享受的情景，无疑给炎热夏季的观众带去一丝清冷、舒适、愉悦的感觉。

电视广告的休闲美通过创意和表现展示在观众面前，其真实的信息、精美的画面、巧妙的构思、精练的语言、奇异的色彩、高科技的手法都无不表现出它的审美意义和艺术价值，让人们在休闲中进行着审美的旅程：体味美的韵味，感受美的魅力，整个身心在放松的状态下，体验电视广告美的抚慰和熏染。

(七)电视广告的生态美

《社会科学学科大全》中将生态美界定为："社会生态与美学的融合，在生态系统中体现美学原则，或在美学中引入生态学原理和方法。"① 电视广告的生态美是指电视广告生态的主体——电视影像，客体——电视广告影像的生存环境（主要是指受众以及与之相关的受众环境）之间的有机结合，这是一种整体化生态美感，生态性文化环境被强有力地构建起来，电视观众获得了各类虚拟性的文化感受，其中最为典型的莫过于电视广告和电视晚会带来的生态意味。②

电视生态美的核心是和谐之美，"生态审美是人把自己的生态过程和生态环境作为审美对象而产生的审美观照，体现的是人和自然的生命关联和生命共感，是主客体有机统一的基本理念。"③电视比以往任何一种影像文化都更注重接受者的兴趣和参与，其生态的文化力量在观众现代性休闲名目下的生态和谐性，成了电视接受生态美的首要特征。④ 即电视广告受众在虚拟的影像环境中感受到一种和谐之美。这种和谐美表现在许多方面，如蒙牛生态草原公益广告，画面呈现出自然生态的绿色草原、清澈的湖水、天然生长的奶牛等，都会让受众体验到身临幻境般的天然生态环境之美以及生态美的氛围。

---

① 蔡贻象：《影视文化美研究》，中国广播电视出版社 2004 年版，第 183 页。
② 同上，第 176 页。
③ 徐恒醇：《生态美学》，陕西人民教育出版社 2000 年版，第 136～137 页。
④ 蔡贻象：《影视文化美研究》，中国广播电视出版社 2004 年版，第 180 页。

案例分析 4—5：

伊利金典电视广告·王菲篇

叙事主题：金典有机奶，天赐的宝贝，给最爱的人

主要叙事内容：

王菲与孩子们在一片绿油油的牧场中快乐地玩耍，解说（独白）："关爱家人，我选金典有机奶。每一滴都来自没有污染的有机牧场。零污染，零添加。"王菲拿着一盒金典，很享受地吸吮。广告语："金典有机奶，天赐的宝贝，给最爱的人。"

在这则电视广告中，绿色的背景、肥壮的奶牛、天真的孩子、逼真的瓢虫，所有这一切都显示出生态和谐美的画面。

电视广告的这些审美内容，基本上涵盖了从创意到表现再到促销的每个方面，如果在一则电视广告叙事中能较全面地反映出这些美的内容，一定能大幅提升作品的可视性和市场效果。

案例分析 4—6：

百事系列电视广告审美解读

百事公司是全球最成功的消费品销售公司之一，拥有逾百年的历史，旗下有22个品牌，年销售额在10亿美元以上。百事公司的责任是在环境、社会、经济等各个方面不断改善周围的世界，创造更加美好的未来。经过逾百年的发展，百事公司拥有了自己独特的价值文化，其主打产品百事可乐更是家喻户晓。百事公司通过邀请蔡依林、古天乐、罗志祥、黄晓明等巨星代言百事系列产品的电视广告，赢得了受众的青睐，这对百事公司促进产品销售具有重要的意义。

百事公司的百事可乐标识红蓝对比强烈，曲线形成律动感，具有柔美、轻快、气宇不凡的气质。百事可乐的标识给人带来积极向上、朝气蓬勃的感受，以及渴望无限、突破渴望的信念。百事可乐电视广告幽默智慧、创新超越、活力年轻，轻快的节奏、绚丽的画面，受到广大年轻人和消费者的喜爱。同时，百事可乐的系列电视广告也深深受到百事公司逾百年的品牌文化的影响，具有一定的艺术欣赏性和审美意义。

1. 百事系列电视广告的实用美

广告主通过电视广告的宣传，能够快速地提升产品知名度，促进商品的销售，提升企业的品牌形象和美誉度。这种实用价值即能够促进商品销售的经济实用价值。百事系列电视广告基本都是在表现电视广告的实用美。在百事可乐2009年全明星广告货车篇中，百事可乐的形象贯穿首尾，甚至有些夸张，但却不失得体，很形象地把百事可乐的品牌理念传播了出去。加上为百事可乐代言的明星如蔡依林、黄晓明、古天乐、罗志祥等全部参加了电视广告表演，阵容如此强大，影响力可想而知。

画面开始,一男生忘情地看着拿在手里的百事可乐,突然被他的朋友们发现,大家争相抢夺他手里的百事可乐。在一场杂乱的争抢中,百事可乐被扔到了道路中央。此时,一辆百事可乐的运货车急速驶来,司机快速更改方向,货车横在道路中央,车上的百事可乐被甩出了运货车。此时,蔡依林、黄晓明、罗志祥、古天乐等众明星疑惑地下车,古天乐拿起被众人扔在道路中央的百事可乐,突然扔向空中,百事可乐最后华丽地落入货箱里。望着被甩出来的百事可乐,大家一边跳着舞,一边合力把货车内的百事可乐堆积成一定的形象,之后,大家一起上车,快乐地开车离去。此时,还未上车的古天乐慌忙地招呼货车停下,原来古天乐被遗忘在道路上,可能是货车内的气氛过于愉快,没有人留意古天乐是否上车。货车疾驶而去,留下大家堆积的艺术品——"百事我创"的形象。

在这则电视广告中,实用美特别突出。整则广告中,百事可乐的形象贯穿始终,从一开始引起众人争执的百事可乐,到全身覆盖着百事可乐包装的货车,再到大家堆积百事可乐时出现的百事可乐的展示柜、箱子、大型灌装样瓶,最后到由百事可乐堆积而成的"百事我创"的广告语,百事可乐的形象一直出现在广告中。《百事可乐全明星广告货车篇》本身的艺术色彩少一些,但是令百事可乐的形象深入人心,全文位展示了百事可乐的产品。与蔡依林、黄晓明、古天乐、罗志祥等巨星的合作,提升了百事可乐的信誉度和知名度,同时,还能拉拢喜爱这些巨星的消费者,最终促进百事可乐的销售,这便是《百事可乐全明星广告货车篇》的实用美。

2. 百事系列电视广告的创意美

好的创意和点子往往能营造幽默诙谐的气氛,使人们在愉快的心情中了解电视广告所要宣传的信息,而且,这种广告更容易吸引受众的注意,注目率高,能有效达到促进商品销售,提升品牌和企业形象的目的。《百事可乐少林寺篇》是一篇幽默、夸张的电视广告,拥有出人意料的创意:

深山树林中耸立着一所寺庙,寺庙中僧人有序地做着自己的工作。一个外国小孩为了学到功夫,历尽艰难来到少林寺门前。敲门,少林寺方丈打开门,画面特写方丈头上的跟门上一样的标识,小男孩很是疑惑。小男孩进入寺庙后,苦心地学习,刚开始有些挫折,但是都能克服。十年后,小男孩学得了一身的好功夫,在表演当中能劈断砖块、木板、水泥柱等。表演完毕后,师傅和其他少林弟子拿起灌装百事可乐一饮而尽,小男孩也拿起一罐尽兴地喝了起来。喝完后,看见师父和其他少林弟子望着他,他有些疑惑。但这时他注意到师傅头顶上的标识和后面的少林寺标识一样,低下头看见喝剩下的百事可乐的罐子,一下就明白了:原来师傅和其他少林弟子头上的印记是这样印上去的。他猛地用头砸向易拉罐。之后,他的头上也有了一样的标识。这时师傅点头笑了,众师兄也纷纷上前祝贺他。最后百事可乐的标识和广告语出现在荧屏上:"渴望无限"。

《百事可乐少林寺篇》以少林寺的标识贯穿始终,最终揭晓原来这个标识是炼成铁头功后,砸向灌装的百事可乐形成的,结果出人意料,却颇具幽默诙谐之感。幽默搞笑的噱头给人们带来欢乐,好的创意给受众以愉悦的心境,这便是《百事可乐少林寺篇》电视广告的创意之美。

3. 百事系列电视广告的生态美

远离城市的喧嚣与嘈杂、燥热与污染,广袤无垠的大草原、清清的河水、蔚蓝的天空、茂密的树林等往往会给人们带来身心舒畅的感觉,没有城市里的疲乏,能够身临其境地欣赏电视广告的生态之美。电视广告能给人带来一种生态美感,使受众感受到虚拟的电视影像中的一种和谐之美。《百事可乐周杰伦篇》最大的特点是这则电视广告积极地展现了生态之美:幽绿的热带雨林,碧蓝的天空,热情的土著部落,带人以一种很休闲的方式去体验热带风情之美。《百事可乐周杰伦篇》给人一种和谐之美,使消费者和受众仿佛置身于幻境般的生态环境之中,体验着生态之美。

广告中以周杰伦为首的一个旅行团来到一个热带旅游胜地,碧绿的树林、蓝蓝的天空、清澈的河水、飞湍的瀑布让人流连忘返。旅行团里的人纷纷和当地土著居民互动,有的拍照,有的打招呼。当周杰伦想进入部落参观时,守卫挡住了他,周杰伦疑惑地看着首领。原来,首领向他要过路费。周杰伦拿出百事可乐,打开瓶盖准备喝,发现首领正愣愣地看着他,周杰伦把百事可乐送给首领并教给他如何喝,首领很高兴,便放周杰伦进入部落欣赏风景。几天后,旅行团准备返回,周杰伦想要离开时,守卫还是不让他出去,周杰伦很是疑惑,看看首领,原来是要交过桥费。周杰伦拿着薯片和自己的新专辑,可是他发现这些并没有吸引力,他们还是不放行。原来,该土著部落也在卖薯片和百事可乐。画面最后出现百事标识和广告语:"百事我创"。

《百事可乐周杰伦篇》最值得欣赏的是它的生态美。在这则广告中,美丽的风景是人们心中的一大亮点。翠绿的树叶、碧蓝的天空、缓缓的溪水,给电视机前的受众带来一种生态美感,尤其是周杰伦穿过灌木丛的镜头,给人以身临其境的感觉。画面的美好,使受众感觉像旅行团成员一样,仿佛置身于仙境。在《百事可乐周杰伦篇》这则电视广告中,受众能够以一种非常休闲舒适的心情去观赏,广告本身也得到了较好的认可,既加强了百事可乐与受众的关系,又增进了产品的销售。

4. 百事系列电视广告的形式美

电视广告的形式美在于通过视听艺术、蒙太奇、动态表现来展现产品的高品质与企业的深厚文化。电视广告往往偏重表现叙事的气势宏伟,音效的洪亮,试图给人以震撼的效果。而罗志祥与张国立的《百事可乐亲情篇》感动了很多人,使人们更深入地了解到百事可乐,除了欢快、绚丽的节奏与画面以外,还有充满温情、暖人心脾的另一面,令人不得不佩服百事可乐的品牌文化之深。

广告中,罗志祥扮演的艺人在车里给父亲打电话,说他春节有演出,不能回家。然后画面切至父亲由高兴到失落的特写,再切至桌上的6大瓶百事可乐。罗志祥在舞台上跳舞,这时只听见"刺"的一声,古天乐扔过来一瓶百事可乐,并说:"别想一口气喝光!"此时罗志祥愣了一下,开始回忆:燥热的夏季,知了叫个不停,罗志祥在喝着百事可乐,父亲坐在旁边,"别想一口气喝光啊!"罗志祥一口气喝光百事可乐,并对父亲做出享受的鬼脸,此时画面切回至罗志祥在舞台上拿着百事可乐的情景,罗志祥默默地笑着。"爸爸我回来了。"父亲正在吃饭,听见儿子的问候,父亲急忙跑到门前,原来儿子在家门口摆起了舞台,即将为自己进行一场精彩的表演。父亲一脸幸福地看着儿子,内心无比地满足与欣喜。最后画面出现百事可乐的标识与广告语:"把爱带回家"。

《把爱带回家》的形式美首先表现在广告运用了蒙太奇的表现效果。首先,多次切换过去与现在的画面,把过去父亲和儿子的美好细节表现得淋漓尽致,展现父亲对儿子的无比关爱,同时也为儿子回家为父亲举办演唱会埋下伏笔,这便是蒙太奇技巧所带来的形式美。其次,父亲与儿子在车站喝百事可乐时,父亲的声音充满慈爱与关心,给人以听觉上的感动。演唱会时,绚丽的背景、震撼的音效也冲击了人们的视听。如此的视听之美、蒙太奇之美,实实在在地展现了电视广告的艺术之美。最后,父亲和蔼可亲的声音,是这则广告中的一大亮点,"别想一口气喝光啊!",表现了父子间的亲密无间,父亲慈祥的声音,展现了《把爱带回家》的形式之美。

5.百事系列电视广告的休闲美

电视广告的休闲美使得人们在放松的状态下接收广告所传播的信息,体验美的韵味,感受美的魅力。在《百事可乐少林寺篇》这则广告中,消费者和受众是在身心愉悦的状态下欣赏茂密的树林、清清的河水、山林的清幽与宁静,深入地了解这则电视广告的创意和表现,在休闲中体验电视广告的美。在《百事可乐全明星广告货车篇》这则广告中,叙事是在休闲娱乐的情境下进行的,令人心旷神怡的海滩风景、演员服饰的艳丽、天空的碧蓝等,使得受众在一种休闲状态下理解广告,在身心愉悦当中去感受休闲之美。在《百事可乐周杰伦篇》中,美丽的风景是人们心中的一大亮点,翠绿的树叶、碧蓝的天空、清澈的溪水同样给电视机前的受众带来一种休闲美感。

(学生广告作品分析示例)

二、电视广告审美的特征

审美是人作为主体对客体的美的观照和情感体验,美感则是在人的社会实践和生产劳动中形成的。具有审美能力的感觉器官对显示着美的对象的感知和欣赏,是"人的"感受,它体现着情感与认识、感性与理性的统一,而受众对电视广告的审美有着自身的特征,通常区别于对一般影视作品的欣赏。

(一)瞬间的强大冲击性

电视广告作为审美对象,在极短的时间内暴露在受众的感官中,使人们在瞬间就能感知到它传递的信息和审美全过程,或激动、或震撼、或慨叹、或陶醉,全部的情感体验直接冲击受众的心灵。这种冲击性不同于一般的影视作品,它没有时间像影视作品那样展示缠绵、朦胧、意识流之类的情节,不能让观众慢慢进入情节、细细琢磨人物、耐心期待高潮,它只能靠大量的导演主观镜头和特写来传达它的信息,诠释它的主题和实现它的目的,这使它的审美具有冲击性强的特征。

(二)受限的时效性和感知的重复性

时效性是电视广告自身的特点,电视广告最长的时间也不过 60 秒,一般都是 30 秒左右,所以受众对它的审美不像是其他的审美活动,如小说,人们可以断断续续地品读和慢慢地揣摩,而在这个过程中,审美指数往往会发生变化。许多经典的小说,人们常常会读许多遍,对其中的人物、情节、语言等终生难忘。但电视广告没有那么多的时间留给受众去体会,它要靠重复来强化受众的记忆效果。在重复的过程中,审美指数往往会下降,人们也不可能在一般的审美意义上去反复品味电视广告,而只是"被"不断地重复审美,审美活动受到一定程度的局限。

(三)无奈的被动性

任何一则广告除了特别的需要,受众都是在被动接受,因此,电视广告的审美过程也就常常发生在被动的心理状态下,而不像电影、电视剧那样,多是被受众主动、有选择地进行欣赏和审美。被动审美常会让受众对审美对象的感知和体验程度降低,电视广告的审美意义也就往往被忽视或轻视。

(四)大众的日常生活性

电视广告所促销的商品大多是日常生活用品,因此,它在创意和表现的设计中,多以日常生活为背景,而它所激发的多是大众消费者的欲望,这就决定了它的审美观点也一定要与大众审美的观点一致,即具有大众化、日常生活化的审美特点,是一种日常生活的审美,这也是广告叙事能够与受众沟通的前提保证。那种曲高和寡、阳春白雪式的"精英"审美在广告中存在的意义就很小。但这并不是说广告审美一定是低俗的,它一样有自身的审美特色和底线,也有美与丑的区分。

(五)直接的功利性

功利性是指广告审美中具有的强烈而实际的直接功利特征,即再美的广告也要卖东西,这也是电视广告审美的重要特征。电视广告传播对受众、对企业、对社会有用的信息,这是它本身的存在价值。功利和美并不是绝对对立、无法统一的,相反,纯艺术、纯美的东西才是世界上不存在的。古希腊哲学家苏格拉底和弟子亚里斯提普斯在谈论美和功用问题时,亚里斯提普斯问道:"粪筐能说是美的吗?"苏格拉底毫不犹豫地回答:"当然,一面金盾却是丑的,如果粪筐适用而金盾不适用。"任何事物的实用价值即功利性,是其审美意义的重要表现,只不过电视广告的功利性更突出一些而已。

(六)激烈的竞争性

广告的竞争导致了广告审美的竞争性,电视广告也是如此。目前,电视广告作为企业竞争的重要手段,已经成为电视中占有时间较多的栏目。就在这种激烈的竞争中,比较式的、竞争式的审美就成了它的一个重要特征,这也是其他审美对象不具备或不明显的特点之一。由于激烈竞争的存在,特别是同一类产品的电视广告就会在竞争中不断地创新,并为受众提供更多的审美对象,也正是在这种竞争审美的过程中,受众做出了对消费对象的选择。

总之,电视广告丰富多彩,它在给人们带来实用信息的同时,也带来了艺术的欣赏价值和意义,即它的审美过程和它的信息表达过程一样对受众有意义和价值。

第三节 电视广告叙事中创意美的类别

电视广告创意美即指创意中所蕴含的美的价值,它是整个电视广告叙事的审美核心,它关乎审美的特性、内涵和意义,也决定着这则广告本身的美学意义存在与否。

电视广告的创意之美体现在其叙事文本主题创作的美学意义上,故可依据电视广告叙事文本的主题,将其创意审美分为三类:

一、理念型审美

以表现企业、品牌的主题或阐释一种理念为目的的广告叙事属于理念型审美的电视广告。这类审美的重点在于对创意主题本身的美学关注。

案例分析4-7:

理念型审美的电视广告叙事示例

广告名称	广告叙事主题	主要叙事画面	主要叙事话语	美学分析
1.剑南春年份酒	标准百分百够年份	大树的年轮,酒的挥发系数。	画外音:好木看年轮,年份酒看挥发系数,挥发系数见证佳酿真谛,国家专利,年份酒鉴定的科学依据,剑南春年份酒,标准百分百够年份。	提出年份酒的概念,有创新之美。

续表

广告名称	广告叙事主题	主要叙事画面	主要叙事话语	美学分析
2.今世缘酒	今世有缘,相伴永远	两人亲切握手(缘,让我们财富共赢)、两人携手走进婚姻殿堂(缘,让我们风雨共担)。	画外音:今世有缘,相伴永远。	以缘分之美为主题,传递出人们对机缘之美的赞赏和渴望。
3.泸州老窖国窖1573	让世界品味中国	代表中国传统文化及民族风格的画面:编钟、山水画、国窖酒产品等元素。	画外音:你可以这样品味中国,你也可以这样品味中国,你还可以这样品味中国,国窖1573,让世界品味中国。	将对酒的品味意义转移到"中国"的品味,有创新之美。

理念型电视广告叙事主要是通过画面来展示创新性的主题,以此与受众沟通,并企图向受众植入一种新的理念和概念,从而满足人们的各种审美心理需要。从上述白酒类的电视广告来看,其创意之美主要体现在:创新性和突破性。一种新理念、新主张的提出和诠释是其主要特点,如表中年份酒、缘分酒、品味中国的提出即是如此。

二、情节型审美

电视广告叙事文本主要是通过情节来展示主题思想和传递情感体验,从而达到以情感人的目的,并将情感转移到商品或主题理念中,达到促销或推广理念、树立形象、主张观点的目的。叙事情节本身就是很好的审美点,即属情节型审美广告。

案例分析4—8:

公益电视广告之妈妈洗脚篇

叙事主题:言传身教,榜样的力量更能传承优良传统

主要叙事内容:

1.一位年轻妈妈正给自己的小孩子洗脚并讲故事,孩子坐在床上手里拿着书,高兴地笑着。

2.当妈妈给孩子洗完脚后,端起洗脚盆对孩子说:"妈妈待会儿给你讲。"说着走出房间。

3.一会儿孩子看见妈妈又提了一桶水走进另一间屋子,他便好奇地走出来跟在后面。

4.妈妈正在给一位老人洗脚,老人心疼地说:"劳动一天了,该歇歇了。"妈妈说:"没事,不累。"

5.孩子倚在门口看见了这一切,自己便去打来一盆水,并吃力地端着,水随着孩子的

走动不断从盆中溅出。

6.小孩子在给妈妈洗脚,画外音:"其实父母是孩子最好的老师。"字幕:"将爱心传递下去。"

整个广告以孝敬父母、言传身教、传递爱心为叙事主题,通过一个孩子学习妈妈给自己的长辈洗脚的叙事情节,阐释了中华民族传统美德是可以通过身体力行的榜样作用来传承下去的。广告叙事以最平易、最纯朴、最直白的方式感染受众,真实而清晰,让人印象深刻。

三、表现型审美

表现型审美即电视广告叙事创意中,最美之处在于表现方式上的艺术特色,如中央电视台的形象广告水墨篇。

案例分析 4—9:

央视形象广告:相信品牌的力量·水墨篇

该片采用中国传统水墨元素,运用极强的画面表现力,将大气的中国传统水墨画与现代的动画技术结合起来,通过一滴墨在水中晕染开来,不断变幻出连绵起伏的山峦、生动有形的游鱼、腾飞而起的祥龙、万里长城、太极舞者、动感有力的列车等,给观众带来极具中国特色的视觉冲击,完美地诠释了"从无形到有形,从有界到无疆"的创意内涵,揭示了"相信品牌的力量"的主题。

《水墨篇》通过灵动的水墨将古代文明(艺术、建筑等)与现代社会(科技)有机串联,突破时间和空间的界限,配以雄浑的交响乐,表现出一种崭新的、富有和谐社会精神的力量,令人耳目一新;同时很好地诠释了"从无形到有形,从有界到无疆"的创意内涵,而品牌的建立,本身就是一个从无到有的过程:从无形的概念,到有形的资产,再到品牌的发展无限壮大。任何有"界"的平台,都未有"无疆"之境界深远;任何"有形"的广阔,都莫如"无形"的包罗万象。广告片中随着墨在水中晕染成不同形态,中国龙、长城、太极等体现中国文化的元素一一呈现,山峦、大海也将我们带入更加广阔的天地,大相无形却更加有穿透力。这种胸怀也正是当下很多企业的内心独白和写照。

——中国广告杂志社社长兼主编张惠辛

(资料来源:《中国广告》2009年第10期)

案例分析 4－10：

中央电视台形象电视广告示例

广告名称	叙事创意主题	主要叙事视觉内容	主要叙事听觉内容	美学分析
1.让世界倾听我们的声音篇	以《茉莉花》为背景音乐,音乐飘到哪里,哪里的人们就会被这美妙的声音吸引,他们驻足、侧耳认真倾听。	一位古典美女站在水边吹笛子,一位长袍男子拉起二胡,响起《茉莉花》。歌声飘过大洋,在世界不同的地方有不同的人在倾听:教堂中正在祈祷的孩子们、一对正在下棋的西方老者、一位正在看书的外国年轻人等,人们侧耳倾听,随音乐而动,还有不少地方的人们直接参与到演奏中……	画外音:让世界倾听我们的声音。音乐:《茉莉花》	《茉莉花》是中国传统名曲,又称中国第二国歌,以此来代表中国形象和央视形象,比喻大气,充满魅力。美妙的音乐本身就是很好的审美点。
2.站得更高篇	通过将标识CCTV仿拟为一架飞机,在高空中俯瞰各地,人们必须仰视这个标识来体现央视站位高的品牌特色。最后画面停止在高山上,推出广告语"站得更高,所以看得更远"。	CCTV在天空中飘过大山和大河,在地上留下阴影,吸引许多人在原野、长城、工地、梯田等地仰视它……一群年轻人站在高山中指向远方。	有气势的背景音乐带动画面切换。画外音:"站得更高,所以看得更远"。	1.仿拟的手法:将CCTV仿拟为一架飞机,在空中飘过。2.俯拍很美的景物镜头:绿色田野、雄伟长城、挺拔高山暗喻央视品牌的强势特色。3.在创意中,叙事主题语用了俗语,更生动易记。

当然,在许多电视广告叙事中,其创意理念与情节表现的审美点都是能得以体现的,这是综合审美的表现。

案例分析 4－11：

美汁源电视广告·喝得到的阳光健康篇

叙事主题:美汁源果粒橙,喝得到的阳光健康

主要叙事内容:

1.昏暗的背景下,一个年轻人在大街上唱着歌,眼前出现一瓶亮黄色包装的饮料。

2.一片阳光照耀,快乐的男声歌唱道(字幕):"你给我阳光。"

3.一片阳光照耀下的橙子林中,采摘工人摘下树上鲜亮的橙子。歌唱道:"你给我阳光,充足的阳光。天空再阴霾,也让我开怀。"

4.一串串大橙子呈现出来,这时,一个采摘工人把一个刚从树上摘的大橙子扔到年轻人手中。

5.年轻人手中拿着一瓶饮料在橙林中欣赏着美景。

6.一堆堆的橙子在阳光下十分靓丽。歌唱道:"两百天阳光,橙肉真健康。"

7.在大街上,年轻人很享受地喝着饮料,歌唱道:"两百天阳光健康都给你。"这时,一

只黄黑色蝴蝶从饮料瓶口飞出,年轻人很惊奇地看着它飞向远方。

8.品牌及广告语:"美汁源果粒橙,喝得到的阳光健康。"

整个广告是用画面与歌曲来叙事的,歌曲快乐活泼、歌词简洁明朗,给人以清新的感觉。画面中橙色靓丽突出,无论是阳光洒下时,还是在橙林中,抑或是大大的橙子都给人以视觉美感。广告倚重色彩叙事的功效,表达主题明确突出,使受众如同真正享受到了久违的阳光照耀,也可以从心理上驱散阴霾的笼罩,视觉审美和听觉审美完美相融,让人印象深刻。

总之,电视广告叙事中的创意美是其审美的重心,也是整个广告美学意义的保证,它不仅能满足受众的审美需要,还能达到促销的实践目的,最终实现艺术美与实效美的最佳结合。

第四节 电视广告叙事中的表现审美(1)

创意是通过表现才能实现的,同时,一些表现元素本身就具有艺术美的价值。在电视广告的叙事文本中,一方面是从拍摄与制作者的技术层面来感受美学的意义,另一方面还可以从视觉表现和听觉表现两大方面来考察其美学的内涵。

一、拍摄与制作中的美学表现

电视广告的拍摄与制作基本上是遵循影视制作的原理和技巧的,在镜头表现和编辑上也有蒙太奇和长镜头、景别与运动镜头的美学表现。当然,除了一些情节性较强的广告时间较长,一般广告常在1分钟之内,所以不可能像影视剧那样充分发挥这些拍摄和制作技巧的作用,但仍能展示出技巧方面的艺术魅力和审美看点。

(一)蒙太奇审美的表现

蒙太奇是影视创作的重要理论和技巧,电视广告的拍摄和制作也以此为重要理论和工具,而蒙太奇本身就具有艺术表现功能。在电视广告叙事中,巧妙地运用这一技巧,突出视听综合的媒体意义,将会产生极强的美学魅力。

案例分析4—12:

六必治牙膏电视广告·汪涵篇

叙事主题:有六必治,不怕口腔问题

主要叙事内容:

1. 汪涵自己在吃火锅,火锅上面浮着一层红辣椒。他一边吃一边辣得一吐气嘴里就喷出火来。画外音:"中国人爱辣。"

2. 汪涵在啃着一个大骨头,并发出"哎呀"的声音。画外音:"爱啃。"

3. 深夜,汪涵在伏案工作,自己一说话就把桌上盆景的一片叶子吹掉了。画外音:"爱拼。"

4. 璀璨的灯光下汪涵和一群年轻人开怀畅饮。画外音:"爱玩。"可当他拿起一杯放有冰块的水喝时,牙就痛了。

5. 他用手摸着自己的腮帮子,"哎呀"地叫着。

6. (特写)一张大嘴中有"肿痛、火、酸"字样。画外音:"哎呀"容易导致多种口腔问题。

7. 产品,动画展示产品成分。画外音(字幕):"六必治牙膏,国家专利配方,中药养护,平衡调理,用中药对抗口腔问题。"

8. 汪涵双手交叉站着,拿出产品说道:"中国人,有六必治,不怕口腔问题。"

这则广告叙事中,镜头由不同的几组构成,每一组说明一种生活状态,其节奏和画面风格都保持相对一致。同时,还用一个共同的核心词——"哎呀"来组织画面关系,并用这个词连接下一组用以说明产品的镜头。这种蒙太奇手法的运用灵活,使镜头组接顺畅、自然、一致性强,没有突兀感,突出了叙事主题。

(二)电视广告叙事中的相对长镜头审美

长镜头是指记录时间比较长的过程,有真实感、客观性强的镜头;在拍摄中,综合使用各种方向,长时间连续拍摄以保持画面的连贯性和完整性的镜头。它更能给人以真实感,画面的内容比较丰富,让观众可以自由地选择欣赏空间,给观众以思考的余地。法国人安德烈·巴赞是一位对长镜头情有独钟的著名电影理论家,他强调电影应是一种完整的写实主义,为了减少长镜头可能带来的呆板,巴赞提出可以采用移动摄影以及景别变化来丰富镜头语言。在电视广告中,由于受时间的限制,长镜头用得不多。电视广告中的长镜头是相对而言的,长镜头的使用可以保证实验型广告的真实性。

案例分析4-13:

英特尔超长电视广告

镜头一开始就是在田间小路上,一个穿着白衣服、戴墨镜的男子向镜头走来。他敬礼、摘墨镜并对着镜头说:"你好!今天天气不错。不过天气预报说了,今天的降水概率是50%。"镜头中出现一个竖立在路边的标志杆,上面写着两个颜色不同的"50",他一边向前走,一边指着这个标志说:"也就是说下雨、不下雨机会一样大,那么,到底下不下雨,这事只有天知道。反正,我不知道。"他一边说着、走着,一边脱下外面的白衣服。后方的天空中仿佛响起了雷声,画面中好像也下了几滴雨。他不时用手遮着头,拍着身上的雨滴。这时,路边又出现了许多叠加在一起的电视,电视屏幕上播放着各种节目。他一边走一边继续说:"难怪有人说,天气预报员是一份说话不用负责任的工作。但你想过没有,天气预报为什么会不准?这是因为要预测天气,得先处理各个地域不同时间的海量气象资料,这一切需要超乎想象的运算处理能力。有计算机之前,只能靠人工。"这时,他走过的路边出现一位科学家模样的男士,他面前有一张书桌,上面堆放着几大摞纸张。他走到科学家身边,和他握手、寒暄,并不停地说:"一战期间,当时还没有气象服务器,英国科学家查理逊动员了六万四千人进行手工数值计算,想借此预报天气。经过夜以继日的工作,这项野心勃勃的计划终于失败了。直到1950年美国科学家冯·诺伊曼动用了一台三十吨重的电子计算机,才第一次成功进行了数值天气预报。"这时他已经走过一辆车身写有"30吨"字样的货车旁,他又走向对面的两位身着古代服装的人,那两个古代人向天上望着,一个人的手里还拿着一个写着"唐"的灯笼,他也凑过去和他们一起向天上看,并说着什么。接着,他继续说道:"至于准确率,跟唐朝人夜观天象差不多。而那台计算机的运算速度,每秒钟只有五千次,甚至还没有这个手机快。"这时,两个古代人也紧随着他走着,他把手中的手机扔向远方,两个古代人赶紧去找手机了,而他一边笑着,一边还在说着:"当然随着观测网络越来越发达,气象服务器越来越强大,如今气象预测的准确率已经大大提高。"他开始向前跑,一路上经过"60%、70%、86%"等数字牌子,"不过这还远远不是终点。你可能设想过,天气预报将能告诉你,下午三点十五分会不会下雨。"这时,天已经下雨了,他打开提前拿在手中的伞,给前面的一位美女撑伞。他俩一起向前继续走着,他还在说:"甚至明年结婚纪念日会不会放晴,当然还有雪灾冰雹龙卷风这样很难预测的突发天气也能及时预知,让人们不再受伤害。"这时,天已经晴了,他离开美女,自己快步向前,说道:"要实现那么准确的气象预测,按照现在的计算水平,可能需要摩天大楼那么大的服务器。"画面中一个大幕布落下,上面印着一个摩天大楼,"而随着CPU性能的不断提升,这样一个看似遥不可及的未来,很快就会到来。因为有你和我,也许你已经猜到我是一个IT,我的工作不是挨踢,也不仅仅是升级系统,管理数据,维护服务器。"这时,路上出现一个练武的小伙子,对他施以拳脚,被他制服。"我想改变行业的未来,因为我有一颗改变世界的心。"画面上出现一个大地球仪,他接着说:"当然我还需要更智能的IT技术。你,想要改变什么?"产品标识及广告语出现:"英特尔'至强',为改变世界给力啊IT!"

整个广告时长近3分钟,但只有一个镜头,并以主人公的自述式讲话为线索,串联了不同画面中的内容。广告新奇、富有吸引力,同时,配以不同的画面内容进行形象的辅助说明,还有一定的幽默效果,给人以不一样的感受。

使用长镜头的记录,更能显示出广告的真实性,因为与普通镜头相比,长镜头具有三个主要优势:

1. 叙述的完整性:长镜头的时间长,信息含量较多,可以较完整地把事件发生的全过程记录下来,给观众带来一种完整的时空感。

2. 表意的丰富性:在一般的镜头中,景深小、时间短、景别小,画面的内涵有限,观众的视野和理解都受到限制,长镜头则可以克服这些不足,给观众更多的信息。

3. 画面的开放性:长镜头由于具有连续性,因而空间的跳跃感、自由度相对较小,但它仍然可以利用场面高度和摄影机的运动来使画面产生运动感,从而突破画框的限制,刺激观众的想象力,增强收视的感染力。①

这些优势在电视广告的一些叙事表现中也会有同样的作用和美学意义。

(三)景别在电视广告叙事中的美学表现

景别即指被摄主体在画面中呈现的范围,它是最外在的视觉语言,它决定了观众视界的大小。景的大小是由摄影机与拍摄对象之间的距离决定的,也可以由所使用的镜头焦距的长短决定。景别就是摄影机在与拍摄对象距离不同的位置进行拍摄,所得到的各种大小不一的荧屏画面影像。

在影视作品编辑时,可以通过景别的变化来体现美学的意义。

案例分析 4—14:

肠炎宁糖浆电视广告·妈妈放心篇

叙事主题:植物药,妈妈更放心

主要叙事内容:

镜头一:妈妈怀抱着自己的宝宝。(近景)

镜头二:一会儿宝宝自己在地上玩,妈妈说:"宝宝拉肚子,妈妈都紧张。"(近景)

镜头三:许多妈妈带宝宝到医院看医生。(全景)

镜头四:一位医生手里拿着一盒药说:"很多妈妈问我,宝宝拉肚子怎么办?我建议用肠炎宁糖浆。妈妈更放心。"(近景)

镜头五:产品及商标。(特写)

字幕:植物药。

镜头六:妈妈抱着宝宝和玩具熊说:"效果好,口感也好。"(近景)

字幕:药店有售。

镜头七:产品及商标(动画效果)。(特写)

画外音:"宝宝拉肚子就用康恩贝牌肠炎宁糖浆。"

字幕:植物药,妈妈更放心。

这个广告中不同的景别叙事运用自如,在表现情节和产品中发挥了积极的作用。远景和全景让人感受到熟悉的生活环境和情感氛围,近景则更能体现商品的特征和广告的

---

① 孙会:《电视广告》,中国传媒大学出版社 2012 年版,第 43~61 页。

主题。景别叙事的作用也增强了整个广告的可视性。

(四)构图形式上的美学表现

构图即各种元素在画面中的位置及相互关系,在影视作品中构图本身就有叙事意义。在电视广告叙事画面中,构图的美学表现主要有:对称、均衡、多样统一、动静结合等形式。电视广告构图最主要的特点是动态化,它的美学意义在于:

1. 吸引注意,引起兴趣。
2. 激发联想、帮助记忆。
3. 突出产品,展示品牌。

案例分析 4—15:

承德露露电视广告·32 颗篇

叙事主题:承德露露每罐有 32 颗山杏仁

主要叙事内容:

1. 露露杏仁露产品。
2. 蓝底黄字的承德避暑山庄牌匾明亮耀眼。
3. 一片绿色的山林。
4. 很多颗饱满的杏仁在蓝色背景下舞动着。
5. 很多杏仁落进了一个空杯子里。字幕:精选山杏仁,32 颗。画外解说:精选山杏仁,每罐约有 32 颗。
6. 产品、品牌及字幕:珍杏仁,真滋润。
7. 代言人许晴手拿一罐产品独白:真有 32 颗哦。

这则广告的叙事背景就是产品生产地——承德,画面构图运用对比、多样统一、平衡对称等手法,突出了绿色而美丽的山林、皇家神秘的后花园、威严而贵气的牌匾、颗粒饱满的杏仁、名人许晴甜甜的微笑和声音、产品和品牌的画面,给人以美的视觉享受,同时也表现出产品天然、纯正、绿色等高品质的特色,激发起人们消费的欲望。

二、电视广告中听觉叙事的美学表现

电视广告听觉叙事的因素包括语言、音乐、音效等,它们以各自不同的特色呈现出审美的意义和表现方式,从而建构整个电视广告叙事的美学价值。

(一)人物语言的内容

人物语言,包括人物对话、独白、旁白以及解说词等,是重要的声音元素。

人物对白则是指影视作品中人物之间的对话,它是情节的重要内容。

独白指戏剧、电影中角色独自抒发感情或表达个人愿望的话,一般由演员独自念出,表现此时此刻的心理、感情等。

旁白是电影独有的一种人声运用手法,由画面外的人声对影片的故事情节、人物心理加以叙述、抒情或议论。通过旁白,可以传递更丰富的信息,表达特定的情感,启发观众思考。旁白也是画外音的一种,如电影开始前,用旁白来介绍故事发生的背景和主要人物关系等。

解说词是电视画面内容的文字解释和说明。其作用:一是发挥对视觉的补充作用,让观众在观看实物和形象的同时,从听觉上得到形象的描述和解释,从而受到感染和教育;二是发挥对听觉的补充作用,即通过形象化的描述,使听众感知故事里的环境,犹如身临其境,从而达到情感上的共鸣。

电视广告中人物语言较多表现为解说和对白,也有一种特殊的旁白形式,即镜头中的演员做画外音旁白,这是电视广告特有的情况。

(二)人物语言在电视广告中的美学效应

电视广告叙事中的人物语言与视觉元素(字幕)的有机结合,不仅能使受众很好地理解广告信息,还能展示话语的艺术魅力。

具体说人物语言的美学意义有以下几点:

1. 配合画面及其他视听手段,充分体现广告创意。
2. 塑造广告形象,提示广告主题,使信息内容得到全面、清晰、完善、鲜明的表达。
3. 吸引观众的注意、强化观众的记忆、引起观众的共鸣,唤起购买欲。[①]

案例分析 4—16:

新福瑞迪电视广告

叙事主题:新福瑞迪,为爱而生

主要叙事内容:

第一组镜头中,一双结实的手臂帮助刚学骑小车的孩子练习,教小孩子练功,安抚深夜紧张学习的孩子,给获得学位的学生扶正学位帽。第二组镜头中,一辆漂亮的红色小轿车穿梭在林间小道上。第三组镜头是车停在家门口,全家人高兴地团聚。父亲用手臂拍抚着儿子。

画外解说:"有一种关爱发自于内心,有一种给予始终在身边。新福瑞迪,为爱而生。"

这则电视广告的叙事元素只有画外解说和背景音乐,解说词简洁、直白,突出主

---

① 孙会:《电视广告》,中国传媒大学出版社 2012 年版,第 105~107 页。

题。镜头则以手臂表现爱的动作,表达关爱体贴,语言与画面结合顺畅自然,清晰明确,真诚朴实,将"为爱而生"视觉化、形象化,情感比喻运用得很适当,给人以亲情体验之美。

三、电视广告叙事中音乐的美学效应

音乐是专为画面配制的歌曲或乐曲。在电视广告中,它为广告的目的服务,而在具体的作用上,它也体现出自己的特色。

在电视广告中,音乐的美学效应为烘托背景、营造气氛、抒发情感、强化节奏、揭示主题、体现时代感等。

1. 它具有"戏剧作用",可以配合画面,营造气氛,演绎各种波折,揭示人物心理,深化作品主题,帮助观众理解剧情,使画面含义得到最好的表达。

2. 音乐还具有抒情作用,它可以配合画面,强化某个段落的内涵,加深作品的深度。

3. 音乐还能强化作品的节奏。可以模拟或代替各种真实声音,如蝉鸣、鸟叫等,也可以将某种声言细致化、艺术化。

4. 国际通用,容易理解。音乐是一种具有国际意义的传播符号,可以跨越文化和语言的障碍,具有较强的沟通能力,特别是对跨国企业而言,用音乐与不同民族和国家的观众进行沟通有一定的优势。[①]

案例材料:

名曲"卡农"被多种电视广告借用

"卡农(Canon)"这个词原意是指教规、宗教法规、规则或者经典,在音乐上是复调音乐的一种写作技法:各个声部有规则地互相模仿,也就是后面的声部按一定的时间距离顺次模仿前一声部的旋律。用卡农手法写成的乐曲叫做"卡农曲",我们经常听到的轮唱曲就是卡农曲的一种。

《卡农》是现今最受全世界人们喜爱的古典音乐作品,被改编成现代乐曲后,曾称霸美国公告牌流行音乐排行榜百周以上。据吉尼斯世界纪录统计,到目前为止世界上重新演绎并出版的《卡农》版本达 2000 余种!而实际上,《卡农》仅仅是一首全长仅 5 分钟左右的音乐小品,但它却带来了 328 年的奇迹,而且还会历久弥新。《卡农》最原始的版本今天我们已无缘听到,但后世名家的不断演绎却不时推出新的《卡农》的绝美乐章。

[①] 孙会:《电视广告》,中国传媒大学出版社 2012 年版,第 106~107 页。

《卡农》作为一首名曲,多次被应用到各种不同的产品广告中,如中国平安保险公司的广告、泰国潘婷广告、黑松沙士广告、可口可乐广告等,这充分体现了音乐的国际性、感动性、审美性等意义。

(资料来源:百度网)

案例分析4—17:

《逆战》电视广告·张杰篇

腾讯首款自研枪战网游——《逆战》,采用虚幻3D引擎打造,取得多项技术突破。画面华丽精美,操作简单,支持爽快淋漓的多人对战。在独特PVE模式中,玩家可操控机甲战士,驾驶武装直升机,使用电锯、火焰喷射器、激光枪等与巨型BOSS展开厮杀,全新玩法精彩无限。张杰作为《逆战》代言人,将在游戏中登场,与玩家并肩作战。帅气的他,将成为继万飞(周杰伦饰)、万阳(谢霆锋饰)后《逆战》的第三位明星角色。乌黑的亮发、刚毅的眼神、威风的着装使张杰在游戏中的造型成为亮点。在新版本中,张杰将正式"服役"《逆战》,投身到硝烟弥漫的热血战场中。同时,张杰也是这个游戏的宣传广告主题曲的演唱者,激烈的节奏、明快的乐曲、唯美的画面、特技的效果,以及突出游戏主题的歌词让人们感受到广告歌曲的魅力,获得一种审美的享受。

在这个风起云涌的战场上
暴风少年登场
在战胜烈火重重的咆哮声
喧闹整个世界
硝烟狂飞的讯号 机甲时代正来到
热血逆流而上
战车在发烫 勇士也势不可挡
Come on 逆战 逆战来也 王牌要狂野
闯荡宇宙摆平世界
Oh 逆战 逆战狂野 王牌要发泄
战斗是我们倔强起点
我要操控我的权势 张扬我的声势
看这场龙战在野
这战场千百热血战士 一路向前飞驰
捍卫世界的勇士 Fighting 再一决
兄弟一场 未来继续顽强
看着战火飘摇
瓦解对手力量 熊熊气势再出发
逆战 逆战来也 王牌要狂野

闯荡宇宙摆平世界

在这则电视广告中,叙事元素主要是张杰,动画特技的枪战游戏,时尚、激情、奋进的歌曲等,它们构成了一个充满诱惑的视听审美盛宴,满足了游戏者的梦幻奇想和欲望冲动,体现出歌曲及游戏中的美学魅力。

四、电视广告叙事中音效的内容

(一)电视广告叙事中音效的主要内容

音效是指电视广告中各种现场的自然声音,有现场录制的,也有后期制作的,其中包括同期声、效果声和模拟声。按声音的来源分,主要有以下两种形式:

1. 自然音效

是指来自于自然界的各种音效,如风声、雨声、雷声等,它真实、自然,给人以身临其境的感觉。

2. 生活音效

源于各种音响录制的效果,是人为的声音,如哭声、笑声、吵闹声等,是渲染气氛的重要元素。[1]

案例分析 4—18:

(智利)某胶水电视广告

广告以一个家庭为背景,画面中一位男士和一位老太太正在屋里看自己手中的书,男士坐在台灯下的一把椅子上,老太太则坐在他前面的一把摇椅上,还不停地摇着,摇椅发出"咯吱、咯吱"的声音,把下面的木地板摇得都活动了。因为屋子中很安静,摇椅的声音就显得很大。这时男士明显感觉到声音的刺激,很不舒服。于是他从旁边的抽屉中拿出一种胶水,在摇椅下滴了一滴,摇椅立即停止了摇动。老太太很奇怪地向摇椅四周看,不知道发生了什么状况,让自己的摇椅不动了。而这时安静的屋子中又响起了清脆的钟表声……广告语:"只要一用这种液体,就能得到永久的稳固。金属、纸、木、塑料、皮革,只要一用这种液体,就能得到永久的稳固。"

这则广告以单一的"咯吱"声为主要叙事元素,体现出产品的明显效果。这是一个生活片段式的广告,也是一个实验式的广告,让人感到亲切、清新和可信。

---

[1] 孙会:《电视广告》,中国传媒大学出版社2012年版,第117~118页。

(二)电视广告叙事中音效的美学效应

电视广告中的音效,配合画面,并与其他声音相结合为广告目的服务。

1. 再现性效应

再现性效应即再现屏幕上人、物及自然界的各种声音,以烘托环境气氛,强化生活气息或地方色彩,增强作品的逼真性和现实感,还可以制造出时间感和时代感。如有的电影画面中放了定时炸弹后,就会响起计时器的"咔咔"声,特别清脆,以营造某种氛围。有的也制造一种静的效果,如深夜的猫叫、狼嚎等声音。

案例分析 4—19:

(丹麦)某奶酪电视广告

画面中一位女士正坐在桌旁,往桌上的一盘面上倒调料,女人手在摇动并发出撒调料的吵吵声。可当她拿起刀叉准备吃这些面时,忽然"嚯"的一声,面条一下子全部在盘中竖起直直地站立,女士吓得把手中的刀叉都扔了。这时出现画外音:"没加奶酪的意大利面条。"整个广告片虽然声音并不多,但却产生了极强的刺激效果,尤其是面条自己竖起来时"嚯"的一声,打破了片中沉寂的局面,给了受众一个意想不到的震撼,表达了如果没有用奶酪来调制意大利面条就会出现如此惊人之后果的主题思想,让人难忘。

2. 表现性效应

首先,通过音响元素的各种处理,借助艺术的假定性,可以揭示人物的内心世界,创造出各种心理效果。如在影视作品中反映人物焦躁状态时,挂钟不紧不慢的"滴答"声。其次,音响还可以用来表现隐喻、象征性含义,以体现创作者的主观意念。如把三个酒鬼的画面配上猪叫、把两个资本家的争吵声变成犬吠等,以制造幽默效果。

3. 细节之处体现美学意义

电视广告中的细节之处往往体现在音效上,音效如果使用得体,会起到重要的作用。电视广告中细节的把握是国内与国外电视广告在水平上产生明显差距的地方,国外的电视广告往往在细节之处出彩,而这其中就包括音效的适当使用。[①]

案例分析 4—20:

雪碧电视广告·透心凉篇

叙事主题:雪碧,透心凉,心飞扬

主要叙事内容:

---

① 孙会:《电视广告》,中国传媒大学出版社 2012 年版,第 118~120 页。

1. 屋里四个人都在低头忙着自己的事。
2. 这时,其中一个小伙子拿起桌上一杯带冰的饮料喝起来,旁边放着大瓶雪碧。
3. 喝完后,他长舒了一口气,很享受的样子。眼睛也突然亮起来。
4. 他拿起桌上大瓶的雪碧,拧开瓶盖,"刺"的一声,打破了屋里的宁静。
5. 他又用两只杯子相互碰撞发出清脆的声音。
6. 接着,另一位男士也拧开一大瓶雪碧,发出"刺"的声音。
7. 然后,屋里的两位女士也开始动起来,他们一起把冰块放入杯中、把柠檬放入杯中、把雪碧倒入杯中的动作,都发出悦耳的声音,好像一首快乐的曲子。
8. 大家开心地举起手中的杯子干杯。
9. 品牌及广告语:雪碧,透心凉,心飞扬。

在这则广告中,音效即是整个叙事的线索、焦点和审美视点。除了最后的广告语,基本没有别的声音。整个叙事巧妙运用了音效的作用:清脆的、爆发式的、欢乐的,一种快乐的气氛随着雪碧被打开、倒出等动作而形成,一改开始时的沉寂而成为叙事中的主要情绪。在画面的配合下,音效成为这则广告中人们叙事和视听审美的视点。

第五节 电视广告叙事中的表现审美(2)

电视广告叙事中的视觉表现元素是体现创意美的重要形式,其内容丰富多样,主要可以从以下几个方面进行分析。

一、人物或动画模特

在电视广告叙事文本中出现的人物或动画参与信息传达,常见的人物模特主要是名人。它的美学效应主要表现在以下两个方面:
1. 演绎叙事的主线,帮助完成叙事情节。
2. 人物或卡通形象本身有美学意义。

明星本身"光环"闪耀,容易吸引受众的关注,动画的动物或拟人形象逼真可爱,这些满足了受众的审美需要。

案例分析 4—21:

法国依云矿泉水超级抽象动画电视广告·快乐的小水滴篇

在《we will rock you》极富有节奏感的乐曲声中,一个可爱的抽象动画小水滴从一杯水中跳出来,开始了它的生命历程。它穿过一片花丛、滑过一块香皂、淋过一阵风雨,又经历了分离与整合、烈日的暴晒与寒冷的冰冻、冰山上的冻结与平锅里的沸腾……,路上还遇到自己心爱的另一半,两个小水滴很快结合,并生下一群更小的水滴,在小水滴的带领下,全家快乐地走在生命的旅程中……

整个广告充满活力、快乐,体现出对人生的乐观态度,无论生命中经历了什么,都要快乐地生活下去。广告中可爱的、夸张的、抽象的、拟人化的小水滴形象,给人留下深刻印象,同时也体现出产品的天然品质和无处不在的快乐本性,激发起人们对生活的热爱、对人生的思考。

二、产品

产品自身的美学特点,如漂亮的外形、贵气的包装、实惠的价格、实用的功效等都构成了产品的审美点。

案例分析4—22:

E人E本电视广告·冯小刚葛优篇

叙事主题:E人E本,手写电脑

主要叙事内容:

1. 一只手打开一个笔记本电脑。画外解说:E人E本。
2. 冯小刚正在用笔在笔记本电脑上写字。葛优在一旁看着说道:"用笔写就行。"冯回答:"对。"
3. 葛优接着说:"还原笔迹。"冯一边写一边回答:"是。"
4. 葛优好奇地说:"办公就用它?"冯对他说:"那当然了。"
5. 葛优说:"这手写电脑好。"
6. 冯把电脑递给他说:"你得来一本。"
7. 两人分别说道:"E人E本,手写电脑。"

这则电视广告的叙事是在一个日常的对话情景下进行的,叙述的广告信息主要是表现产品的优势特色——用笔直接写和保持原笔迹,叙事的人物和话语都是在传递产品的信息和展示产品的魅力,产品处于叙事的核心地位和中心环节,这也是吸引受众关注的最大亮点。

三、背景

背景即指画面主体对象周围的人物、景物和空间,它包括前景、后景及背景,是画面的构成因素之一。它除了起到陪衬、突出主体的作用之外,还能够表明主体的活动地域、时代特征、季节特点、地方特色,并帮助刻画主要人物的性格,表现特定的气氛,能加强画面的空间感和概括力。

案例分析 4—23:

恒大冰泉电视广告

叙事主题:恒大冰泉,长白山天然矿泉水

主要叙事内容:

1. 画面中湛蓝的天空下,白茫茫的一片雪山。
2. 画面中间出现字幕、恒大冰泉品牌和产品。
3. 画外解说:恒大冰泉,长白山天然矿泉水。

　　这则广告是在央视 19:30 分《新闻联播》后播出的,其时长只有 3 秒,画面只有两个,解说词也就是广告语,是一则典型的品牌提示性广告。广告中叙事符号简单,只有长白山的冰雪、品牌及产品、广告语,而在表现上,产品和品牌直接植入到这种天然、洁白的冰雪世界背景下,让人们通过视觉审美感受到产品纯正地道的品质魅力。

四、色彩

　　色彩是电视广告画面的主要构成元素,也是体现电视广告冲击力和感染力的重要刺激元素。色彩不仅是电视广告视觉传达的重要信息,也是吸引观众的元素。同时色彩还具有心理和情感方面的特殊含义,因此可以传达心理和情感方面的信息。每一个电视广告作品都有一个与主题相对应的情绪基调与情感倾向,如浪漫、快乐、郁闷、悲伤等,在具体的画面表达中,最重要的是反映情绪基调和情感倾向要落实到镜头画面的色彩设计上。

　　根据色调及其美学效应原理,在镜头画面构成中,不同颜色的色彩会构成统一、和谐的色彩倾向,并统归到某一色调控制之下,那么,这种颜色的显现便是画面的色彩基调。所谓色彩基调是指关系密切的一组色彩在一组镜头画面、一场戏、一个段落乃至全篇中所形成的色彩倾向,即色彩的总体特征。色彩基调是表现主题情绪的色彩手段,在塑造广告的环境和情调,突出产品和品牌的视觉效果等方面有积极的意义。其具体作用概括地说有以下几种:

1. 造型作用

　　色彩在造型上的首要任务就是表现物体存在的形态,彩色摄像机的感色性能就是对物象的形、色、质、动及存在形态进行全面的表达。

2. 戏剧表现作用

　　色彩的戏剧性表现内容很多,主要有以下几个方面:

(1) 塑造人物形象

塑造人物形象是色彩在电视广告中的主要作用,不同的人物形象、不同的生活背景、不同的命运体现都是通过色彩的不同展现出来的。其实,这体现了心理学的要求,也与现实生活一致,如活跃向上、乐观开朗的性格一定是用丰富的色彩表现,相反,抑郁寡欢、内向孤立的性格一定是以暗色彩和单一色彩表现的。在电视广告中通过艺术化的加工,用色彩展示人物的形象会更加生动。

(2) 深化作品主题

"色彩是一种能量",斯托拉罗认为,不同的色彩有不同的频率,而且这种频率就存在于我们的身体中,这也是色彩心理学研究的理论基础。如当我们看到红色就会热血上冲,心情激动;当我们看到蓝色的海洋或天空,心境就会平静下来。因此,用色彩心理学原理去设计画面中的色彩构成,可以为电视广告主题的策划和表现提供科学的依据。

(3) 突出主要细节

通过不同色彩的搭配和相互补充陪衬,在画面中强化重要的信息内容,突出广告产品的优势细节,是运用色彩的又一主要意义。

(4) 平衡画面构图

画面构图中色彩的表现是有依据的,它不仅要从广告创意和表现要求出发,而且还要考虑画面内容的主次关系、对称关系、平衡关系等。画面的色彩构成就是对色彩进行谋篇布局,使其能和谐而统一地组合在一起,并达到塑造形象、创造情境、突出主体的作用。[①]

案例分析 4—24:

佳能照相机电视广告·色彩篇

广告以一曲轻快、节奏感强的音乐串联了一系列的街头画面:时尚美女轻快地踩着舞步,她衣服的主打色是橘黄,画面也随之在右侧展示橘黄色机壳的产品;一个身着灰色的时尚男生走进画面,同时出现灰色机壳的产品;一位身着海蓝色连衣裙的女生出现在画面中间,产品随之换成了海蓝色机壳……不同的色彩、不同色彩的产品令人目不暇接,画面中出现的诱人广告语"走,拍照去。"让人心动不已。广告语:"你好,色彩。"同时出现各色产品的集合画面,字幕:"IXUS 伊克萨斯"。

这则广告从创意到表现都充分运用了色彩的魅力,并融入了时尚的元素,给人以视觉上的审美感受,突出了产品"感动常在"的定位和"你好,色彩"的广告主题,也表现出卓越超然的个性特征。

---

① 孙会:《电视广告》,中国传媒大学出版社 2012 年版,第 88~97 页。

总之，电视广告叙事中创意与表现是密不可分的一个事物的两个方面，它们对整个广告的美学价值都有重要的意义，忽视了任何一方面都会影响它的美学意义的表现，只有对这两方面都进行美学上的充分思考才能创作出有魅力的作品。

第六节 电视广告叙事中的受众审美心理分析

审美不只是审美作品的创作者自身的行为，更重要的是审美的受众能否与创作者达成认同，并真正理解和欣赏作品的美学魅力。电视广告也一样，不是创意者的孤芳自赏，而是要满足受众的审美心理并完成促销的目的。因此，对受众审美心理的分析和研究是非常重要的。

一、受众审美心理的特征

相对于受众一方，传播者依据其审美心理特点进行创作，是保证传受双方在审美方面达成共识的关键。具体地说，受众审美心理特征主要有以下几个方面：

(一)审美心理是各种心理因素互相渗透、能动地综合统一的过程

审美心理和普通心理一样，也包括感觉、知觉、表象、联想、想象、情感、理解等内容。但不同于一般心理，审美心理的各种因素"互相渗透、互相推动、互相作用，表现为合规律的自由运动，是处于非常活跃的统一状态中。另一方面就感觉和知觉来看，美感活动中想象和理解沉淀于知觉表象中，表现为感性中的理性，区别于一般知觉、表象的感受性；从理解来看，美感活动中的知觉、情感又沉淀于理解，成为理性中的感性，又区别于一般理性。美感就是这些心理因素互相渗透、能动地综合统一的过程。"[①]

案例分析4—25：

康师傅方便面电视广告·香辣牛肉面篇

叙事主题：地道辣功夫，尽在康师傅

主要叙事内容：

1.一个年轻小伙子拿着一桶方便面喊道："康师傅方便面。"

2.小伙子在吃方便面。嘴里"哈哈"地喘着气，头上流下许多汗水。画外音：辣得超过瘾。字幕：香辣牛肉面。

---

① 杨辛、甘霖：《美学原理新编》，北京大学出版社1996年版，第281页。

3. 一个美女舔着嘴唇说:"麻辣 high 翻了。"字幕:麻辣牛肉面。
4. 一个年轻小伙一边用手抹着嘴唇,一边说:"泡椒太爽了。"字幕:老坛,泡椒牛肉面。
5. 一个美女边吃面,边咂着嘴说:"酸辣真开胃。"字幕:老陈醋酸辣牛肉面。
6. 一个年轻小伙吃着面,张着嘴哈着气。字幕:红油爆椒牛肉面。
7. 产品及广告语,字幕并画外音:地道辣功夫,尽在康师傅。

这则广告的叙事主题是表现产品辣得很地道,但辣是不能通过视听来感受的,而在这里选用了色彩、声音、动作等来表现吃面时辣的感受,人们通过看红红的辣椒、吃面人的表情,听吃面人辣得哈气的声音等来完成对这一叙事主题的理解,同时,也对画面产生审美的感受。

(二)受众审美心理具有差异性和普遍性

由于审美主体的生存环境、生活经验、文化修养、性情习惯、经济条件、阶层地位等都存在着差异,不同的审美主体,其审美心理表现出很大的差异性。当然,审美的差异性与普遍性是共存的,普遍性主要体现在审美的民族性、时代性、阶级性等方面。

二、受众审美心理的主要理论

国内外针对受众审美心理研究的理论很多,这里主要介绍距离说和移情说两种。

(一)距离说

距离说即因为审美主体与客体之间有一定的距离而产生的审美心理,这里的距离是指脱离现实、脱离功利,客观地看待事物的一种心理状态。有了这种心理状态,才能悠然自得地欣赏。

瑞士心理学家、语言学家、美学家布洛于1902年提出了著名的"心理距离说",是心理学、美学的一个重要的分支。他认为,距离这种审美现象是完全超脱人的实用功利目的的。即人从外界事物的功利目的、实际用途中超脱出来,从实际生活中超脱出来,与宇宙人生保持一定的距离,冷静地、客观地观察事物美,最广义的审美价值,没有距离的间隔就不可能成立。距离间隔是美与美感成立的根源。[①]

这种距离美在电视广告审美中主要表现为以下几个方面:

1. 时空距离之美

客观存在的时空差距导致人们对时空存在不同于自身的事物产生向往和好奇,并由

---

① 杨辛、甘霖:《美学原理新编》,北京大学出版社1996年版,第348页。

此产生美感。

案例分析 4—26：

汾酒电视广告·酒魂篇

叙事主题：汾酒，中国酒魂

主要叙事内容：

1. 一幅配有杜牧的《清明诗》的中国画，字幕：借问酒家何处有，牧童遥指杏花村。解说："传递盛唐文化之魂。"

2. 在国外召开的世界博览会上，许多人关注到汾酒。字幕：巴拿马大奖章。解说："彰显东方品质之魂。"

3. 一瓶青花瓷白酒。解说并字幕："汾酒，中国酒魂。"

这则电视广告叙事主要是通过几个镜头来完成的，主题就是借助久远的历史和在国际上获奖时的风采，讲述产品作为酒中之魂的魅力渊源，以引起人们对这一历史名酒的向往之情和审美情怀。

2. 新奇与探究之美

人们虽然与审美对象没有时空距离，但由于对其不了解而产生新奇、探究之美感。

案例分析 4—27：

重庆·融汇国际温泉城电视广告

电视广告片以各种水泡和"咕嘟咕嘟"水开时的沸腾声音贯穿始终，片中的画面多是一些本不该出现这种声音的水，如桌子上放着的水容器中的水、饮料杯中的水、游泳池中的水、瓶装水、图书馆里每个桌子上放着的水杯中的水、咖啡厅里的两杯咖啡等，好像所有的东西，都沸腾起来，冒着泡泡，甚至是没有水的篮球场上，篮球投入篮筐中，就好像投入到水中，都溅起水花，这不仅引起画面中人们的好奇，也吸引了受众的注意，激发起大家的想象："这个电视广告到底是要说什么呢？"最后，一个俯瞰的都市画面，也像是开了锅一样发出很响的"咕嘟咕嘟"声，并冒出很多的水泡。广告语出现："让重庆沸腾起来！融汇国际温泉城。"

在这个广告片中，水沸腾时的声音是叙事的主要元素，也是贯穿作品的主线。它串联了画面，也达到了吸引注意、引起好奇心和激发想象的目的。人们在好奇心的引导下，完成了对广告的审美体验。

(二) 移情说

移情即把"我"的情感"外射"到事物身上去，使情感变成事物的属性，这种属性使人感到喜悦和快慰,就是美,即能达到"物我同一"的境界。这就是我国古代所说的"寄情于物、物我同一"。"移情说"是西方现代美学中影响最大的流派之一,也是心理学、美学流派中最有代表性的一种理论。"移情说"最著名的代表是19世纪德国心理学家立普斯,他认为审美欣赏原因不在于对象,而在于通过移情作用得到的自我,即对象里那个欢乐或愉快的自我……审美的欣赏并非是对于一个对象的欣赏,而是对于一个自我的欣赏,它是一种直接作用于自身的价值感觉,而不是一种涉及对象的感觉。我国著名美学家朱光潜是这样定义移情的:"它就是人在观察外界事物时,设身处在事物的境地,把原来没有生命的东西看成有生命的东西,仿佛它也有感觉、思想、情感、意志和活动。同时,人自己也受到对事物这种错觉的影响,多少和事物发生同情和共鸣。"①电视广告常常会利用这种移情审美心理来创意,使受众在对电视广告的欣赏中一样能体现出来。

案例分析 4—28:

农夫山泉电视广告·饮水思源篇

广告中出现一个系着红领巾的小学生——杨蕾,用一种平静的声音说出自己的"心愿":"我叫杨蕾,今年十一岁,我长大想当一名老师,我想上学。因为我家里的钱不够,上学,妈妈没有给老师钱。"画面出现大山的背景,画外音:"一瓶水,一分钱,每喝一瓶农夫山泉,你就为水源地的贫困孩子捐出了一分钱。"字幕:"一瓶水,一分钱,帮助水源地的贫困孩子。"镜头又出现那个小学生:"我一定要好好读书。"画外音:"饮水思源,农夫山泉。"字幕:"饮水思源,感恩水源地人民,农夫山泉。"

这则广告以一个平凡的水源地山区贫困孩子的处境打动了受众的心,同时也体现出农夫山泉的生产企业对水源地人民生活现状的关心,展现了企业回馈社会、热心公益的形象,产品、企业和公益事业很顺畅地通过广告画面、语言和情境融为一体,也展现了艺术审美和功利审美的完美融合,清纯而自然,平淡而感人,没有做作与虚情,是一则不可多见的好广告。

当然,关于受众审美的心理研究有许多论述,也有许多有争议的问题,在此仅借这两种说法来分析电视广告叙事中受众的审美心理,以突出其影响意义。

第七节 电视广告叙事中的审美批评

目前,我国电视广告叙事中存在问题也很多,它是电视广告事业发展尚不成熟的表现,也是我们今后在实践中努力的方向。

---

① 朱光潜:《西方美学史》(下卷),人民文学出版社1979年版,第597页。

一、影响电视广告审美的因素

电视广告审美是一个客观存在的现象,但目前人们更多关注的是它的经济效益和市场意义,特别是广告主一方。正是由于过多地看重经济利益,电视广告的创意和表现中出现了很多问题,这些问题对它的审美有消极的影响。

(一)糟粕杂陈,破坏了整体的美感

电视广告作为一种社会意识和文化的表现形式,不可避免地会把一些不文明、消极、糟粕的东西显露出来,譬如腐朽没落的事物、社会道德的沦丧、病态的生活态度等,这就影响了它的审美意义,成为审美意识中的反价值。① 如某洗衣粉的电视广告,一些慈祥的妈妈在洗搓着衣物,年轻的女儿们身着泳装在能见度极高的沙滩上嘻嘻哈哈,齐声喊:泡泡漂漂晾起来! 妈妈们惊愕:换代了? 这使人联想起"泡了吗? 漂了吗?"的色情含义。②

案例分析 4—29:

春纪电视广告·吴莫愁篇

叙事主题:春纪杨梅保湿乳,萃取杨梅17份水原料,水润更滋养

主要叙事内容:

1. 在红白相间的背景下,身穿粉红裙装的明星吴莫愁走出来,画外解说:"珍爱你的肌肤吗? 爱它,就养它。"
2. 一大堆的红色果子纷纷从她身边落下来,她用手按住脸颊,皮肤很光润,有弹性。明星解说:"春纪杨梅保湿乳,萃取杨梅17份水原料,水润更滋养。"
3. 产品及明星解说:"养你、养你、养你一辈子。"

这则电视广告中,叙事话语强调"养你",原本是指保养肌肤,但最后为了强调,连续说"养你、养你",很有包养二奶的感觉,而且是以吴莫愁这么一个刚出道的明星的身份说出,不由让人产生一些不好的联想,这对产品、明星本人及广告都会有不好的影响。这则广告让人不但没有美的享受,反而产生厌恶之感。

(二)同质化严重,突显了创意的缺失

电视广告竞争中同质化问题一直都存在。一些企业不去考虑如何创新产品、如何开发新的消费需求、如何更好地为市场服务,而只是依靠广告来争夺消费者,导致了同质化广告泛滥成灾。如一句流行的广告语本来很有创意,也很有审美价值,但许多产品,包括

---

① 林纾:《广告的审美魅力》,载于《美术界》2006年第10期,第343页。
② 蔡贻象:《影视文化美研究》,中国广播电视出版社2004年版,第224页。

一些不同类的产品都这么说,那就让人感到厌烦了,同时也降低了流行广告语本身的审美价值。

(三)虚空无实,暴露了表现元素的空想性

电视广告是利用它的影像冲击力来设置虚拟环境,诱导消费者产生各种欲望。适度、巧妙的夸大不仅不会引起人们的反感,反而会增强人们对广告的记忆和欣赏效果,国外这样的经典案例很多。但在我国,各种形式的虚空,使原本很美的表现元素暴露出极强的空想性,虚拟环境做得"太虚了",完全脱离了现实生活,让人们对广告本身失去了信任,也就谈不上审美了。如有的方便面广告竟然用皇帝御用、皇宫尚品、皇家御膳这样的词语来突出产品特色,画面则是在气势恢宏的皇宫中,至尊无上的皇帝大口吃着方便面,这种镜头让人感到荒唐可笑,没有一点真实的生活体验感。众所周知,方便面就是即时的充饥食品,方便性、即时性是其最大的特点,也是消费者最大的需求点。日本早期的一则日清面的广告用远古时代野人觅食的情节来表现产品的特点就很有创意,卡通的造型、仿古的画面和幽默的情节给人们以美的享受。可见,只有真正地从消费者、产品和市场的实际情况出发,才能创作出更美、更好、更有效的广告作品。

(四)表里不一,忽视审美的一致性

电视广告的表现与它的主题有时会不相符合,或是受众根本看不出电视广告的形式与它要传达的主旨有什么关系,这就是表里不一的问题。前些年有一则章子怡主演的VISA卡电视广告,情节是章子怡在一家餐厅吃饭时,因为她嫌汤做得咸了而与厨师发生纠纷,并出现她与众多厨师打斗的场面,最后章子怡胜出,但她却要为打斗损坏的财物埋单,于是她从容地甩出一张 VISA 卡,潇洒离去。整个广告给人的感觉就是:表现很夸张、情节很奇怪、投资很铺张、效果很糟糕。这则电视广告的画面构图、声音设计、武打表现、场景安排绝对是一流的,但令受众无法理解的是这则广告的宣传目的竟然会是一张消费卡,主题与表现明显不对位、不一致,这不仅影响了广告的促销效果,也给受众审美带来困惑。

二、对电视广告叙事中审美问题的思考

在当今的消费社会中,对电视广告审美的塑造已成为吸引消费者注意并完成商业目的的重要问题。但由于电视广告的审美不同于其他的审美活动,长期以来,在这类问题上存在着许多争议,这引起了人们对这些问题的思考。

(一)电视广告审美中的自由性问题

自由可以说是审美的灵魂,在审美中,人的精神处于极度的自由状态,一无挂碍。席

勒说:"我们用美这个名称来标记的事物的那种属性与现象中的自由是同一的,是相同的东西。"①又如柏拉图对审美的独特感受:"这时他凭临美的汪洋大海,凝神观照,心中起无限欣喜,于是孕育无数优美崇高的思想语言,得到丰富的哲学收获。如此精力弥满之后,他终于豁然贯通唯一的涵盖一切的学问,以美为对象的学问。"②这些都表明了审美与自由之间的天然关系。有人就认为广告审美中有许多的不自由或非真自由的特点,如人们不能选择广告,不能深入了解商品,不能体现审美的个性特征等。的确,这些问题存在于广告的审美活动中,但任何审美活动都不可能是绝对的自由状态,总会有不自由的因素存在。就电视广告审美而言,审美的客体或对象就是电视广告本身,而不是或不只是电视广告中所宣传的商品,这时,电视广告作为一个整体的客体对象而存在,对商品的审美是另一个问题,不能混淆。同时,从整体上看,以电视广告为审美客体,人们的审美活动则是可以选择的,不能以单一的某一个电视广告来代替对整体的选择。当然审美有个性的表达之特点,并不是说广告所引导的时尚潮流或审美时尚就必然没有个性之美,体现个性美也是时尚美的一个重要内容。因此,电视广告审美与自由性是密切相关的,它同样体现出自由性的特色。

(二)电视广告审美中的距离性问题

在审美文化的视域中,瑞典美学家布洛提出了"审美距离说",即美感的产生是建立在主体与对象之间保持适当的距离的基础上的,这种距离不是空间和时间距离,而是心理上的距离。因此,传统美学认为,审美距离是美感产生的条件,同时又构成了美感,这是一种审美心理状态。如绘画艺术中的人物百态、诗词中的良辰美景、音乐中的荡气回肠等,这类对象正是因为具有超现实生活性,与受众的生活现实有距离,所以容易产生美感。而广告为了实现其目的,更强调让受众体验广告中的生活真实性和亲和力,这就是对"审美距离"的一种解构。③

诚然,广告会为了让受众接受而强调拉近与他们之间的心理距离,但广告是通过虚拟环境来传达信息的,与现实生活本身也是有距离的。正如美国著名广告学者威廉·阿伦斯所说:"在广告活动中,信源、讯息以及受者均具有多个层面,有些层面存在于现实当中,而另一些则存在于现实的另一个不同层面当中——存在于广告讯息自身文本建构的虚拟世界中。""广告的讯息表现形式也是具有多个层面,广告是对现实生活的艺术模仿。"④也就是说,广告在人与客观环境之间插入了一个虚拟环境,并通过它与受众沟通,求得认同。特别是在电视广告中,声音、画面、运动感建构了一种"逼真的"生活环境,让受众接受所宣传的信息。因此,电视广告作为审美客体也是与受众有一定的心理距离

---

① 王圣:《广告审美批判》,载于《社科纵横》2010年第9期。
② 柏拉图:《柏拉图文艺对话集·会饮篇》,朱光潜译,人民文学出版社1963年版,第272页。
③ 邓欢:《广告审美实践的现代批判》,载于《现代视听》2010年第2期。
④ 〔美〕威廉·阿伦斯:《当代广告学》(第七版),丁俊杰等译,华夏出版社2000年版,第8~9页。

的,受众的审美往往是针对电视广告虚拟环境中超现实的美景所产生的,如商品所带来的"自我实现"的效果、商品使用后的情感表现、商品生产中的高科技展示等,这些都建构了一种让受众感到可望而不可即的心理距离,因此,电视广告审美活动也有距离性。

(三)电视广告审美中的物欲性问题

经典美学理论在论及审美欲望时,把它归类于人类纯粹的精神追求。这种审美欲望不包括直接的功利目的,属于人类更高层次的生存需要。如观泰山而生崇高之感,望长江而生豪迈之情,这种情感体验是审美活动中"去蔽求真"的精神活动,它排斥对审美客体的占有欲求,以保证精神处于一种鉴赏愉悦的境界。因此,有人就认为广告审美活动的功利性从本质上就颠覆了这种"非物欲化"的特性,[1]广告更强调让人们去占有它所宣传的商品,以消费的形式满足自己种种物质欲望。

以电视广告为例,它在本质上是功利性的,但这并不能否定它具有审美的意义和价值。同时,广告审美的客体是广告本身,而不是广告中的商品,或不只是广告中的商品,这完全是不同的概念。审美所排斥的占有欲望,并不是指对广告中商品的占有,而是对广告的占有,广告只是表现商品的艺术品,审美是对其本身的美的意义和价值的认同,这与商品本身的审美是有区别的,没有人要占有这个电视广告本身。因此,不能说广告所激发的受众的消费欲望就是占有审美客体的欲望,电视广告的审美一样具有"非物欲化"的特点。

综上所述,电视广告发展到今天,它的审美意义和价值日益凸显,逐渐成为其成功宣传商品信息的重要内容。因此,广告人一定要提高自身的审美意识,强化电视广告中审美意识的表现,以求为推动这一事业的发展有所贡献。

---

[1] 邓欢:《广告审美实践的现代批判》,《现代视听》2010年第2期。

第五章　电视广告叙事中的社会文化批评

电视广告既是销售手段，也是艺术与文化现象。因此，在艺术与文化的视域下对其进行批评是不可忽视的。然而，艺术是文化的重要分支，在近年来的文化研究中，艺术和文化的结合越来越密切，相互渗透越来越频繁。如今，文化研究在艺术批评里已占据十分重要的地位。从广义上讲，艺术活动本身就是一种具体的文化实践，所以在此意义上说，目前的艺术批评将其视野扩张至广泛的文化研究领域，以大文化视野来观照艺术问题，使艺术问题的解读变得更吸引人。同时，人们也将内容、形式、结构、关系等艺术研究技术手法运用于文化活动中，把社会新生物和新颖的文化现象看作可解读、可批评的特殊对象，结合艺术现象和艺术问题，推动当今艺术创作的蓬勃发展，这也是很多艺术批评家兼任文化研究者的重要原因。如雷蒙德·威廉斯的《文化与现实》，既是文化研究的经典之作，对艺术批评也有很重要的指导作用。[①]

如果从艺术批评的角度来看，必须具有文化视野的原因有两点：第一是作为艺术批评对象的艺术创作与文化联系日益紧密，不从文化的角度切入，很多艺术现象都无法得到正确而深入的解读。……艺术批评自然而然就需拥有文化视野。因为，艺术精神的实质是一种人文关怀，这种精神从不局限于纯艺术领域，往往为文化现象所分享。第二是当下的知识界广泛关怀人类社会的各种活动。文化研究的理论实践和理论建构对艺术批评具有较强的指导意义，能够使艺术批评能够占据思想制高点，提高批评的深度和公正性。[②]

借助于艺术批评及文化批评的相关论述，展开对电视广告叙事的社会文化批评，这是很有意义的。

第一节　电视广告叙事中文化批评概述

著名学者罗钢在《消费文化读本》的前言中曾指出："由于消费在社会经济和文化生

[①] 王美艳主编：《艺术批评学》，北京大学出版社2011年版，第59页。
[②] 同上，第59～60页。

活中日益重要和显著的作用,近 20 年来,对消费文化的研究也逐渐从学术研究的边缘进入到中心,受到来自不同理论派别学者的广泛关注。"①

中国电视自诞生以来,对它的批评主要有三种模式:政治批评、道德批评和社会历史批评,但在批评重心的选择上,这三种模式都侧重于研究电视文本与社会生活和历史事实之间的反映关系,重视创作主体和传播主体的思想倾向与电视文本之间的内在联动关系,真实性、倾向性、思想性、政治性与实际传播效果,往往会成为左右此类批评模式的最主要标准,艺术性反倒在其次。

20 世纪 90 年代中期以后,这些批评模式中的政治性因素逐渐淡化,人文主义色彩开始突出,在结合原有的伦理道德因素、社会学因素和历史学因素的基础上,道德伦理批评和社会历史批评为解释 21 世纪以来的电视娱乐化现象和抵制电视低俗化发展趋势,提供了强有力的理论支持和重要的方法论指导。②

一、文化批评与影视文化批评

在此,将电视广告叙事视为影视文化作品的批评,需要借鉴相关的理论展开。

(一)文化批评概说

文化批评表征了一门跨门类、跨学科的学术研究课题,以及与之相应的开放的、综合治理的研究方法和开阔的研究视角,体现了 20 世纪以来人文学科和社会学科趋于综合的时代潮流……这是一个批评方法融合的时代。

文化是一个很宽泛的概念,定义也很多。从广义上说,文化是人类社会物质财富和精神财富的总和。从这个意义理解,文化批评范畴很大,包括符号学批评、意识形态批评、审美批评等内容。从狭义的角度理解,文化批评可以仅是指定外延上的一部分,如仅以精神财富为批评内容,即精神文化,是文化的观念形态,是伴随人们的精神活动在头脑中形成的思想体系及精神产品的总和,诸如思想意识、思维方式、价值观念、宗教信仰、文学艺术等。精神文化不仅具有较强的历史遗传性和文化稳定性,而且在总体上决定了文化体系自身的内在结构和演变机制,并因此形成了一个文化系统身躯的结构刚性。广告作为人类文化产物的一种特殊形式,必须受到精神文化的制约。③

叙事是人类认识和表述世界与自身关系的一种基本途径,"叙"即是叙述,"叙事"事实上是指在时间和因果关系上有着联系的一系列事件的叙述或者符号化再现。将电视广告看作一种叙事,就使其具有了在叙事学分析的基础上进行文化批评研究的可能性。④

---

① 罗钢、王中忱:《消费文化读本》,中国社会科学出版社 2003 年版,第 2 页。
② 杨状振编著:《重组话语——新媒体时代的中国电视批评》,上海交通大学出版社 2012 年版,第 79 页。
③ 汤志耕:《中国广告中的西方广告影响因素——从文化角度研究》,浙江大学出版社 2009 年版,第 3 页。
④ 陈旭光:《影像当代中国:艺术批评与文化研究》,北京大学出版社 2011 年版,第 381 页。

当开始对电视广告叙事文本进行文化批评时,其实是已经开始了从注重文本分析到注重受众分析的过渡。在电视广告叙事文本分析中,这种批评就是通过认识文本中的文化意义,理解受众所能够解读的文化内涵,来解读它的社会文化价值。

这里所说的文化批评就是指社会文化价值,具体可以从传统文化、西方文化和时尚文化的角度进行批评。

(二)影视文化批评的视角

影视文化批评是一种从文化的角度来考察影视现象、综合研究影视文化性质的影视批评模式。它是影视批评与文化批评有机结合的产物。影视文化批评不再仅仅从社会学层面上理解影视,也不再仅仅把影视当作艺术的一个分支来研究,而是把影视当作人类经验的一部分,充分关注影视的文化属性及文化意义。相较于其他批评模式而言,影视文化批评具有更加广阔的研究视野,并因此而具有跨学科的批评特征。[1]

探寻影视现象中特定的民族文化心理、揭示影视现象中的地域文化特征、剖析影视作品中的文化冲突和变迁等,是影视文化批评的重要使命。显然,影视文化批评有助于拓展影视批评的思维空间,使影视批评彻底摆脱简单社会学、庸俗政治学以至琐碎技巧分析的藩篱,防止影视批评陷入泛文化批评的虚夸境地。

正如澳大利亚学者 G.透纳所言:"电影理论变成了被称作文化研究的、由各个学科和各种方法组成的更广泛的领域的一部分。"[2]尽管"文化"的定义空前复杂多样,但我们仍然倾向于从社会学的视野出发,将种族、伦理、阶级、性别和身份概念与我们的文化观众联系在一起,这样,作为影视文化批评模式的重要组成部分,影视文化分析命题将成为力图从社会学或大众文化的角度,对影视与种族、伦理、阶级、性别和身份等之间的关系进行综合研究的一种影视批评模式。[3]

在对电影不是艺术的理解的基础上,伊芙特·皮洛指出:"电影是更贴近日常生活、更通俗和更无拘束的表现形式。因此,它的势力范围更广。与其他门类艺术相比,它更显平淡,却又更具魔力。这种人类传播形式可以得心应手地兼收并蓄各种'生食与熟食',原始素材与象征符号,经验知识与抽象结构模式。它能把天南海北拉到一起。电影虽具神话性,却是世俗的,电影虽具世俗性,却是野心勃勃的;不惜一切追求神话化。电影在'聚敛财富'方面可谓贪得无厌:它既是为后世记录历史的方式,又是干预的手段;它既记录事实,又记录肥皂剧;它既是文献,又是游艺场的娱乐;既是调查手段,又是宣泄工具;既是制造效果的器材,又是演示科学定理的机器。但是,电影不寻常的广泛性和可塑性不应被视为飘忽不定性;尽管貌似多变,电影始终保持着一些坚实的内核。电影已经成为形似和不断变化的基本传播媒介。"——显然,当宣布电影不是艺术之后,伊芙特·皮洛就

---

[1] 李道新:《影视批评学》,北京大学出版社 2002 年版,第 244 页。
[2] 同上,第 245 页。
[3] 同上,第 246 页。

需要在传播媒介即大众文化的角度上来阐释电影,并为电影寻找一些"坚实的内核"。[1]

就影视批评的文化分析特性而言,这种批评力图在国家、社会、阶级、种族、身份和性别等层次上强调影视的整体联系并展开影视的比较研究;同时,影视批评的文化分析特性还倾向于从文化的角度考察影视现象并以综合的视野研究影视的文化性质;与镜像探讨和产业研究相比,文化分析更能帮助人们在人类文化开放的、纵横交错的参照系中把握影视现象的丰富性、复杂性和深刻性。总的来看,探寻影视现象中特定的民族文化心理、提示影视现象中的地域文化特征、发掘影视作品中的神话和仪式、剖析影视作品中的文化冲突和文化变迁等,是影视批评文化分析特性的具体体现。[2] 应该强调的是,对于影视批评而言,脱离了文化分析的镜像探讨非常容易落入琐碎的、游戏的陷阱,同样,脱离了镜像探讨的文化分析也是缺乏针对性和说服力的。也就是说,只有将影视的文化分析与其镜像探讨联系起来,才能真正地将影视批评推进到一个更高的境界。[3] 美国学者本·斯坦因的《电视中的幻想和文化》(1987年)通过对美国黄金时间所播放的电视节目与电视编剧、电视制作人之间的关系,以及所塑造的各种形象进行分析,得出结论:"黄金时间的电视节目是一种新的民间文化,由迄今最有影响的媒介促进形成,与由来已久的民间智能竞争。"[4]这无疑是电视批评中极有创意的观点之一。[5]

二、电视广告叙事中文化批评的视角

文化是一个很宽泛的概念,也有许多见仁见智的解释,不同的学者从不同的角度、不同的学术需要出发,提炼文化的概念,在谈到广告文化时,文化被定义为"人类所创造的物质、制度、行为和精神等诸要素的总和",这是一个为大众所共识的大概念,具体到广告文化而言,"广告文化是指人类在从事广告活动时所涉及的有关物质、制度、行为和精神诸文化因子的总和",这也是在众多广告文化要领中,人们比较认同的一种说法。[6] 即可以理解为"蕴含在广告运动过程中的,逐渐被人们所接受和认同的价值观念、风俗习惯及生活方式的总和,是以广告为载体、以推销为动力、以改变人们的消费观念和行为为宗旨的一种文化传播形式。广告的传播过程就是一个人们共享社会文化的过程,也是一个社会价值观念不断被传递、强化和公众接受社会文化的过程。"[7]毫无疑问,广告的商业本质和功能,在任何时候都将是广告理论的主题;或者说,尽管广告本身并不承担过多的社会文化责任,它不为文化而生,也不为文化而长,但是,广告在商业传播过程中,却与社会文

---

[1] 李道新:《影视批评学》,北京大学出版社2002年版,第247页。
[2] 王先霈主编:《文学批评原理》,华中师范大学出版社1999年版,第118~127页。
[3] 李道新:《影视批评学》,北京大学出版社2002年版,第75页。
[4] 〔美〕本·斯坦因:《电视中的幻想与文化》,胡正荣译,《世界电影》1992年第2期。
[5] 李道新:《影视批评学》,北京大学出版社2002年版,第83页。
[6] 李宗诚主编:《广告文化学》,郑州大学出版社2006年版,第9页。
[7] 陈先红:《关于广告文化的理性思考》,《现代传播》2003年第2期,第131页。

化发生了种种联系,并对社会文化的塑造和建设产生了多重的影响。广告的使命,在于通过其所表征的消费文化,制造出与现存的价值观、体制、信仰和实践相一致的思维和行为。因此,在论及广告传播的未来发展时,我们不能不关注广告和社会文化的关系。

实际上,长期以来广告是作为一种经济现象,也是一种文化行为而存在着的。在报纸上,它以受众的思想、心理特征为出发点,以受众生存方式的变化为依据,以通俗的语言、简洁的画面为表现形式,充分展示出传统文化的内涵,并对其进行渗透和引导,从而不断制造出新的文化现象,可以说,广告文化不仅是社会文化的重要内容,也是推动社会文化发展的动力之一。在近代中国社会的转型时期,广告文化的传承与发展也是社会文化转型的主要内容和动因。

《超级符号就是超级创意》一书的作者则认为,超级符号和文化符号能激发起人类文化里关于符号的所有经验,打开消费者头脑中的记忆、情绪和体验宝库。这就是把人类的文化财富和原力能量为我所用。……超级符号方法是刺激消费者本能的最高效的反射方法。符号就是人们大脑深处的意识,是文化条件反射,是一个直接的、本能的反射捷径。[①]

电视广告在本质上应是不折不扣的电视播放内容的组成部分。事实上,反复上演的一些精品电视广告正以丰满的内涵扮演着电视文化的重要角色,如著名的孔府家酒广告,在《北京人在纽约》主题曲的背景中,从一架客机上走下了一个在纽约发了财的女强人,她与亲人相见,共吃团圆饭,推出一瓶酒,深情地说了句:孔府家酒,让人想家。这个创意已包含了多层次的潜台词:《北》剧的假想结局、恋乡恋土的美好情结、成功女人的美满感情生活及最后回家的路和孔府酒并非必然的联系。电视观众在这则广告里会不由自主地做上一场屏幕白日梦,而这恰恰中了广告商的善意圈套。广告和日常生活"套瓷",尤其垂青于生活层次最高的18~45岁女性观众,这是电视文化成功的秘诀,因为她们是广告商最心仪的人群,是最有发言权的商品购买者,左右着消费市场和潮流。[②]

"广告与文化是一种相互作用的双向关系,从人类生态学的观点来看,广告与文化的作用是双重的:广告反映了不断变化的文化,同时,反过来也改变了文化。"[③]1986年在第30届世界广告大会上,美国广告人迪诺·贝蒂在以"文化的艺术和科学"为题的长篇发言中也曾指出:"如果没有人做广告,谁能创造今天的文化?你又能从哪儿为文化活动找到比一种广告媒介更生动的宣传方式呢?"[④]广告创意本身是在一定的文化背景下产生的,它通过研读消费者、商品、市场存在的特定文化环境进行创意。

可见,广告是一种文化,电视广告作为影视文化的特殊形式,其叙事文本蕴含着其文化价值,对此进行批评是非常有必要的。

---

① 华杉、华楠:《超级符号就是超级创意》,天津人民出版社2013年版,第19页。
② 蔡贻象:《影视文化美研究》,中国广播电视出版社2004年版,第184页。
③ 陈先红:《关于广告文化的理性思考》,《现代传播》2003年第2期。
④ 陈培爱:《广告策划》,中国商业出版社1996年版,第37页。

第二节 电视广告叙事中对传统文化的批评

广告创意发展到今天,人们越来越深刻地感受到广告如果没有厚重的文化支撑就不会走得更好,特别是一个民族、一个国家的广告事业必须有自身的特色,才能在世界上有自己的位置。这种民族文化的力量影响深远,我们必须对其进行认真的梳理,并有一个整体性的认识才能使之为广告创意服务。

从中国文化的起源与发展特色来看,主要可以从以下几个方面来认识它与广告的关系。

一、电视广告叙事创意与中国原生态文化

原生态文化是指没有经过特殊雕琢,存在于民间原始的、散发着乡土气息的文化表现形态,它借用了生态学科之"生态概念"。原生态文化可以视为一个民族、大众文化的根源,中国原生态文化的特征主要有:

(一)大陆文化

中国在历史上长期处于半封闭的地缘环境,东濒太平洋,北临大草原,西接沙漠、戈壁,西南靠青藏高原,这就造成了它相对封闭的生存状态,从而导致其原生态的文化系统呈现出独立、连续、"自我意识"较强、相对保守的大陆性特征。

(二)农业文化

中国处于温带亚洲东南季风性气候以及天造地设的两大水系之中,这使其长期保持以农业为主体的生产方式,也使文化呈现出务实守常、思想中庸,以及"重实际而黜玄想"等特征,这种儒家文化的意识形态对后世价值观产生了深远的影响。

(三)宗法文化

过早地推行了持续几千年的阶级社会制度,使中国原始制度的解体很不充分,不仅保留了宗法制度的意识残余,还使自然经济长期延续,尤其是农业社会长期定居式的生存方式和繁衍方式,给宗法制度、宗法思想的继续流衍提供了丰厚的土壤。这种思想在经过封建统治者的不断改造和加工后,形成了一套宗法制度的政治伦理学说,对中国文化影响深远。这主要包括"重血缘关系,天地君亲师,家庭精神,注重正统、正宗、传统"等方面。

中国原生态文化的主要特征在电视广告叙事创意中经常会体现出来。如食品广告中宣传正宗、传统家族的手艺;礼品广告中宣传亲情、师生情、友情的情谊;药品广告中宣传正宗、祖传、神秘配方等,无不是针对着消费者的传统文化心理。

案例分析 5—1：

统一老坛酸菜面·宗师篇

叙事主题：正宗酸菜面宗师级别是统一牌老坛酸菜面

叙事主要内容：

1. 汪涵扮演成鲁班，拿着工具独白："木匠'宗师'鲁班。"
2. 汪涵扮演成姜太公在河边钓鱼，独白："钓鱼'宗师'姜太公。"
3. 汪涵穿长衫，坐在大堂上独白："老坛酸菜方便面'宗师'不是我，是统一老坛。"
4. 汪涵拿着一个酸菜坛子，说道："传统老坛，九九八十一天发酵。"
5. 画面中酸菜、瘦肉和各种配料一起飞舞着进入锅中。
6. 汪涵大口吃着手里的方便面，画外解说："这酸爽才正宗。统一100老坛酸菜牛肉面。"

在这则广告叙事中，强调一个主题词"正宗"，并运用了鲁班、姜太公这样的宗师级人物符号，以此来体现"正宗"的威力，并将这个威力与产品品牌相联结，突出品牌的正宗宗师地位和品质。而"正宗""宗师""鲁班""姜太公"以及汪涵的古装打扮等都是代表传统文化意义的能指符号，这给受众以亲切而熟悉的感觉。

二、电视广告叙事创意与中国次生态文化

次生态文化是原生态文化的衍生产物，它们更详尽、更具体地表现出中国传统文化的内涵和特色，是电视广告叙事创意之源。

(一) 人伦价值观——群体取向

中国文化更注重以群体为重，以集体利益为主，以团结、合作为方式，这就明显区别于西方强调以个体为中心，主张个性自由、个体奋斗和自我张扬的文化特质，具体有：

1. 重视家族人伦，偏爱情感广告

中国伦理以"仁"为核心，强调"家国同构"，"格物致知、诚心正意、修身齐家治国平天下"是传统中国人实现理想、报效祖国的路径。因此，中国对"家""国""民族"有着更特殊而深厚的感情。

第一，注重家的存在和发展，关心下一代的成长。

第二，家庭伦理中，强调"孝道"。

第三，强调家族、民族和国家意识。

以上三个特征都可以成为广告中的叙事创意点，并能对中国受众产生一定的心理影响。

案例分析 5－2：

贵人鸟电视广告·快乐家族篇

叙事主题：我 RUN 我快乐，快乐家族

主要叙事内容：

电视栏目《快乐大本营》的五位主持人，在不同地方跑步和系鞋带的画面（画外音）：李维嘉在广州、杜海涛在成都、何炅在长沙、谢娜在青岛、吴昕在重庆、在大连……和我们一起用跑步收集全中国的城市。只要两只脚、一双鞋，就能跑出最简单的快乐。有一天，中国每一个角落都会有我们快乐的脚印。画面转换为五位主持人一起跑步，并齐声道："快乐家族，我 RUN 我快乐，贵人鸟，运动快乐。"

这则电视广告叙事以五位著名主持人为叙述者，以他们在全国众多不同城市的运动为叙事主线，来表达叙事的主题。这一主题借用了《快乐大本营》栏目所建立的"快乐家族"的理念，强调了"快乐家族"的理念，以此来表达在中国的每一个地方，人们都会像他们一样因为运动而成为"快乐家族"的美好愿望。

2. 从众行为

从众是人类的普遍心理现象，但相比于西方社会，中国文化内涵中更多地体现出这种从众的心理，这是因为：

首先，几千年来群体社会使中国人更适应群体生存的方式。

其次，长期的集体主义意识教化，使游离于群体之外的个体行为失去了道德支持。

再次，在群体中个人可以逃避责任，并借以获得"法不责众"的心理庇护。

最后，特别严酷的封建专制条件下的生存环境使人对个体生存的状态产生巨大的偏离恐惧。

综上所述，强烈的从众心理倾向主要有：对群体的信任、对偏离的恐惧、群体意见的一致性、群体的规模、群体的专长、群体的内聚力等方面。在电视广告叙事创意中常用暗示从众心理的话语来刺激消费欲望，这在中国人中有很好的促销效果。

案例分析 5－3：

加多宝电视广告·怕上火篇

叙事主题：怕上火，更多人喝加多宝

主要叙事内容：

各种带辣味的火锅在熊熊大火的背景中出现，字幕：齐来欢庆。画面中一家饭店里，许多年轻人围在一起欢乐地吃着火锅，一个男生辣得一直用手在嘴边扇着风，大家都拿着加多宝围在他身边，看着他笑。画外音：怕上火，更多人喝加多宝。这时画面中有一大堆的产品从一片冰块中跳出，接着出现饭店里的客人和服务员都举着产品在欢庆的场面。画外音：中国每卖10罐凉茶，7罐加多宝。这时，画面中堆在一起的加多宝被无数只手拿走。饭店中大家共同举起加多宝干杯。画外音：配方正宗，当然更多人喝。画面中每个人都开心地畅饮着产品，大家一起举起产品说："真好喝！"

在这则电视广告中，叙事主要是以人们在饭店吃各种容易引起上火的美食为背景，突出产品的特色功效，叙事的主要话语中强调"更多的人""每卖出10罐凉茶，7罐是加多宝"，以此来迎合从众的消费心理，赢得大众的认同，激发购买的欲望，从而达到促销的目标。

3.崇尚礼仪

中国自古被称为"礼仪之邦"，民间送礼习俗源远流长，究其原因主要是：

第一，长期而稳定的农业生活和群体生存方式，相比于西方商业社会颠沛动荡、漂流不定的个人奋斗，使人们更注重社会中的人伦感情。

第二，在以血缘为纽带的宗法社会组织形式下，做事都会尽可能加一层情感投资的意义。

第三，两千多年的封建专制统治和中国特有的政治生活方式，对民间社会生活产生了长期而强大的影响，"送礼"之风无处不在，整个社会风气亦如是。

由此，在电视广告叙事创意中，利用这种浓重的尚礼文化进行诉求就是很普遍的情况了，有些产品干脆直接将自己定位为礼品，如"金浩茶油""初元""脑白金"等产品。

案例分析5—4：

黑牛豆奶粉电视广告·黑牛篇

叙事主题：过年要送黑牛豆奶

主要叙事内容：

过年了，黑牛（陈佩斯扮演）拿着两袋黑牛豆奶去女朋友家，他一边走，还一边看着自己两只手里的豆奶高兴地说："黑牛、黑牛。"到女朋友家敲门时，里边问道："谁呀？"他回答："黑牛！"门打开了，两位老人出来说："哈，来啦！"这时，从他们身后挤出一个小女孩，她看见豆奶便嚷道："嗬！黑牛豆奶！"然后一下子就抢过一袋豆奶，高兴地说道："我爱喝。"这时，女朋友也挤过来说道："哇，我爱你。"然后一头扑向黑牛手中的另一袋豆奶，高兴地说："黑牛豆奶。"黑牛很是无奈的表情。这时，老丈人高兴地指着豆奶说："我们全家都喜欢。"接着，由小女孩高举产品，并和全家一起说出广告语："营养新主张，植物蛋白更健康！"最后，黑牛举着产品说："豆奶还是黑牛好呀！"

这则电视广告以过年到女朋友家送礼品为叙事背景，传达出产品的定位和品质，确定了产品为过年时"礼品"的定位，并在叙事中表现出这个礼物能得到不同年龄的人们的欢迎，从而表达了其礼品诉求的影响力。

4. 道德追求

中国传统崇尚道德的约束力和调节意义,区别于西方社会以法律和宗教来调节各种社会关系,其文化侧重于唤醒人的内在良心,强调人与人、人与社会、人与自然之间天然而成的和谐关系。几千年来在商业文化中一直都保持着这种特色,如传统招牌常以"德""仁""义""和""顺"等来命名。这也是广告创意重要的切入点。

案例分析5—5:

中国农业银行广告·瑞雪篇

2008年中国农业银行新的形象广告——"大行德广 伴你成长"开始在中央电视台一套节目黄金时段(每晚新闻联播后天气预报前)播出。名为《瑞雪篇》的农行新广告演示片阐述的是一种"厚积,不忧天地;蕴蓄,只为生机"的内涵:厚厚的积雪覆盖着广袤的大地,一声婉转清脆的鸟叫,给冰封的大地带来了春的生机,溪水潺潺,枝丫吐蕊,转眼间一树碧绿,芳草满地……片尾,深沉的画外音响起:"大行德广 伴你成长"。整段广告通俗易懂而又意味深长,沉稳大气而又毫不张扬。新的形象广告传承了农行原有的品牌理念。"大行(xíng)",意思是成大事、行大道,指农行人成大事、建伟业的胸怀;另外,也可以理解为"大行(háng)",暗指农行大型银行的地位与身份。"德广"出自庄子外篇《天地第十二》"故其德广"。"德广"解释为"德行圣明而又虚广",这是一个组合结构,可以是"德广"也可以是"广德"。"大行德广"中"大行"有 ①远行;②广为推行,普遍流行;③行大事;④古代接待宾客的官吏;⑤古代称刚死而尚未定谥号的皇帝、皇后;⑥高尚的德行等六种含义。在这里应该是第六种解释"高尚的德行"。那么放在一起,"大行德广"即是有着高尚的德行(崇高道德、伟大行为),德行堪为楷模、惠及大众之人。"德广"也可以理解为恩泽大众,指农行人良好的职业素质与社会责任感、使命感;既指深度,也指广度,将农行的深厚积淀和广泛覆盖同时融入其中。而"伴你成长"则是在此基础上对农行原有品牌的承接与升华。"大行德广 伴你成长"意指中国农业银行将以成就大业、造福于民的历史责任感与使命感,为社会、为客户提供完美卓越的服务,鼎力支持社会经济的发展,这也是其作为大银行的"德行"所在。

(资料来源:百度网)

(二)社会价值观——权威意识

在社会价值观上,中国人具有较强的权威崇拜和等级观念。这是由于:

一方面,长期以来,相对封闭的生存条件限定了中国人的世界意识。"普天之下莫非王土,率土之滨莫非王臣"的地理意识和政治说教,导致人们在观念上对国家、王权、等级等有着强烈的依赖与执着的追求,并强化了其对千古不变的统治秩序的认同。

另一方面,天然的、历史的原因:封闭式的大河农业生活、专制集权帝国的长期统治、防御外族入侵的需要、治理整个黄河水系的使命等,让中国大河农业文明很早就完成了对民族力量的集结,产生并不断强化了中央集权的统一帝国,而没有走上西方海岛国家政治、经济多元化的道路。由此,在一种强大的、先定的政治秩序和相对稳定的农业方式下长期生活,中国人的社会历史观和社会价值观就必然打上权威意识的烙印。

1. 国家崇拜

中国人的国家意识转化成了对故土、对国家和民族的强烈情感,对国家和民族的尊严的终极关怀。广告创意若能契合中国人这一深层心理,往往会得到意想不到的效果。

案例分析 5—6:

安踏电视广告·加油中国篇

叙事主题:加油!中国!安踏,永不止步

主要叙事内容:

画面主要是各类运动健儿在各自的运动场上训练和比赛的情景:坚毅的眼神、谨慎的动作、辛勤的汗水……运动员不懈努力与拼搏,观众一次次欢呼流泪……字幕:挫折,难以抵挡?挑战,难以战胜?中国人要争一口气,(背景音乐由汪峰演唱:我爱你中国,心爱的母亲,我为你流泪,我为你自豪……)用汗水,唤醒我们的勇气!用坚强,铸造我们的骨气!加油!中国!安踏,永不止步!

这则电视广告在叙事时,运用了不同画面来表现主题:为中国,加油,安踏,永不止步。在叙事过程中,注入了深深的爱国情感,把祖国视为自己的母亲,为母亲争光,是每个中华运动健儿的心愿和目标,为此不懈努力、克服困难、超越自我、永不止步。这就是产品的精神价值,充满着浓厚的爱国情感。

2. 权威崇拜及等级观念

由国家崇拜而衍生出对国家权威及其派生物的崇拜,是中国人权威意识的一大特点,如对国家的人格倾向——皇帝、王权、领导者的崇拜;对国家权力及其派生部门功能的崇拜;对国家意志的载体——传播媒介的崇拜。在电视广告中,这种现象频频闪现,如叙事话语中常用到:"国家权威机构鉴定""国优、部优、省优""皇家御用""宫廷专用"等概念。

同理,在中国历史上,长期的封建专制统治维护着极其森严的等级秩序,这种等级秩序及其观念已经渗入到了政治、经济、文化、社会生活及人们的价值观中,并逐步演变成一种深刻的文化存在。电视广告叙事不乏以此来创意的,如:"第一""高档""老大"等概念和品牌中的"王者""王牌""霸王"等称呼。

案例分析5—7：

出现王冠形象的电视广告示例

广告名称	叙事主题	主要叙事内容	权威意识分析
1.超威电池·领导者篇	真正行业领导者	1.一美女自语："全球每卖10辆电动车，就有6辆配超威电池。" 2.大家都在给电动车安放电池，一起骑电动车行进……解说："超威电池，经久耐用，连续15年销量遥遥领先。超威，全球电动车电池行业真正领导者。" 3.印有甄子丹的产品及标识，甄子丹本人说道："还是超威电池好。"	1.话语中有"真正领导者""全球""遥遥领先"等表明产品领导地位的词语。 2.代言人：甄子丹，是代表着能量、力量的权威符号，以此来指代产品。
2.公牛插座·专家与领导者篇	插座专家与领导者	1.在偏远的西藏拉萨，人们买来了电视机，换上新插座，插上电，大家在一起开心地看电视。解说（字幕）："15年前，公牛改变了插座，只为中国每个地方用电更安全。" 2.在蒙古大草原上，爸爸和孩子骑着马带来一个插座，插上电源，打开洗衣机，开心地和妈妈一起洗衣服。解说（字幕）："今天公牛不断开创新一代插座，儿童防触电科技。" 3.在雷雨交加的南方小镇，老师拿来录音机插上电给孩子们上课，同学们很开心。在演播室中，各种电器都在正常工作，演员们也可以正常演出。解说（字幕）："防雷科技、抗电磁干扰科技。" 4.小桥流水的古镇上，人们挂起了灯笼，并插上电，让小河边灯火闪亮。解说（字幕）："为中国亿万家庭提供更全面的保护。公牛，插座专家与领导者。"	1.叙事话语中：15年前、中国每个地方、开创新一代插座、为中国亿万家庭提供更全面的保护、插座专家与领导者等，表达了产品的专业领导地位。 2.叙事画面中：全国各地不同的用电环境、产品的全新功效等，都体现出产品无处不在以及其用途和功效的权威性。
3.威纳邦·认证篇	用量更省，更节水，更健康	1.一张证书并解说（字幕）："威纳邦荣获全国产品质量公证十佳品牌。国内首批获得节水验证，中国环保标志认证产品。"产品及品牌标识。字幕：一年可节约15亿吨生活用水等于100个西湖。威纳邦荣获国家节水产品认证。有效清洁成分玉米中提取，绿色天然无污染。 2.解说（字幕）："用量更省，更节水、更健康。威纳邦，健康洗涤专家。"	1.叙事话语中：全国、首批、认证、国家等，表明权威性认证产品的特征。 2.叙事画面中：字幕凸显主题，在红色的陪衬下，简单的叙事元素，明确了权威性的品质地位。

(三)自然价值观——天人合一

人与自然和谐相处是保证长期以来中国温带自然耕作的农业文明能够稳定存在的前提，它反映到哲学观念上，表现为中国哲学的终极理想之一就是要不断追求天人合一的境界。第一，自然与人、物与我在本质上是属于一体的。第二，天地万物按照自己本来的状态存在与发展，生灭循环，乃万物之本性。第三，师法自然而后相辅，最终顺其自然。这些理念在电视广告叙事中经常是创意的源泉和表现的元素。

1. 崇尚自然

中国人天人合一的自然观,视自然宇宙及万物皆有情,对自然怀有一份心心相印的感情。中国的艺术,无论诗、词、赋、画,都强调"物我一律"的"自然观照"。在电视广告叙事创作中,以自然美景传达出天地造化的力量,从而唤起人对这一造化的无限深情,往往能达到特殊的效果。这种方法常用于宣传企业理念、企业形象和新观念的广告主题中。

案例分析 5-8:

毛铺苦荞酒电视广告

叙事主题:少喝一点为健康

主要叙事内容:

1. 一堆苦荞麦中露出品牌。解说并字幕:精选优质苦荞麦。
2. 一瓶苦荞麦酒。解说并字幕:富含科学提取活性成分。
3. 特写酒瓶上的品牌。解说并字幕:少喝一点为健康。
4. 在酒水中显现出一瓶酒及品牌。解说并字幕:毛铺苦荞酒。

这则电视广告叙事画面简单明确,以天然的成分、科学的工艺和人文的关怀来展现产品的价值特色,主题鲜明清晰,特别是一开篇用以表现天然成分的画面,契合了受众关注食品安全、渴求绿色产品的消费心理。

2. 和谐安详

传统文化中关于人与自然的关系论述常常不是外向的、扩张的、有攻击性的,由此,从总体上看,中国人内在的精神具有平和、安详、共赢的特点,这也成为商业文化发展中的一大特色。在电视广告的创意和表现中,往往会用"和谐平安""吉祥如意""美好生活"等吉利、平和、安详的话语来叙事,这也是很重要的文化元素。

案例分析 5-9:

五凌宏光 s 电视广告·在一起篇

叙事主题:在一起的幸福

主要叙事内容:

1. 两个小朋友和两位妈妈一起玩打水枪的游戏,两位爸爸在草地上坐着,看着孩子们玩耍,表现出很开心的样子。男声解说:我喜欢和朋友在一起。
2. 一群年轻人在街头相聚,大家很开心的样子。男声解说:我愿意和伙伴在一起。
3. 在家里,孩子正在费劲地搬一把大椅子。一家人有说有笑的,看着孩子很开心的场面。男声解说:我就想全家人在一起。
4. 一辆轿车在户外行驶着,全家人都在车上,男士开着车,看着一车的家人,很是开心。解说:五凌宏光s,在一起的幸福。

在这则电视广告叙事中,通过一位成年男士的心理表白,运用了三组不同的画面,诠释了一个叙事主题,即喜欢和大家在一起的幸福。亲密的朋友关系和温馨的家庭关系唱响了"和谐、快乐、幸福"的主题,给人带来无限的温暖的情感体验,从而凸显出产品是能承担起"在一起的幸福"的载体,是幸福的象征。

3.知识价值观——思维方式

知识价值观即指由一系列基本观念所规定和制约的,被模式化了、特定的思维活动形式、方法和秩序的总和。各民族生存环境和历史沿革的不同,导致人们的价值观存在差异。概括地说,中国人的传统思维方式的主要特点有:

(1)功利性思维——致用原则

中国人追求知识和学问的结果——实际的应用价值,并且逐渐形成了一种追求实惠的功利主义价值观。在消费行为上则表现为易接受实效型的推销宣传:小恩小惠的、琐碎的、相对节俭的等。在电视广告创意中,叙事情节上要注意强调价格、优惠策略和产品的实用价值等内容。

案例分析5—10:

猴菇饼干电视广告·徐静蕾篇

叙事主题:猴菇饼干养胃

主要叙事内容:

1.徐静蕾说:"胃不好,总是不舒服。"

2.出现许多大个儿的猴头菇。徐接着说:"猴菇饼干,猴头菇制成,养胃。"

3.产品出现,徐静蕾拿着饼干吃着并说道:"上午吃一点,下午吃一点。猴菇饼干养胃。江中集团。"

这则电视广告以名人独白为叙事方式,叙事元素简单到只有产品和名人,突出产品"养胃"的特色定位,也向受众清晰、明确地提出产品的实效性,很容易得到认同和激发购买欲望。

(2)具象性思维

中国人习惯于用一种非逻辑的通感直观地去把握事物的本质,更容易对一种非抽象的经验事实发生兴趣,并直接推出判断,从而获得一种高于逻辑的直觉体验。在电视广告中也常用直接的、形象的、具体的叙事方式来宣传产品信息、观念,以获得受众的认同。

案例分析5—11:

贵人鸟电视广告·蚂蚁篇

叙事主题:贵人鸟,全新泡泡科技。运动快乐画面中出现一只卡通大蚂蚁,它使劲向上举起一个绿色的东西,这时有哨声响起。镜头拉大,原来,许多小蚂蚁在哨声和节奏感强的音乐背景下,一起举着一只大鞋,画外解说并字幕:"轻而易举,轻透软弹。"画面变换为一只大鞋底,胶皮鞋底像泡泡一样弹动变化,解说并字幕:"贵人鸟,全新泡泡科技。运动快乐。"

这则电视广告叙事以卡通动画的视觉效果,直观地、逼真地演示了产品新科技的魅力,展现了广告的叙事主题"全新泡泡科技",让人们更形象、更清晰地理解这个产品的特色,满足了受众具象思维的需求。

4.语言文字

从全世界范围看,中国的语言文字具有极为鲜明的民族特色,中国的语言、文字本身就因其迥异的个体特征成为广告创意最鲜活的源泉。电视广告在叙事语言上常常运用仿拟、顶针、排比等方法,使广告信息表达更清晰、有趣和完美。

案例分析5－12:

永生源电视广告·吴秀波篇

叙事主题:养老公,永生源

主要叙事内容:

1.吴秀波在众多媒体人的闪光灯下、在热情的欢呼声中自信地从红地毯上走过。他来到一个拍摄现场坐下。独白:"别人关注我还能飞多高,她却心疼我飞得有多累。"

2.短信提示声响起,吴拿起手机看着,字幕并画外女声:"累了,喝杯永生源。"

3.他拿起桌上的一罐永生源,泡了一杯水,慢慢地喝着。画外女声:"你养家,我养你。"

4.他举起产品并道:"养老公,永生源。"

这则电视广告的叙事话语就是用了仿拟的手法,很顺口、押韵,易记并与品牌统一,能给受众留下深刻印象。

综上所述,中华文化具有源远流长、多彩纷呈和宏大深厚的特征,在电视广告的创意中,只要能将文化与产品、消费者紧密地联系起来,充分发挥想象力,挖掘和运用传统文化中精华的内容,就一定会得到有文化内涵、能刺激消费的好创意,这也是弘扬中华文明的重要方式,是电视广告成熟发展的必由之路。[①]

三、电视广告叙事中创新传统文化策略

通过大量的电视广告案例分析和研究,对传统文化的利用方式主要有:

---

① 孙会:《电视广告》,中国传媒大学出版社2012年版,第201～215页。

(一) 挖掘传统文化的精华,传承民族特色

传统文化是一个很庞大、芜杂的体系,经过几千年的积淀,其精华熠熠生辉,电视广告中对传统文化的运用和创新必然是以传承其精华内容为前提和基础的,要遵循"取精华、弃糟粕"的根本原则。

1. 注重集体主义与强国意识

中国传统的价值观突出表现在具有强烈的国家与民族意识上,"爱国""强国""国家和民族利益高于一切"等理念,鼓舞着无数华夏儿女为之奋斗。安踏强调要为中国加油;伊利、蒙牛多次明确自己要为奥运会、世博会服务;刘翔也在广告中一再表达自己为国争光的理想,等等。可见,在电视广告中常会用到表达对国家、民族情感的叙事话语,从而激发受众爱国、强国的热情,让这种深厚的国家情感无时不有,无处不在。

案例分析5-13:

爱国者电视广告·围棋篇

叙事主题:相信中国力量
主要叙事内容:
1. 在浅黄色的围棋盘上,黑色棋子排成一个心电图的形状,并在强节奏下跳跃。
2. 黑色的棋子在棋盘上又变化成一个天坛的样子,白色棋子填充到天坛内。
3. 黑白棋子一起变化为长城。
4. 黑白棋子变成黑白色的太极图和八卦。
5. 黑白棋子变成中国古代指示方向的司南。
6. 司南旋转着变化为一个"福"字。
7. "福"字变化成品牌的标识。

这则电视广告的叙事方式是以"爱国"为核心理念,从中华民族的悠久历史中选择了具有深刻代表性的文化符号:围棋、天坛、长城、八卦阵、司南、"福"字等,实现了品牌形象与广告内容的完美结合,突出了爱国者这一品牌的制造理念——相信中国力量的爱国主题思想,重复表现一个中国力量的形象。"变化"是主要的表现特点,也是带动整个叙事的主线,它将各种民族符号串联在一起,体现出爱国的情愫,对"爱国者"这一品牌进行了形象化的诠释,便于和受众沟通。此片广告语为"相信中国力量!",广告语与广告内容相互交映,突出了爱国者品牌的爱国理念。

2. 深厚的情感观念和家庭意识

许多情感类电视广告叙事,都会把亲情的温暖、家庭的和睦、家人的关爱作为最能打动受众的诉求点。因为"悌""慈""孝"等就是中国传统文化的核心理念和人文情怀。而

电视广告常以温馨的家庭氛围与和谐的亲情关系为背景,把产品放在这一背景下感染受众,寻求认同。

案例分析 5—14:

以家庭为叙事背景的电视广告示例

广告名称	叙事主题	主要叙事内容	传统家庭意识
1.丽珠得乐·胃病传染篇	止痛又杀菌,保"胃"全家人	1.白色背景下红色的大字并解说:胃病也可能传染? 2.一家人在一起吃饭,一位男士一只手搁着胃,另一只手用筷子把一块鸡肉放到旁边一位美女的碗里。鸡肉上带着的细菌在家人们的碗中传递着。解说:幽门螺旋杆菌是胃病的重要致病源,而且它会传染。 3.产品及被病菌感染的胃。 4.在家中,妈妈用筷子给孩子夹菜,孩子亲吻着妈妈,妈妈开心地笑着。解说:丽珠得乐,止胃痛更有效杀菌。止痛又杀菌,保"胃"全家人。	1.叙事话语中:保"胃"全家人,以谐音的形式来表述对家人的关爱、对胃的关爱。 2.叙事画面中:全家人一起吃饭、互相夹菜等表明了家人在一起的幸福与关爱。
2.六神香皂·用爱护全家篇	就像妈妈的爱,用爱护全家	1.妈妈和孩子一起开心地嬉戏,妈妈用艾叶煮水。画外音:小时候,妈妈总是用艾叶煎汤,让我备受保护。 2.妈妈把孩子放到用艾叶煮好的水中洗澡。画外音:今天,这份爱就珍藏在六神艾叶除菌香皂里。 3.在现代家庭中,大浴盆中妈妈正在给孩子洗澡。一个产品及标识画面后,动画显示从艾叶中提炼出精油的效果。画外音:它精粹艾叶精油。 4.一块六神香皂炫动着。画外音:不仅有效除菌,而且温和更安心。 5.家里的老人和妈妈一起亲吻着刚洗完澡的孩子。全家人开心地在一起的画面及产品标识。画外音:就像妈妈永远的守护。用艾护全家,六神艾叶除菌香皂。	1.叙事话语中:妈妈、保护、用艾护全家等,以"艾"与"爱"的谐音表达主题。 2.叙事画面中:家里、全家人在一起的场景,传递着温馨家庭、慈祥母爱的浓情。

3.朴素的天人合一思想及和谐相处意识

中国哲学思想中始终强调人与自然的和谐,以"天人合一"为终极宇宙观,这种观念对于今天解决由于人类的长期破坏而导致的自然环境恶化问题,有积极的意义。因此,在电视广告中应大力倡导这一理念,可以通过对宏大、自然、真实环境的叙事化建构,将人融入这种境界中,充分表现一种博大、深厚、纯朴的人与自然的关系。如娃哈哈富氧水的电视广告中提出"让你喝得到的氧气",画面则是王力宏走在茂密的森林中,充分享受着氧气的滋养。又如九粮御液的电视广告,画面以天然的小麦成熟、九种不同的纯粮食、古法酿造等话语来叙述一种取法自然、传承千年的皇家御用酒品,表达了朴素、天然、和谐、高贵的产品特色。还有鲜橙多电视广告中提出"把阳光送给你"的叙事主题,画面到处都是阳光明媚、光彩亮丽的风景,让人觉得产品绿色天成、纯正美味。

4.积极进取和不断上进的奋斗精神

儒家文化的核心理念就是提倡积极入世的进取精神,这种传统文化中值得传承的精华应该在电视广告中大力宏扬。

当然,传统文化博大精深,其精华内容远远不只这些,广告只有以此为源泉,才能使传统文化得以发扬光大。

(二)汲取外来文化的养分,丰富传统文化的内涵

当今世界全球一体化进程越来越快,而中国广告本身起步晚,要向西方学习的东西很多。从文化的角度讲,外来文化中有值得在广告中传播的精华,如美国人追求自我价值、敢于冒险的精神;日本人注重团队协作、严谨认真的工作态度;西欧人讲究民主、自由和平等的理念等,对这些积极文化元素的吸纳,将有益于中国广告事业的发展。同时,也丰富了传统文化的内涵,是这个时代文化创新的重要内容。

(三)吸纳时尚文化的因子,推进传统文化的发展

传统文化的创新还必须不断吸纳时尚因子,才能永葆青春、与时俱进。电视广告本身是时代文化的标记,也是引领时尚的重要力量,因此,在电视广告中把传统文化与时尚文化结合起来,既能发挥时尚元素的作用,又能充分展现传统文化的精华魅力,这是非常重要的文化发展途径。

案例分析5－15：

公益电视广告·文明中国礼篇

叙事主题:文明的中国礼仪要大家一起遵守

主要叙事内容:

1.轻松欢快的伴奏中,皮影戏里出现古装的美女形象,她正对着镜子打扮自己。字幕及童声旁白:"文明中国礼,仪容仪表要得体。"

2.古装美女见到了长辈,行礼。字幕及童声旁白:"遇到尊长先问好。"

3.近代的城市里,许多人在排队等车,一会儿电车来了,大家有秩序地上了车。

4.在车上,年轻的姑娘给一位老婆婆让座。字幕及童声旁白:"相见及待人,真诚而友善。"

5.在今天的现代化大城市中,一个外国人推着自行车向两位年轻人问路。字幕及童声旁白:"帮助别人,快乐自己。"

这则电视广告的叙事方式是用几组不同的画面来表现在不同的时代,中国人都懂得礼仪,遵守秩序。这是值得提倡的。表现形式使用了传统的地方皮影戏与当今的动画技巧,两者融合为一体,表现出极强的可视性、趣味性和艺术性。整部作品可以说是利用现代新技术展现传统文化精华的经典之作。

由此可见,传统文化要创新,可以通过运用各种形式的流行元素,或方法、或技巧、或思路来实现,这些都会赋予其新的、时尚的气息和意义。

案例分析 5-16：

电视广告叙事中的传统文化批评示例

广告名称及产品	叙事创意及表现	文化批评
1. 中国邮政广告·传承篇	雄浑的背景音乐中，古代不同写法的"邮"字交替出现，之间闪过长城狼烟四起的景象。一个古代人骑马飞奔、一辆火车呼啸而过、大清邮政分局的门面和大清第一张龙票呈现出来、新中国成立后邮递员骑自行车穿梭在小巷中，最后出现"中国邮政"的标识和 EMS 车辆，机场内微笑的邮递员接过包裹……解说："传递贯通于社会的进步；传承服务于文明的进程。情系万家，信达天下。中国邮政。"	1. 通篇广告以"邮"的书写由繁到简为线索，彰显了中国邮政的悠久历史。 2. 利用从古至今邮递的不同方式，将邮政与交通工具的发展有机串联，突破时间和空间的界限，配以雄浑的交响乐，烘托出一种崭新的、富有和谐社会精神的力量，很好地诠释了"传递"。 3. "狼烟、马匹、火车、自行车、汽车、飞机"的传递方式的变化衬托出中国邮政与时俱进的企业定位。 4. 广告中中国邮政人员的笑容凸显了中国邮政为人民服务的宗旨和人性化的服务特色。 5. "传递贯通于社会的进步；传承服务于文明的进程。"简短的广告语是中国邮政传承性的有力诠释。
2. 李宁飞甲篮球鞋·水墨篇	水墨的回龙纹之后，出现一男篮运动员，他穿着飞甲篮球鞋，手里旋转着一个篮球，篮球运动的痕迹是水墨画出的鞋的影像，最后变化出各种不同的鞋，在一片水墨中出现李宁的商标和"一切皆有可能"的字幕。	整个广告画面只有黑白两色，水墨中呈现出各种变化。广告利用中华文化的精髓表现形式之一——书法，"顿笔蓄意，挑笔出锋"的效果展现出人文内涵，实现了篮球与人文的完美结合。草书风格的形式传达出如行云流水般的顺畅速度，"万佛朝宗""腕底乾坤"等东方武术招式与美国的街球动作精妙融合，独创了一套有别于美国街球的东方街头篮球动作。画面整体刚劲有力，奔放流畅，国画般的意境，对比鲜明的黑白画面处理，展现了素雅而又现代的艺术风格。广告通过民族元素来激励国人的民族情感，进而带动李宁这一中国自主品牌。从美学角度分析，这个广告成功地将中国东方元素用国际化的形式表现出来，诠释了品牌差异化的定位。
3. 雷克萨斯SUV·舞动篇	宽广的水墨画面中间出现一行字"优雅蜕变，睿智新生，畅享人生每一面"。画面逐渐清晰，绿色竹枝衬托下，画面中心出现两位古装舞者，水袖长甩，优美无比。字幕：以超越时代的科技为您奉献一部高智能座驾。竹枝淡出，一条红鱼轻松游入画面，很快又幻化成一棵崖顶青松。字幕：全新豪华SUV RX 270，从此耀世一生。两位舞者变成一位舞女，舞动中画面出现车头部，左前方一直有水墨的泼点，舞者再次清晰。车头隐去，字幕："回味不尽的极致之美。冠绝风华，高贵典雅的个性流露。舒适与动感在同一空间中水乳交融。前卫与优雅触手可及，坐拥完美座驾的梦想……"	为体现雷克萨斯SUV的特色，广告先以优雅的水墨画和中国舞这样的中国元素来吸引眼球，而后在舞蹈与画中慢慢渗出重点——雷克萨斯SUV车型与品牌标识。黑白与彩色对比、古代与现代对比、优雅与舒适对比，同时相衬互影，在舞者优美的动态中，展现产品的品位和品质——典雅、大气。 以中国文化为背景，更体现本土化的特点，强调了对中国市场的渴望，对中国受众有独特的吸引力和魅力的传统水墨、袖舞、竹、鱼、青松、山水等，无不渗透出广告的传统文化内涵和促销意义。

续表

广告名称及产品	叙事创意及表现	文化批评
4.乌江榨菜·脸谱篇	画面背景以大红色为底，衬出一个戏剧中的剪纸脸谱形象，其面部表情不断变化，手中端着一个盘子，呈现出不同的榨菜配饭内容——炒肉、烧汤、夹馒头、蒸鱼、焖肉、涮火锅、送粥、泡面、下米饭等，画面的左边始终有"乌江榨菜"品牌，右边的字幕随内容变化。广告语是节奏感较强的歌谣："乌江榨菜，炒肉、烧汤、夹馒头、蒸鱼、焖肉、涮火锅、送粥、泡面、下米饭。乌江榨菜三洗三榨，中国好味道。"最后是脸谱形象大笑："呜呼哈哈。"	广告中用剪纸脸谱形象、大红色的背景、歌谣等中国传统文化的表征符号做主要的叙事元素，剪纸脸谱拟人化的表现栩栩如生，给受众以可爱、幽默和传统的民族特色浓郁的感受；同时大红色是中国文化中的喜庆色彩，让人感到亲切愉悦，情绪振奋。广告语词语简短、朗朗上口、节奏感强，有明显的中国文艺特色，让人印象深刻。

上表这些电视广告叙事，都使用了传统文化的元素，同时运用高科技制作技术，呈现出传统文化的魅力。2015年9月1日开始推行的新《广告法》，对传统文化中的"皇权""特权""权威"等词语的使用进行了一定的限制，这也再次强化了人们对传统文化的辩证认识和规范使用。

四、电视广告叙事利用传统文化创意存在的问题

电视广告创意要对传统文化进行传承和创新不是随心所欲的事情，关键是要对传统文化有正确的认识和全面、深刻的理解，避免广告传播出一些糟粕、不健康的内容，造成传统文化中的消极因子沉渣泛起，给社会带来不良影响。

1. 良莠不分，全盘接受

广告在创意时，首先要有区分良莠的意识，不能一概而论，全盘接受，切忌"凡传统都是好东西"的偏见。因为传统文化是几千年历史积淀的结果，其中不免有消极、腐朽和陈旧的内容，如传统的"权威意识"对皇权、君权、特权的崇尚就与我们提倡的自由、平等、民权思想相违背。有的广告利用皇帝、君主的形象来宣传产品，制造出一些宫廷、贵族享乐的拟态场景，拉大了产品与普通消费者的距离，宣扬了低俗的消费风尚。如海王金樽的一则电视广告："皇帝"喝酒喝得一塌糊涂，"太监"屋里屋外地找解药，好不容易找到并扶"皇上"喝下；第二天一早上朝，"皇上"大笑，抖擞着精神说："喝海王金樽，第二天舒服一点。"广告以陈旧的"皇权"形象传递了迂腐的"奴性"意识。又如口子窖酒的电视广告，以一个搔首弄姿、醋意十足的皇妃形象来叙事，广告语媚气十足："听说这口子把皇上给迷上了，还说这口子很有魅力，我也试试这口子。"这则广告品位和格调低俗，表现出的是传统文化中的封建糟粕，让人厌恶。此外，追求奢华炫耀的浮华心理、男尊女卑的性别歧视、封建迷信的陈腐思想也常会出现在广告中，这是我们应该时刻警惕和抵制的。

2. 表面化、片面化，任意分割

传统文化是一个整体概念，它蕴含着极其丰富的内涵，而整个内容之间存在着密切的关系，不可随意断章取义，胡乱拼凑，否则就会泯灭其精华。近年来有几则引起争议的广告明显存在表面化、片面化地利用传统文化的问题，如立邦漆的盘龙落地、丰田车的狮子敬礼、耐克恐龙斗室等广告，都是因为不能深刻理解传统文化的内涵，任意以传统元素和民族符号建构出不合情理，甚至有辱民族气节的电视广告，而造成严重后果。

当然，电视广告利用传统文化创意更多的问题还是表现在层面化、简单化地把传统的东西当成叙事符号来使用，对产品、广告与这些符号之间的关系关注不够，使整个广告叙事看上去不顺畅、不合情理。

案例分析5－17：

今麦郎方便面电视广告·辣煌尚篇

叙事主题：吃今麦郎方便面可以中大奖

主要叙事内容：

1. 一个电视剧中的皇上形象出现，开心地吃着一桶方便面。解说：看央视大剧，品经典辣面。
2. 一台液晶电视机和产品同时出现的画面。解说："辣煌尚"送大礼，液晶电视等你拿。800万元超值献礼，奖品丰厚。
3. 出现产品和各种奖品。解说：痛快吃辣，开心中奖。
4. 电视剧中的皇上在官中的场景及产品标识。画外音：皇上吃了都说好！
5. 品牌标识及字幕：国家体育总局训练局运动员专用面。

这则电视广告问题实在是太多了，仅从对传统文化元素的运用上看，首先，皇上的形象运用得不准确。一是皇上在古代不可能吃上这种产品，这是很假的创意。二是如果用皇上来提升产品的地位，那就更不对了：因为方便面的定位应该是"及时充饥"，消费的需求点肯定是在没条件吃到正常饭菜的情况下，如在路上、在工作中、在网吧等，才会选择以此产品来完成充饥的需求，这种情况下的吃饭还讲究档次吗？所以方便面本身的定位就不可能是高大上的东西。有用吃方便面来比档次的吗？完全是脱离生活现实的胡说。其次，本广告的主题是有奖促销，可最后却用一个很娇媚的女声说："皇上吃了都说好！"这不仅让人感到恶心，而且台词本身和广告的主题没关系，很牵强。最后，广告结束时还在品牌下面打出这样的字样："国家体育总局训练局运动员专用面。"且不说这句话本身的真实性，这个叙述和本广告的主题又有什么关系呢？画蛇添足的表现手法导致整个广告的叙事主题很混乱。总之，这个广告虽用到了传统的元素，但确实存在着表面化、牵强化和不顺畅的问题。

综上所述，广告作为一种大众文化，广告人必然肩负着传承和创新传统文化的责任，必须在创意和建构电视广告叙事时承担起这一责任。当然,只有汲取传统文化中的精华内容,学习外来文化中的先进元素,吸纳社会文化中的时尚因子,才能不断创新传统文化,这也是广告人永远的奋斗目标,是建立中国特色广告业的必经之路。①

第三节 电视广告叙事中对西方文化的批评

西方文化是指最初形成于南欧、北欧,盛行于西欧、北欧、北美、澳洲的文化,包括西方世界中共同的评价标准、价值观念和风俗习惯等。

一、电视广告叙事中西方文化创意的表现

电视广告叙事中借鉴西方文化的创意很多,主要表现在:

1. 表现个人主义的价值观

我国文化在长期的历史积淀中,常以集体主义的价值观为社会大力倡导的主流思想,而个人主义是受到抵制和反对的。改革开放后,个人主义思想开始在国内流行,人们对自我的价值、自我的生存状态和观念意识更加关注。在电视广告的叙事话语中,多以"我喜欢""我主张""我是领导者"等来传达这种新的、受西方影响的思想。

2. 追求自由、平等、民主和个性解放的理念

"天赋人权"是西方资本主义启蒙思想的重要理念,在西方文化中强调尊重人性、重视人权和提倡民主,而自由、平等的观念是其核心价值观,这一点不同于中国文化中以和为贵、和平共处、和气生财等和合思想。随着时代的发展,西方的人性、人权理念开始流入我国,并在电视广告叙事中表现出来。

3. 学习征服自然、敢为人先的精神

中国哲学思想以"天人合一"为终极宇宙观,强调人与自然的和谐,这与西方文化中"人天分立""人定胜天"的理念有所不同,西方人更强调探险、探索的冒险意识,相反国人则偏于保守和安定思想。近年来,西方的这种意识开始影响中国,如前几年雪花啤酒有一个系列广告活动,是贯穿了"勇闯天涯"核心理念的探险活动。广告以跟踪报道的方式建构了漂流、极地登山、探险乔戈里、攀越长城之巅、穿越雅鲁藏布大峡谷等系列活动,传递出勇闯天涯、敢于探索的企业精神,体现出中国人对传统保守、安定意识的一种突破。

诚然,西方文化博大精深,其精华也远不止这些,电视广告的创作要不断学习,大胆借鉴,以使对西方文化的运用有更丰富的表现和更创新的发展。

---

① 孙会:《广告中拟态环境的建构与传统文化的创新》,《广告大观(理论版)》2011年第4期。

在电视广告叙事表现元素的建构中也有直接用一些已经明显被中国受众认知的西方文化符号来创意的。如西方节日——圣诞节、情人节、母亲节等，西方艺术——名画、雕塑、神话等，西方名人——哲学家、科学家、文学家等都常会在广告叙事中成为重要元素。

案例分析5－18：

法国兰蔻电视广告·红丝带篇

叙事主题：祝您新年更美丽，更幸福

主要叙事内容：

1. 淡白色的背景下，一本红色的书，封面中间有黄色图案，右上侧有一条红色剪纸的龙在飞舞着，束在书上的四条红色飘带从书的四个边上飘舞开来。

2. 书本打开，白纸上写着几行外文字，右下角有红色圆形图案（品牌标识）。

3. 书本一页页翻开，黑白色彩中耸立起一群建筑和埃菲尔铁塔模型以及在滑雪场上飞舞的人们。

4. 建筑中的一扇大门打开，红色丝带舞动着延伸到大门中、攀上楼梯、冲上户外平台。

5. 阳台上一群年轻人正在欣赏外边漂亮的烟火。

6. 烟火幻化成一盏孔明灯，孔明灯飘向天空，和天空中众多的孔明灯一起飘荡。

7. 红色丝带在空中舞动，最后落在书本上，并旋转成一朵红色的玫瑰结正好束在书本封面的中心。

8. 品牌标识及广告语字幕：法国兰蔻祝您新年更美丽，更幸福。

这则广告虽然只有轻松的背景音乐和画面，却是一次不错的文化审美享受。首先，整个叙事的色彩是红白相间两种颜色，红色代表中国喜庆颜色，白色则是西方崇尚的纯洁色系，两种色彩在一起，对比鲜明，鲜艳突出，这也是品牌的主色调。其次，各种图案中有代表中国文化的龙、建筑、孔明灯、烟火等，也有代表法国文化的埃菲尔铁塔（这也是品牌产地的标识），具有世界文化符号的意义。再次，整个叙事是在一条红色飘带的舞动中展开的，它以中国丝带舞的美妙刺激了受众兴趣的产生。总之，这则庆祝新年的广告，充分融合了中西方文化、传统与现代、运动与静止等元素，创意新颖，表现独特，过目难忘。

二、电视广告叙事中西方文化运用存在的问题

我国电视广告叙事对西方文化的运用还是比较谨慎的，但也不免出现使用不当的情况，这主要表现为所选用的文化本身存在问题，还表现为文化的选用与广告叙事关系不密切的问题。

案例分析 5—19：

金嗓子喉宝广告·罗纳尔多篇

叙事主题：保护嗓子，我用金嗓子

主要叙事画面内容：

罗纳尔多手拿产品微笑。解说词："保护嗓子，我用金嗓子。广西金嗓子。"

这则电视广告的主要叙事元素就是罗纳尔多，但他作为一个著名运动员，具有西方文化的符号性质，与中国的产品没有关系。一、他不是用嗓子工作的主持人、歌唱家、演讲家，他是个运动员，本身与产品没关系；二、他在整个广告叙事中也没有任何表达，他的嗓子好坏没有展示。可见这个人物形象使用得不伦不类，让人费解，这个广告虽然用了有西方文化意义的符号，但对产品、广告叙事没有意义。

综上所述，电视广告叙事中西方文化元素可以使用，但一定要认真研究它们与产品、市场及受众的关系，否则，没有意义，还可能让人产生许多质疑。

第四节 时尚文化的审美

时尚文化的内容是电视广告叙事在创意和建构时必然认识、理解和运用的重要元素，传播时尚符号、倡导时尚理念、展现时尚价值等都可以通过广告来完成。

一、电视广告叙事中时尚文化创意的表现及意义

电视广告叙事对时尚文化的运用主要有以下几种情况：

(一) 传播时尚符号

传播时尚符号是广告创意的重要内容之一，因为广告本身就是具有时尚特性的符号。近年来网络流行语很火，这些在广告叙事中时有体现。

案例分析 5—20：

康师傅方便面广告·羽泉篇

叙事主题：坚持梦想，一路挺你

主要叙事画面内容：

1. 泉在做俯卧撑，羽一边看着，一边吃着手中的方便面。羽放下手中的面和泉一起做起俯卧撑，并说道："挺你。"

画外解说：为梦想坚持，是最幸福的味道。

2. 泉拿起羽刚放下的面吃着。羽急着说道："嗨，我的面。"泉笑道："是我们的面。"

3. 大块的肉和面一起煮着。字幕并解说：加肉，肉更多。加蛋，更营养。

4. 羽和泉一起演出及大家一起吃方便面的情景。

解说并字幕：就是这个味，坚持梦想，一路挺你。康师傅红烧牛肉面。

话语中的时尚符号明显，如"挺你""坚持梦想，一路挺你"，这些都是网络流行语言。广告叙事借用这些时尚流行的元素符号，吸引了人们的注目，同时，羽泉组合及其音乐本身也是人们追求的时尚符号，这些时尚的叙事话语增强了广告的可视性，也提升了产品的知名度和好感度。

可以说，在创意电视广告的叙事时，有许多时尚的元素符号，如流行的色彩、流行的制作手法、流行的音乐等，都可以利用和传播。广告文化也是时尚文化的体现，产品则充当了时尚消费的载体，电视广告通过在其叙事中建构时尚与产品、广告之间的关系，可以很快达到促销的目的。

(二) 领导时尚趋势

电视广告在其叙事时传播时尚信息，刺激人们对产品的时尚特性产生认同感，以时尚来带动消费市场的不断成长。如在广告中提倡自己做主、相信自己、简单的快乐、把爱说出来等时尚理念，促使人们仿效，引领社会时尚发生变化。

案例分析5—21：

老村长酒电视广告·团圆篇

叙事主题：简单快乐，幸福中国

主要叙事内容：

1. 孩子们带着老村长酒回家看望亲人。解说："团圆时刻，共享欢乐。"

2. 一家人高兴地在一起吃饭，人们把老村长酒倒入杯中。解说："老村长酒，好酒更有好生活。"

3. 全家人共同干杯庆祝节日。人们齐声道："干!"

4. 产品及标识。解说："幸福传遍全中国。"

5. 品牌标识及字幕："其实快乐很简单。"解说："简单快乐，幸福中国。"

这则电视广告中的主要叙事话语是强调一个理念："简单快乐、幸福中国"，从而把"其实快乐很简单"的时尚说法传播开来，让人们珍惜和把握每一个简单的快乐，时刻都有幸福感。

(三) 创新时尚文化

作为驱动消费的一个强有力的元素——时尚是广告文化的风向标。广告文化一方

面紧跟流行时尚,利用流行时尚;另一方面也引领流行时尚,创造流行时尚。电视广告在叙事建构中创新时尚文化的策略主要有:

1. 挖掘传统文化,赋予时尚魅力

传统文化中有许多精华因素是值得我们传承与发扬的,所以广告可以通过挖掘传统文化中的内容来创新时尚。如当今时代,各种食品安全问题的出现,危害到人们的日常生活和生存状态,因此,挖掘中国传统文化中崇尚自然、取于天然、人与自然相融合等观念做广告就十分重要。在酒类、药品、食品等电视广告叙事中就常用一些"取法自然"和"天然材料"的叙事来表明产品的纯正、无污染和绿色,这符合中国人的心理需要,也迎合了时尚的潮流,很容易得到受众的认同和接受。

2. 吸纳西方文化,促动时尚风气

在西方先进的文化中有不少值得我们借鉴和提倡的意识形态,如大胆的探险精神、超越自我的奋斗意识、完美人生的生存目标等,这也是广告应该提倡的时尚风气。如在飞雕的一则电视广告中,叙事主要通过两组镜头来完成,即运用西方的模特表演来象征企业不同色彩产品的艺术设计之灵感,用艺术的魅力展示产品的艺术追求和审美品质,从而使产品与西方审美文化交融一体,鲜明而形象地阐释了企业的追求——已不再只是做普通的开关产品,而是吸纳了西方文化的精华,创作蕴含着美学之光的艺术佳作。这种象征的效果不仅使产品卓尔不群,也使受众感受到西方时尚艺术文化的魅力。

3. 倡导时代主题,丰富时尚内涵

时代主题是广告创意不可或缺的考量因素,广告在叙事文本的建构中以时代主题为核心理念,就会推动这一主题更快地成为时代的风尚。近年来,低碳环保和绿色健康成为时代的主题,广告据此大力宣传,创新了这一主题的具体表现形式,即将产品在叙事中建构成广告主题的载体,通过大力宣传,使之成为人们追求的时尚目标。在今天,人们将关注绿色、健康消费视为时尚,广告中所建构的叙事文本就到处充满着象征生命意义的绿色、健康必备的负离子氧吧和低碳环保的清新空气等,让人们无时无刻不感受到追求时尚消费的心理需求的满足和体验时尚消费魅力的愉悦。

案例分析 5—22:

一品汉玺电视广告·纵横人生篇

叙事主题:一品汉玺,纵横人生
主要叙事内容:

1. 一位中年男士面对纷繁的城市。画外独白:"生命平和,幻想激情常驻。"
2. 一滴酒滴入杯中,男士拿着酒杯闭目嗅着。
3. 大海中海浪冲击着礁石,汹涌澎湃。画外独白:"生命是一艘无舵的船。我却偏要做一个舵手。"

4. 男士和一位女士相依在一起。画外独白:"有人要一个故事,我更想要一个传奇。"

5. 男士在艰难地攀登雪山。画外独白:"成败是你的角度,英雄在我心中。"

6. 男士极目远眺,一瓶汉玺酒出现。画外独白:"一品汉玺,纵横人生。"

这则电视广告运用了时尚的创意,即以个人内心独白的方式,对生活、生命的价值进行追问,这种叙事流行的主要特点在于能体现思想的深沉和理念的厚重,陈欧体亦是如此。除了所运用的方式很流行外,它所传达的叙事话语内容也是盛行元素:"成败是你的角度,英雄在我心中""传奇""激情常驻"等,都很符合时代的主流意识内涵。这些思想在广告中被反复强调,更有推进这种时尚文化的意义。

总之,电视广告叙事建构要以时尚文化为前提,并不断探索和创新时尚,为促进消费市场和推动时尚发展作出贡献。

二、电视广告叙事中时尚文化运用存在的问题

电视广告叙事在创意和表现上都会因为时尚元素运用不当而出现问题,这主要有两种情况:

1. 不分良莠,只要流行就用上

时尚的符号不一定都是积极向上的、健康的,有的只是流行但并不阳光和正面,在使用这些时尚符号来叙事时应注意区分,否则会影响效果或引来质疑。

案例分析5—23:

小S今麦郎方便面广告·太嫩篇

叙事主题:一炒八香,今麦郎香锅牛肉面,年轻人喜欢的味道

主要叙事画面内容:

小S拿着炒勺说道:"你太嫩了,炒了你。你也是不干脆,也炒了。还有你、你、你。"这时,画面中出现许多盘子,里面有各种蔬菜。小S挥动着炒勺,蔬菜飞舞起来,和肉一起炒着。小S说道:"一炒八香,今麦郎香锅牛肉面,年轻人喜欢的味道。"

这则广告的叙述话语中出现了时尚流行的"太嫩了""炒了你"等话语,其中,"炒了你"是"炒鱿鱼"即开除员工的意思。广告中使用它们的目的是引起受众注意,以与"炒鱿鱼"相似的发音和动作来表达产品的特色:炒出来的香锅面。但其中"太嫩了"明显是不雅的词语,再加上小S夸张、火辣性感的表演,易使人产生误解和负面联想。这种时尚符号的使用影响了叙事的正面思想传递。

2. 时尚符号与产品定位、广告主题没有关系

时尚的元素符号是否应在电视广告叙事中出现,要看创意的需要,也就是要与广告

叙事主题及产品定位相一致。有些电视广告只是用了时尚的符号,但与广告主题及产品定位根本没有关系,起不到叙事的作用,也发挥不出时尚符号的影响力,这就是不恰当的表现。

案例分析 5-24：

巴黎欧莱雅电视广告·范冰冰篇

叙事主题：想黑我,不可以

主要叙事内容：

1. 范冰冰的黑色身影从蓝色背景中走出来说道："想黑我？不可以。即使还看得见的斑也不行。"

2. 产品及动画解说（字幕）："全新巴黎欧莱雅科研祛白祛斑精华,革新净源祛斑技术,作用于黑色素母细胞,瓦解顽固斑,阻截未来斑。"

3. 范冰冰用手摸着脸说："守住净白,科研为证。"

4. 产品及解说："欧莱雅科研祛白祛斑精华。"

5. 范冰冰说道："现在、将来拒绝被黑。你值得拥有。"

这则电视广告的叙事话语使用了"被黑""想黑我"这样的网络时尚用语,以此来比喻脸上的各种斑可能会使自己的光彩被遮盖。虽然这样的用法可以吸引人们关注,比喻也尚可,但感觉上还是不顺畅。在网络用语中"被黑"是指在网上被人拉入黑名单,或指明星被一些网络绯闻诬陷,也可以指网站被"黑客"入侵而瘫痪或出问题等,总体感觉不是一个正能量的词,而且用来比喻脸上的色斑还是有些过分夸张了,缺乏积极向上的审美情趣,与这个品牌的形象也不太符合。

综上所述,时尚的符号可以在电视广告叙事中使用,同时,电视广告也是时尚的倡导者和推动者,但时尚有良莠之分,要看具体的产品、市场和广告主题等要求,否则可能起不到应有的叙事作用。

参考文献

一、图书

Ronald Berman：*Advertising and social Change*（Beverly Hill，CA：sage，1981）

〔法〕罗兰·巴尔特、让·鲍德里亚等著，吴琼、杜予编：《形象的修辞：广告与当代社会理论》，中国人民大学出版社 2005 年版。

〔法〕罗兰·巴特：《叙事作品结构分析导论》，张寅德译，载张寅德编选：《叙述学研究》，中国社会科学出版社 1989 年版。

〔法〕让·波德里亚：《消费社会》，刘成富、全志钢译，南京大学出版社 2006 年版。

〔荷兰〕约翰·赫伊津哈：《游戏的人：文化中游戏成分的研究》，何道宽译，广东省出版集团、花城出版社 2007 年版。

〔加〕安德烈·戈德罗、〔法〕弗朗索瓦·若斯特：《什么是电影叙事学》，刘云舟译，商务印书馆 2007 年版。

〔美〕理查德·奥曼：《广告的双重言说和意识形态：教师手记》，载《文化研究读本》，中国社会科学出版社 2000 年版。

〔日〕小林太三郎：《新型广告》，谭琦译，中国电影出版社 1996 年版。

〔英〕戴维·英格利斯：《文化与日常生活》，张秋月、周雷亚译，中央编译出版社 2010 年版。

蔡贻象：《影视文化美研究》，中国广播电视出版社 2004 年版。

陈光旭：《影像当代中国：艺术批评与文化研究》，北京大学出版社 2011 年版。

陈犀禾、吴小丽编著：《影视批评：理论和实践》，上海大学出版社 2003 年版。

冯江平主编：《广告心理学》，华东师范大学出版社 2007 年版。

高小康：《中国古代叙事观念与意识形态》，北京大学出版社 2005 年版。

顾伟列：《中国文化通论》，华东师范大学出版社 2005 年版。

桂青山主编：《影视学科资料汇评：影视基础理论编》，北京师范大学出版社 2011 年版。

郭庆光：《传播学教程》，中国人民大学出版社 1999 年版。

何建平：《广播电视广告》，中南大学出版社 2009 年版。

胡亚敏：《叙事学》，华中师范大学出版社 2004 年版。

胡智锋：《电视美的探寻》，华中理工大学出版社 1998 年版。

华杉、华楠：《超级符号就是超级创意》，天津人民出版社 2013 年版。

黄琳主编:《影视艺术——理论·简史·流派》,重庆大学出版社2001年版。
金定海、郑欢:《广告创意学》,高等教育出版社2008年版。
李道新:《影视批评学》,北京大学出版社2002年版。
李建立:《广告文化学》,北京广播学院出版社1998年版。
李思屈等:《广告符号学》,四川大学出版社2004年版。
李炜:《中国大众文化叙事研究》,华中师范大学出版社2010年版。
凌继尧:《美学十五讲》,北京大学出版社2003年版。
凌继尧主编:《中国艺术批评史》,上海人民出版社2011年版。
刘泓主编:《广告美学》,中央广播电视大学出版社2011年版。
刘立宾、丁俊杰等主编:《IAI中国广告作品年鉴·2008~2012》,中国传媒大学出版社2013年版。
刘婷:《影像叙事》,中国传媒大学出版社2006年版。
孟繁华:《传媒与文化领导权——当代中国的文化生产与文化认同》,山东教育出版社2003年版。
聂艳梅、林永强:《电视广告创意——打造更有实效的电视广告》,中国市场出版社2009年版。
彭吉象:《影视美学》,北京大学出版社2002年版。
祁聿民、苏扬、李青:《广告美学:原理与案例》,中国人民大学出版社2003年版。
森茂芳等:《美学传播学》,云南民族出版社2001年版。
孙会:《电视广告》,中国传媒大学出版社2013年版。
谭君强:《叙事学导论:从经典叙事学到后经典叙事学》,高等教育出版社2008年版。
汤志耕:《中国广告中的西方广告影响因素——从文化角度研究》,浙江大学出版社2009年版。
滕守尧:《艺术社会学描述》,南京出版社2006年版。
王纯菲、宋玉书主编:《广告美学》,中南大学出版社2005年版。
王健:《广告创意教程》,北京大学出版社2004年版。
王美艳主编:《艺术批评学》,北京大学出版社2011年版。
王世德:《影视审美学》,北京广播学院出版社1999年版。
杨春时:《美学》,高等教育出版社2004年版。
杨辛、甘霖:《美学原理新编》,北京大学出版社1996年版。
杨状振:《重组话语:新媒体时代的中国电视批评》,上海交通大学出版社2012年版。
尹兴:《影视叙事学研究》,四川大学出版社2011年版。
余明阳、朱纪达、肖俊崧:《品牌传播学》,上海交通大学出版社2005年版。
张岂之主编:《中国传统文化》(第三版),高等教育出版社2005年版。
赵毅衡:《符号学:原理与推演》,南京大学出版社2011年版。

二、论文

谭君强:《发展与共存:经典叙事学与后经典叙事学》,《江西社会科学》2007年第2期。
刘祖斌:《广告文案的叙事视角》,《江汉大学学报(人文社会科学版)》2002年第4期。
周娟:《浅谈广告语的第一人称叙述》,《写作》2005年第1期。
杨先顺、张山竞:《论叙事话语分析作为广告批评路径的背景、意义和问题》,《暨南学报》2009年第6期。

张筱文:《中国电视广告的叙事学研究》,江西师范大学2008年硕士学位论文,中国知网。
李胜梅:《广告文稿的叙述方式》,《语言文字应用》1995年第3期。
李玉坤:《广告语篇的叙述策略》,《四川教育学院学报》2007年第9期。
罗小凤:《拟像:超真实的后现代话语》,《湖南科技学院学报》2006年第3期。
曲春景:《穿越故事和话语的叙事研究》,《郑州大学学报》2000年第5期。
申丹:《经典叙事学研究究竟是否已经过时?》,《外国文学评论》2003年第2期。
张山竞:《广告叙事概念辨析》,《广告大观(理论版)》2009年第1期。
王清清:《走向性别意识形态批评:〈新闻联播〉后广告的性别传播研究》,《广告大观(理论版)》2010年第1期。
陈刚、祝帅:《当代中国广告批评的三个问题》,《山西大学学报(哲学社会科学版)》2009年第9期。
杨先顺、陈曦:《互文性与广告话语的生产》,《暨南学报(哲学社会科学版)》2011年第5期。
丁俊杰:《论广告批评的基本内涵和体系构建》,《山西大学学报(哲学社会科学版)》2009年第7期。
方东:《关于广告批评基本问题的理论思考》,《内蒙古社会科学(汉文版)》2002年第11期。
黎泽潮:《广告批评的语境与批评标准的建构》,《新闻战线》2006年第5期。

三、网络

2003年AD盛典

广告饕餮之夜

莫比广告奖作品

龙吟榜

中国长城广告奖作品

疯狂广告网

优酷网

百度网

土豆网

中国知网

后 记

历时三年多,终于付梓成书。望着案头堆积着的书籍,想着刚读过的微信,心中无限感慨。我们正在经历这样一个时代:传媒业和广告业迅猛发展,传媒人和广告人成了时代的弄潮儿。然而除去利益角逐,传媒和广告是否更应该在这个欲望膨胀、疯狂逐利的繁华时代多承担一些社会的责任、守望美好的追求和传播正能量的信念呢?

今天,电视广告运用影视语言传递信息的方式并没有因时代的变迁而落后,相反,更多的视听媒体也正在利用这种语言,使电视广告形式在新媒体上得到更广泛的运用。正因如此,站在更新、更全、更高的角度去诠释、评说、监督、审视电视广告也是全社会和每个公民的责任,传媒人和广告人更是责无旁贷。只有批评才能进步和发展,才能使媒体和广告传播更多的正能量,更好地为社会全面发展服务。正是本着这一责任感和使命感,我尝试着去做一些分析和探讨,其间不免有许多不成熟、不深入的认识。从一个叙事的视角,运用多种理论进行批评应该是一个很好的理念和方法,希望能起到抛砖引玉的作用。

一路学习、一路探索、不断成长,总有很多老师、同事和朋友给予极大的关心、帮助和鼓励,我的心中充满感激。这里特别感谢中国传媒大学出版社的编辑吴磊老师为此书付出的辛苦,感谢陈娜辉、杜春娥老师的多方帮助,感谢河北师范大学的资助,正是大家的共同努力保证了这个成果的问世。

本人才疏学浅,书中有不足之处,敬请见谅。

孙会

2015 年 5 月 18 日于五星花园

图书在版编目(CIP)数据

电视广告叙事与批评/孙会著. ——北京：中国传媒大学出版社，2015.12
ISBN 978-7-5657-1029-2

Ⅰ.①电… Ⅱ.①孙… Ⅲ.①电视—广告学—研究
Ⅳ.①F713.80

中国版本图书馆 CIP 数据核字（2014）第 125491 号

电视广告叙事与批评

著　　者	孙　会
责任编辑	吴　磊
责任印制	阳金洲
出 版 人	王巧林
出版发行	中国传媒大学出版社
社　　址	北京市朝阳区定福庄东街1号　邮编：100024
电　　话	86—10—65450528　65450532　传真：65779405
网　　址	http://www.cucp.com.cn
经　　销	全国新华书店
印　　刷	北京艺堂印刷有限公司
开　　本	787mm×1092mm　1/16
印　　张	13.25
版　　次	2015年12月第1版　2015年12月第1次印刷
书　　号	ISBN 978-7-5657-1029-2/F・1029　定价 56.00元

版权所有　　翻印必究　　印装错误　　负责调换